ideas

ideas

textures
texturas
textures
texturen

AUTHORS
Fernando de Haro & Omar Fuentes

EDITORIAL DESIGN & PRODUCTION

AM EDITORES AM PUBLISHERS

PROJECT MANAGERS
Carlos Herver Díaz
Ana Teresa Vázquez de la Mora
Laura Mijares Castellá

COORDINATION
Emily Keime López
Verónica Velasco Joos
Dulce Ma. Rodríguez Flores

PREPRESS COORDINATION
José Luis de la Rosa Meléndez

COPYWRITER
Víctor Hugo Martínez

ENGLISH TRANSLATION
Michel Moric Altaras

FRENCH TRANSLATION
Angloamericano de Cuernavaca - Carmen Chalamanch - Marta Pou

GERMAN TRANSLATION
Angloamericano de Cuernavaca - Sabine Klein

Ideas
textures . texturas . textures . texturen

© 2012, Fernando de Haro & Omar Fuentes

AM Editores S.A. de C.V.
Paseo de Tamarindos 400 B, suite 102, Col. Bosques de las Lomas,
C.P. 05120, México, D.F. Tel. 52(55) 5258 0279
E-mail: ame@ameditores.com   www.ameditores.com

ISBN: 978-607-437-218-2

All rights reserved. No part of this book may be reproduced or copied in any form or by any graphic, electronic or mechanical means, including scanning, photocopying, photographing, taping, or information storage and retrieval systems -known or unknown-, without the explicit written permission of the publisher(s).
Ninguna parte de este libro puede ser reproducida, archivada o transmitida en forma alguna o mediante algún sistema, ya sea electrónico, mecánico o de fotorreproducción sin la previa autorización de los editores.
Tous droits réservés. Reproduction, copie et diffusion intégrale ou partielle interdites sous toutes formes et par tous moyens sans le consentement de l'éditeur.
Alle Rechte vorbehalten. Kein Teil dieses Buches darf in irgendeiner Form (Druck, Fotokopie oder einem anderen Verfahren) ohne schriftliche Genehmigung des Verlages reproduziert oder unter Verwendung elektronischer Systeme verarbeitet werden.

Printed in China.

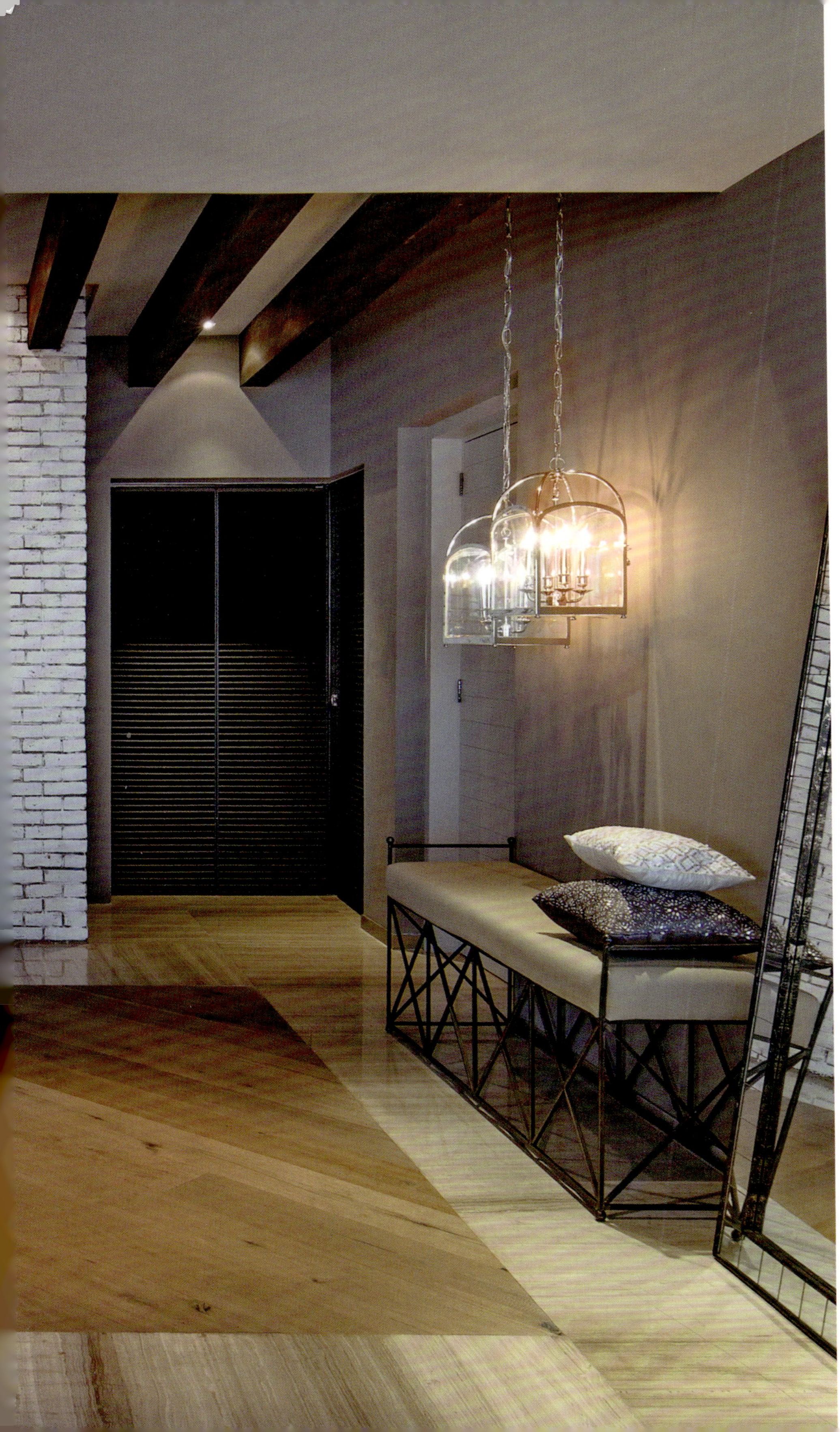

INDEX · ÍNDICE

introduction · introducción · introduction · einleitung   8

living rooms   14
- stone — 16
- marble — 32
- metal — 42
- textile — 50

kitchens and dining rooms   78
- stone — 80
- marble — 92
- metal — 116
- textile — 136

bathrooms and bedrooms   148
- stone — 150
- marble — 162
- metal — 180
- textile — 186

halls   218
- stone — 220
- marble — 230
- metal — 242
- textile — 254

credits   258
- architecture — 258
- photography — 263

textures   texturas   textures   texturen

salas		salons		wohnbereiche	
piedra	16	pierre	16	stein	16
mármol	32	marbre	32	marmor	32
metal	42	métal	42	metall	42
textil	50	textile	50	textile	50

cocinas y comedores		cuisines et salles à manger		küchen und esszimmer	
piedra	80	pierre	80	stein	80
mármol	92	marbre	92	marmor	92
metal	116	métal	116	metall	116
textil	136	textile	136	textile	136

baños y recámaras		salles de bains et chambres à coucher		bäder und schlafzimmer	
piedra	150	pierre	150	stein	150
mármol	162	marbre	162	marmor	162
metal	180	métal	180	metall	180
textil	186	textile	186	textile	186

vestíbulos		vestibules		lobbys	
piedra	220	pierre	220	stein	220
mármol	230	marbre	230	marmor	230
metal	242	métal	242	metall	242
textil	254	textile	254	textile	254

créditos		crédits		danksagungen	
arquitectónicos	258	architectoniques	258	architekten	258
fotográficos	263	photographiques	263	fotografen	263

introduction   introducción

Architectural textures represent the materiality, expression, character and personality of that second skin that comforts us in built space.

Frames, tissues, reliefs, and many other variants are, in addition to an inevitable connection before our eyes, the physical link more immediate to our sense of touch, which allows us to recognize the qualities of all materials involved in the atmosphere of a particular place in indoor or outdoor areas.

Las texturas en la arquitectura representan de manera sensible la materialidad, expresión, carácter y personalidad de esa segunda piel que nos cobija o nos reconforta en el espacio construido.

Las tramas, los tejidos, los relieves, y muchas otras variantes son además de una inevitable conexión ante nuestra mirada, el vínculo físico más inmediato a nuestro sentido del tacto, el cual nos permite reconocer las cualidades de todos los materiales que participan en la atmósfera de un determinado lugar dispuesto en zonas interiores o exteriores.

introduction   einleitung

En architecture les textures représentent de façon sensible la matérialité, l'expression, le caractère et la personnalité de cette deuxième peau qui nous abrite ou nous réconforte dans l'espace construit.

Les trames, les tissus, les reliefs et beaucoup d'autres variantes possèdent en outre une connexion inévitable devant nos yeux, le lien physique le plus immédiat à notre sens du toucher qui nous permet de reconnaître les qualités de tous les matériaux qui participent dans l'atmosphère d'un espace déterminé, à l'intérieur ou à l'extérieur.

In der Architektur repräsentieren Texturen auf fühlbare Weise die Dinglichkeit, den Ausdruck, den Charakter und die Persönlichkeit dieser zweiten Haut, mit der uns ein Haus beherbergt oder stärkt.

Die Raster, die Gewebe, Reliefs und viele andere Varianten, sind, ausser eine unvermeidliche Verbindung mit unserem Blick zu provozieren, die direkteste physische Verbindung mit unserem Tastsinn, der uns die Eigenschaften aller Materialien erkennen lässt, die an der Atmosphäre eines zur Verfügung stehenden Ortes im Innen- oder Aussenbereich teilhaben.

To achieve a harmony between the different codes that have textures when designing, building or decorating, it is important to know the myriad of materials that exist in the market and their specific qualities such as size, shape, proportion, or other aspects that will serve to convey the message that we want to provide through use and disposal in the design, as well as the proper way to relate them when there are multiple options that can be applied.

Its importance is primordial, and the knowledge of materials leads to a very clear understanding of the image which we imagine for a building or a house that we visit or inhabit every day.

The information will reach us through the surfaces, and in them shall reside the aesthetic value of the look that will be at the same time, the means that will enable to communicate many sensations from a tactile experience that also responds to situations of light and sound.

Para lograr una armonía entre los diferentes códigos que poseen las texturas al diseñar, construir o decorar, es importante conocer la infinidad de materiales que existen en el mercado y sus cualidades específicas tales como sus dimensiones, formas, proporción u otros aspectos que nos servirán para transmitir de manera correcta el mensaje que queremos proporcionar a través de su uso y disposición en el diseño, así como la manera adecuada de relacionarlas cuando existen múltiples opciones susceptibles de ser aplicadas.

Su importancia es mayúscula, el conocimiento de los materiales propicia una comprensión muy clara de esa imagen que imaginamos para un edificio o una casa que recorreremos o habitaremos día a día.

Toda la información nos llegará por medio de las superficies, y en ellas residirá el valor estético de la apariencia que será a la par, el medio que permitirá comunicar numerosas sensaciones desde una experiencia táctil que responde también a situaciones de luz y de sonido.

Afin d'obtenir une harmonie entre les différents codes des textures pendant le design, construction ou décoration, il est important de connaître la quantité infinie de matériaux qui existent dans le marché et leurs qualités spécifiques, telles que leurs dimensions, formes, proportions ou autres aspects qui nous aideront à transmettre le message que nous souhaitons donner à travers leur utilisation et disposition dans le design, ainsi que la meilleure façon de les mettre en rapport quand il y a des options multiples que l'on peut appliquer.

Leur importance est énorme, car la connaissance des matériaux donne une compréhension très claire de cette image que nous imaginons pour un bâtiment ou une maison que nous parcourrons ou que nous habiterons jour après jour.

Toute l'information nous parviendra des surfaces, où se trouvera la valeur esthétique de l'apparence qui sera également le moyen de communiquer plusieurs sensations à partir d'une expérience tactile qui répond aussi à l'ensemble de la lumière et du son.

Um Harmonie zwischen den verschiedenen Verhaltensmustern, die Texturen beim Entwerfen, Bauen oder Dekorieren besitzen, ist es wichtig die unendliche Auswahl an erhältlichen Materialien und ihre Eigenschaften, wie ihre Ausmasse, Formen, Proportionen und andere Aspekte zu kennen. Sie dienen dazu, die von uns gewünschte Botschaft durch ihre Nutzung und Verfügung im Design zu vermitteln, sowie die angemessene Weise sie zu kombinieren, wenn es mehrere Optionen für die Anwendung gibt.

Seine Wichtigkeit wird grossgeschrieben, die Materialien zu kennen erlaubt uns, ein klares Verständnis des Bildes zu haben, dass wir in unserer Vorstellung von einem Gebäude oder Haus haben, das wir Tag für Tag betreten oder bewohnen.

Die Information gelangt durch die Oberflächen zu uns, und in ihnen liegt der ästhetische Wert des Äusserlichen, der uns, vom Tastsinn ausgehend, erlaubt zahlreiche Empfindungen zu vermitteln, der auch auf Licht und Geräusch reagiert.

On the basis that there are three main ways of decorating the interior: ornamental objects independent of the structure of the space; making use of the major plans or elements of architectural design, and finally through the presence of material components with textures, we can define everything that will make this space unique to customize it in a sophisticated way.

That's largely the function of textures, but obviously we must also analyze other aspects of equal relevance such as the durability and maintenance, as well as the physical behavior throughout its life span.

The definition of a material can be complicated since nowadays almost all materials are within the reach of our hands, but we can decant the possibilities if we group them into four priority groups: stones, marbles, metals or textiles.

To organize a space by manipulating light and managing the transitions in it, narrate its historical or symbolic value, represent the context and the environment or simply extol the forms you possess is part of the universe that textures strengthen, moving us and making us vibrate.

Partiendo de que existen tres formas principales de decorar el interior: mediante objetos ornamentales independientes de la estructura del espacio; haciendo uso de los principales planos o elementos del diseño arquitectónico y, finalmente a través de la presencia de componentes materiales con texturas, nosotros podemos definir todo aquello que hará único ese espacio al personalizarlo de manera sofisticada.

Esa es en gran medida la función de las texturas, evidentemente no podrá dejarse de lado que también se deben analizar otros aspectos de igual relevancia como la durabilidad y su mantenimiento, así como el comportamiento físico a lo largo del tiempo de vida útil.

La definición de un material puede ser complicado debido a que hoy en día casi todos los materiales están al alcance de nuestras manos, pero podemos ir decantando las posibilidades si las agrupamos en cuatro grupos prioritarios: piedras, mármoles, metales o textiles.

Organizar un espacio manipulando la luz y dirigiendo las transiciones en él, narrar su valor histórico o simbólico, representar el contexto y el entorno o simplemente ensalzar las formas que posee es parte del universo que las texturas consolidan conmoviéndonos y haciéndonos vibrar.

textures texturas textures texturen

Si nous partons du principe qu'il y a trois façons principales de décorer un espace intérieur : au moyen d'objets ornementaux indépendants de la structure de l'espace, au moyen des éléments principaux du design architectonique, et finalement au moyen de la présence de matériaux à textures, nous pouvons définir tout ce qui rendra cet espace unique en le personnalisant de manière sophistiquée.

C'est en grande mesure la fonction des textures, mais il ne faut pas oublier d'autres aspects aussi importants, comme la durabilité et la conservation, ainsi que le comportement physique tout au long de sa vie utile.

Définir un matériau peut être difficile étant donné qu'aujourd'hui presque tous les matériaux sont à la portée de main, mais la décision est possible quand on les rassemble en quatre groupes prioritaires : pierres, marbres, métaux ou textiles.

Organiser un espace en jouant avec la lumière et les transitions, raconter sa valeur historique ou symbolique, représenter le contexte et l'environnement ou tout simplement souligner ses formes, fait partie de l'univers que les textures affirment en nous émouvant et nous faisant vibrer.

Es gibt drei Hauptformen den Innenbereich zu dekorieren: durch von der Struktur des Bereiches unabhängige Dekorationsstücke; die Hauptstruktur und das architektonische Design nutzend und letztendlich durch die Präsenz von materiellen Elementen mit Texturen können wir alles definieren, was diesen Bereich bei der persönlichen Gestaltung auf elegante Weise einzigartig werden lässt.

Das ist zum Grossteil die Funktion der Texturen, offensichtlich kann man nicht andere genauso wichtige Aspekte, wie die Haltbarkeit und die Instandhaltung, sowie ihr physisches Verhalten im Verlauf der Zeit, vernachlässigen.

Das ist zum Grossteil die Funktion der Texturen, offensichtlich kann man nicht andere genauso wichtige Aspekte, wie die Haltbarkeit und die Instandhaltung, sowie ihr physisches Verhalten im Verlauf der Zeit, vernachlässigen.

Die Wahl eines Materiales kann dadurch dass heutzutage fast alle Materialien verfügbar sind, kompliziert sein, aber wir können die Möglichkeiten abklären, indem wir sie in vier Hauptgruppen unterteilen: Stein, Marmor, Metall und Stoffe. Einen Bereich zu organisieren, die Beleuchtung zu planen und Übergänge zu schaffen, seinen historischen und symbolischen Wert zu erzählen, den Kontext und die Umgebung zu repräsentieren oder einfach nur die Formen zu würdigen; Texturen, als Teil des Universums, berühren uns im tiefsten Inneren.

living rooms
salas
salons
wohnbereiche

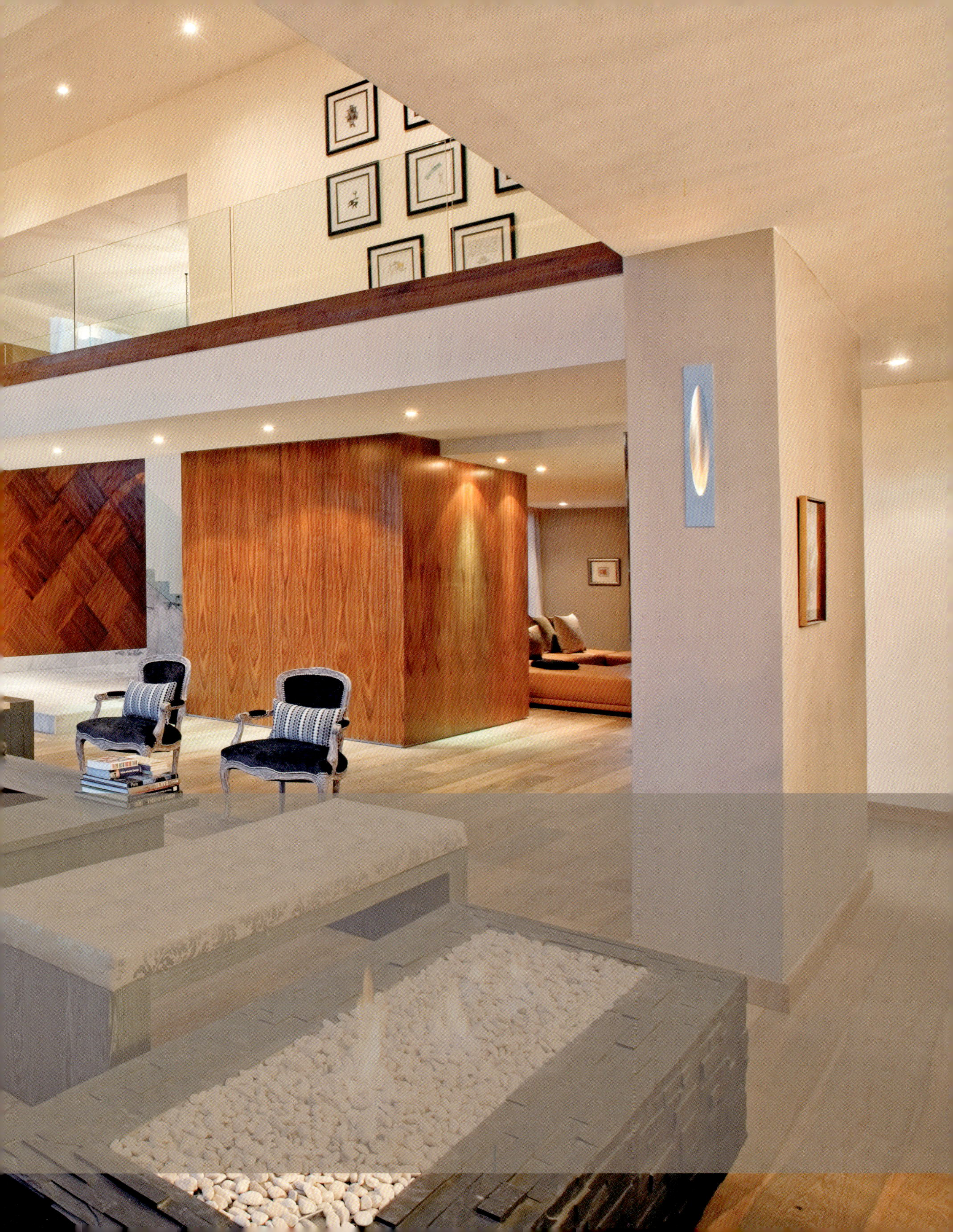

stone
piedra
pierre
stein

WWW.AMEDITORES.COM

A NUESTRO NUEVO SITIO WEB. ¡ENCONTRARÁS EXCLUSIVAS PROMOCIONES!

AM EDITORES

f AM-Editores
@ameditores

WE CAN DISTINGUISH BETWEEN two basic materials: those of nature character, such as wood, stones or textiles, and those of industrial character, such as ceramics, laminates or high-strength plastics. For the natural materials, it will always be important to display its imperfections of origin such as streaks or breakdowns; for the industrial materials you must ensure perfect modulation and precision in placement.

PODEMOS DISTINGUIR ENTRE dos materiales básicos: los de carácter natural como la madera, las piedras o los textiles. Y los de carácter industrial como la cerámica, laminados o plásticos de alta resistencia. En los primeros siempre será importante exhibir sus imperfecciones de origen como las vetas o los quiebres; en los segundos debe procurarse la perfecta modulación y la precisión en su colocación.

ON PEUT DISTINGUER ENTRE deux types de matériaux de base : les matériaux naturels comme le bois, les pierres ou les textiles, et ceux qui sont industriels, comme la céramique, les laminés ou les plastiques à haute résistance. Avec ceux du premier groupe il est important de montrer leurs imperfections d'origine, comme les veines ou les interruptions ; dans le deuxième groupe, il faut achever une modulation parfaite et une grande précisions dans leur installation.

MAN KANN ZWISCHEN zwei Grundmaterialien unterscheiden: natürlichen, wie Holz, Stein und Textilien. Und industriellen wie Keramik, gewalzte Platten oder hochwiderstandsfähiges Plastik. Bei der ersten Gruppe ist es immer wichtig seine natürlichen Unvollkommenheiten wie Maserungen oder Risse zu bewahren; bei der Zweiten sollte man eine perfekte Form und Präzision bei der Anbringung sicherstellen.

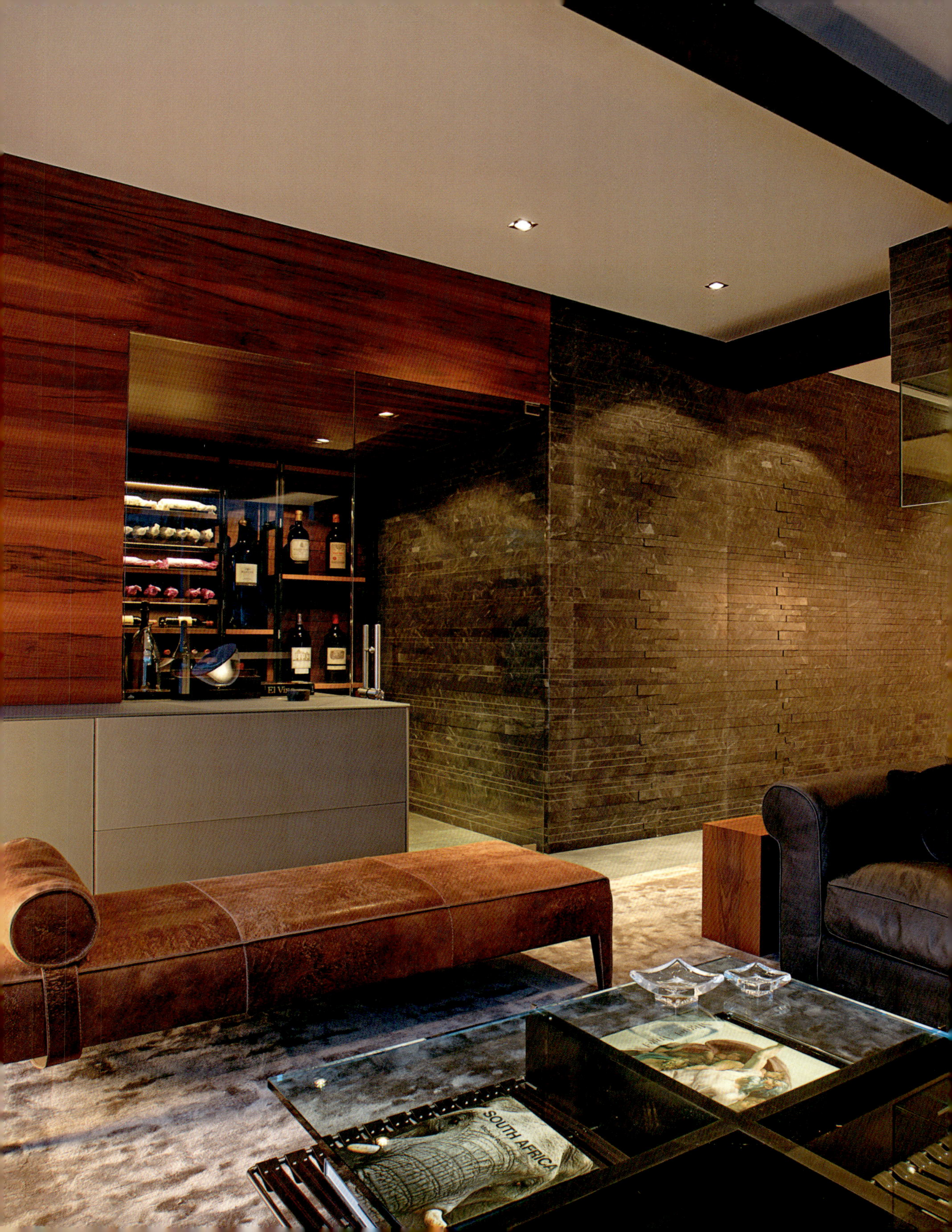
SOUTH AFRICA

living rooms salas salons wohnbereiche

Combining wood with stone elements on walls is a good decision. In this case you can see that special care was taken to place the wood grain in the same way as the stone.

Combinar revestimientos de madera con elementos pétreos en muros es una buena decisión. En este caso se puede observar que se tuvo especial cuidado al colocar las vetas de la madera en el mismo sentido que la piedra.

La combinaison de murs aux revêtements en bois avec des éléments en pierre est une bonne décision. Dans ce cas particulier, on peut observer que les veines du bois et des pierres vont dans le même sens.

Verkleidungen aus Holz mit Steinelementen auf Wänden zu kombinieren ist eine gute Entscheidung. In diesem Fall kann man sehen, dass insbesondere darauf geachtet wurde die Maserung des Holzes in die gleiche Richtung wie die Steine auszurichten.

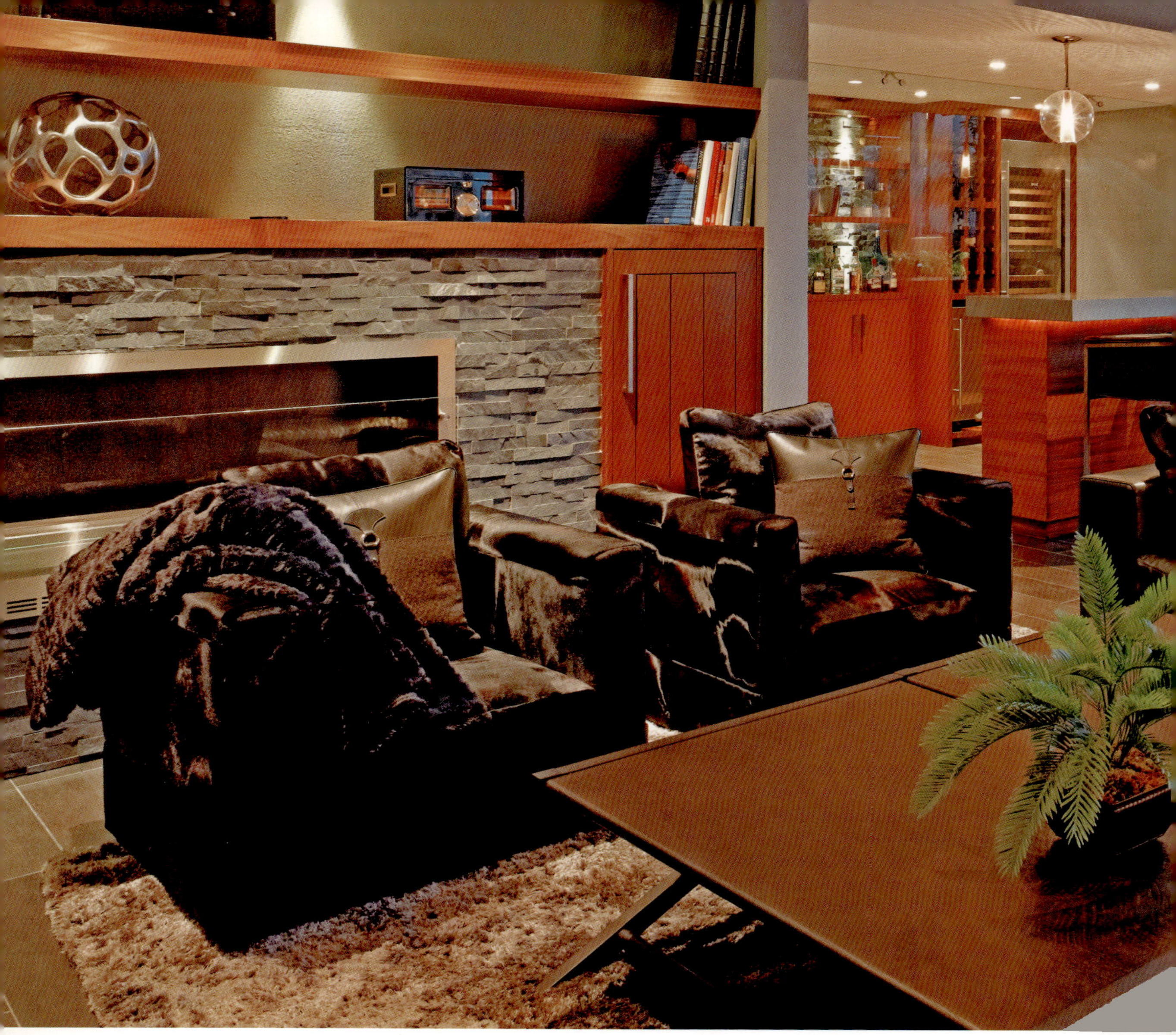

A MUCH MORE INVITING SPACE but at the same time of solemn character can be differentiated by an architectural detail such as a fireplace, regardless of whether it is classical or contemporary. The presence and size of the stone surrounding it can create a rustic appearance of great visual impact.

UN ESPACIO MUCHO MÁS ACOGEDOR pero al mismo tiempo poseedor de un carácter solemne puede ser diferenciado por un detalle arquitectónico como una chimenea, sin importar si ésta es clásica o contemporánea la presencia y el tamaño de la piedra que la rodea puede brindarle una apariencia artesanal de gran impacto visual.

UN ESPACE BEAUCOUP PLUS ACCUEILLANT, qui a en même temps un caractère formel, peut être mis en relief avec un détail architectonique comme une cheminée, que celle-ci soit classique ou contemporaine, la présence et la taille de la pierre qui l'entoure peut offrir une apparence artisanale avec un grand impact visuel.

EIN BEREICH, DER SEHR VIEL GEMÜTLICHER ist, aber zugleich einen festlichen Charakter hat, kann sich durch ein Detail in der Architektur, wie einem Kamin, zu etwas Besonderem werden, dabei spielt es keine Rolle, ob der Stil klassisch oder zeitgenössisch ist; die Präsenz und die Grösse des Steins, der ihn umrahmt, kann dem Raum ein künstlerisches Aussehen von grosser optischen Wirkung verleihen.

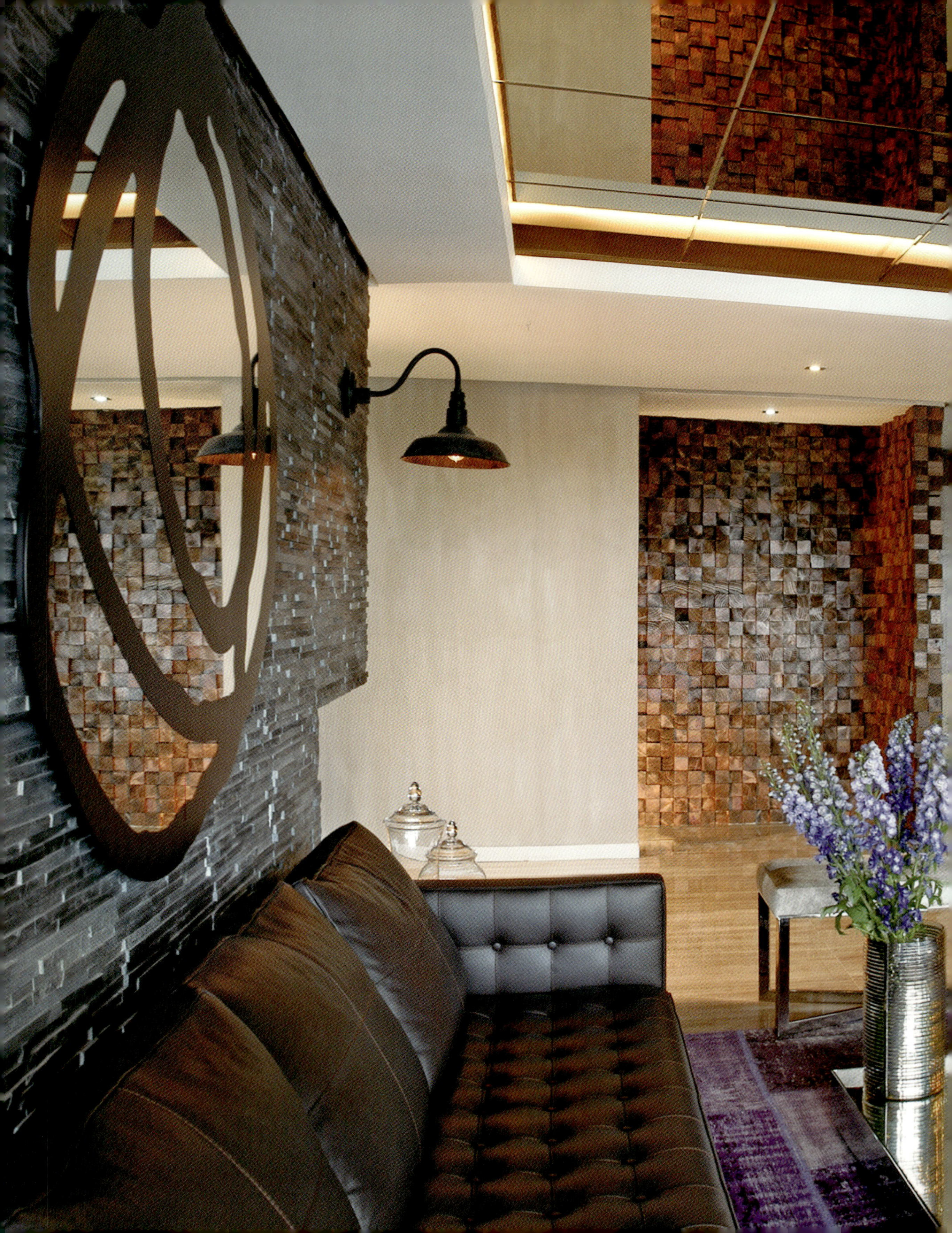

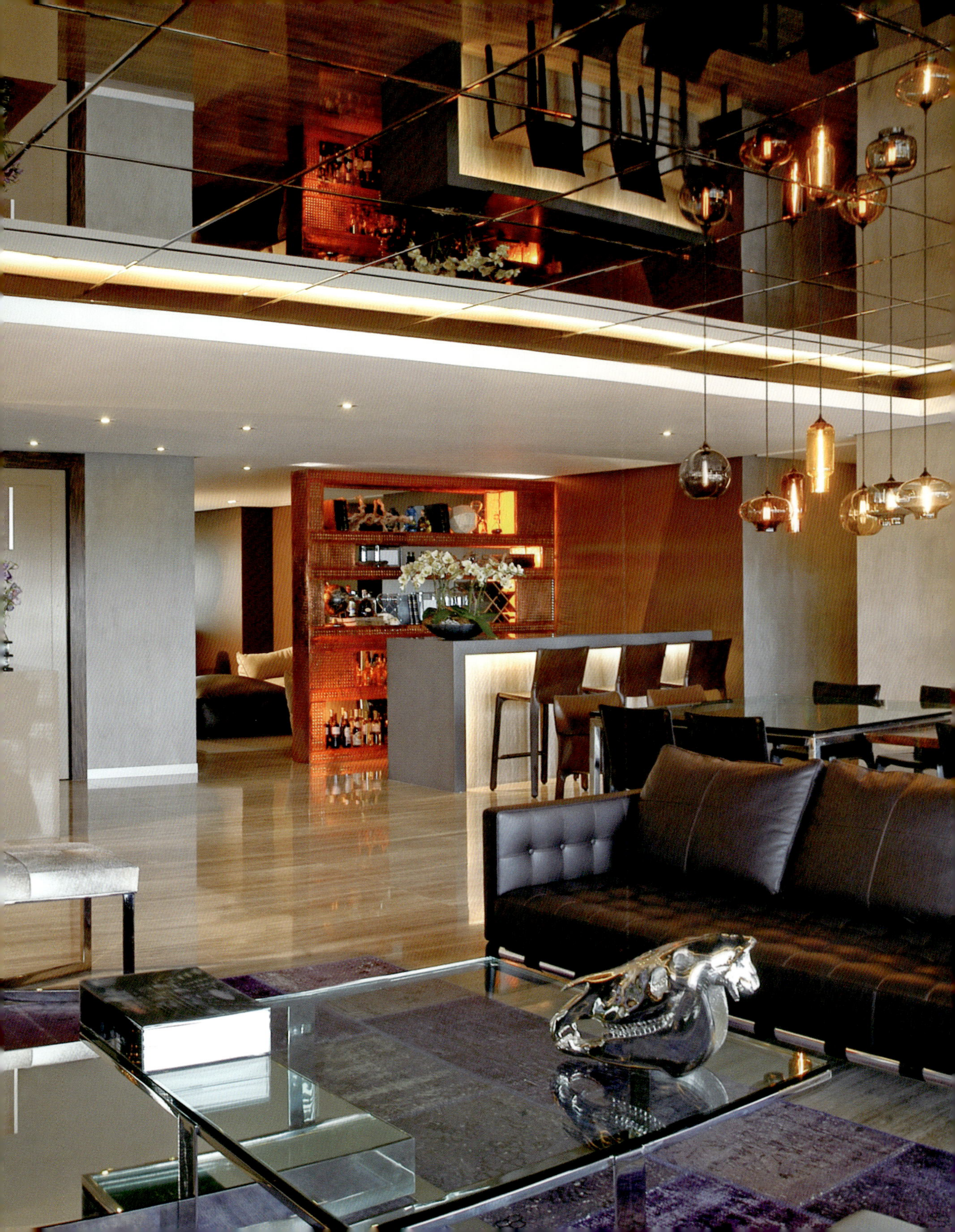

To manipulate the incidence of light coming from the ceiling is one of the major techniques that can be used to avoid visual space saturation and exalt the qualities of the finishes in walls or floors of a living room.

Manipular la incidencia de luz proveniente del plafón es una de las principales técnicas que puede emplearse para evitar la saturación visual del espacio y enaltecer las cualidades de los acabados en muros o pisos de una sala de estar.

L'incidence de la lumière provenant du plafond est une des principales techniques pour empêcher la saturation visuelle de l'espace, et aussi pour mettre en relief les qualités des finitions des murs ou des planchers de cette salle de séjour.

Das Deckenlicht zu regulieren ist eine der Haupttechniken, die angewendet werden können, um die optische Übersättigung eines Bereiches zu vermeiden und die Qualität der Verarbeitung der Mauern und Böden eines Wohnzimmers zu betonen.

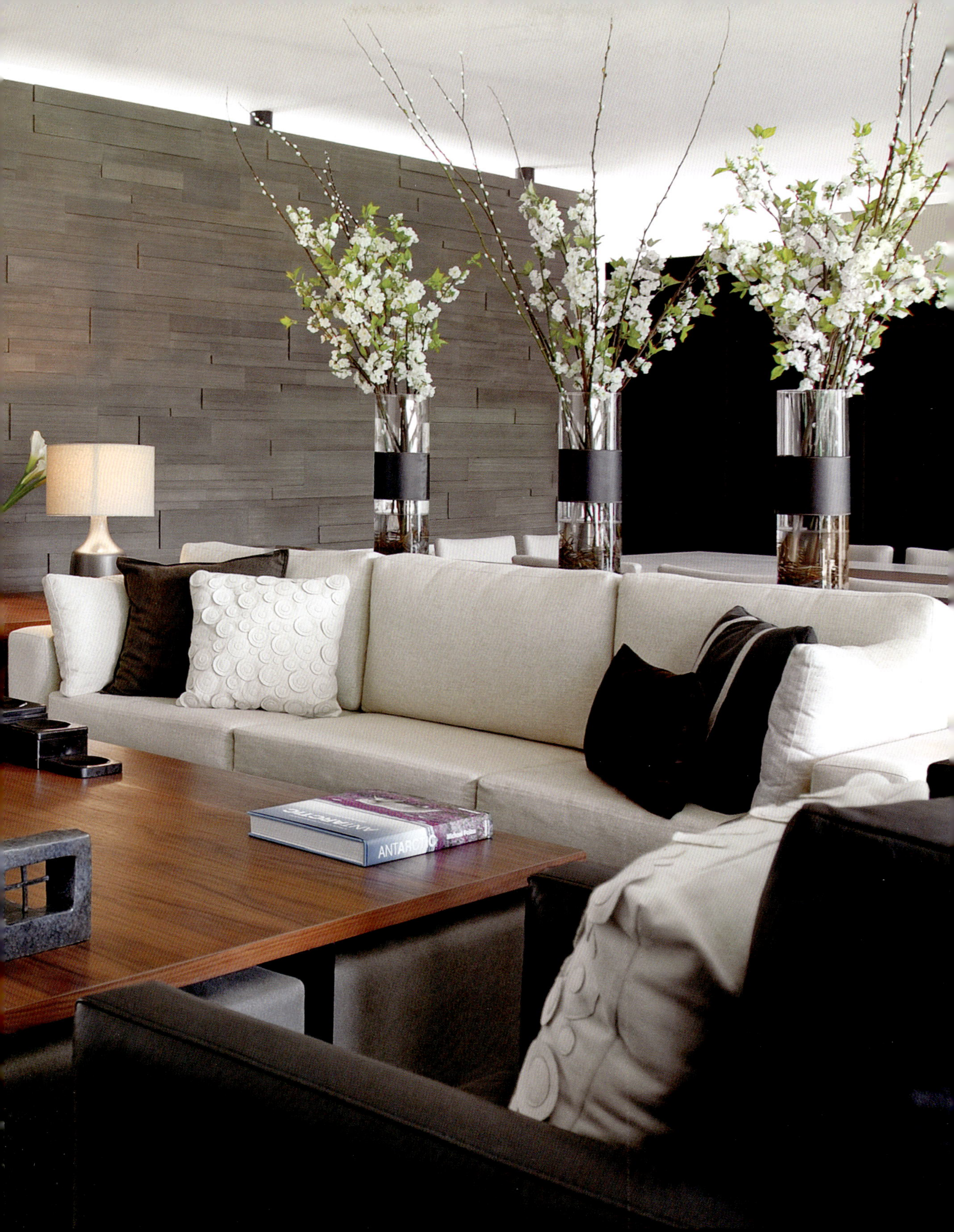
ANTARCTIC

26

living rooms salas salons wohnbereiche

THE LIVING ROOM IS ONE OF THE SPACES that should give us the most comfort, and the stone is one of the most versatile elements that we can use to achieve this. In many cases its presence allows us to feel sheltered, and it conceals certain visual obstacles of great dimension and converts them into subtle details. For example, they can cover structural elements such as columns and contrast them with vegetation.

UNA SALA ES UNO DE LOS ESPACIOS que mayor comodidad debe darnos y la piedra es uno de los elementos más versátiles que podemos usar para lograrlo. En muchos casos su presencia permite sentirnos cobijados o disimular ciertos obstáculos visuales de gran dimensión para convertirlos en detalles sutiles, por ejemplo suelen recubrirse elementos estructurales como columnas y contrastarlos con vegetación.

LE SALON DOIT ÊTRE UN DES ESPACES les plus accueillants et confortables, et la pierre est un des éléments les plus versatiles pour y réussir. Dans bien des cas, la pierre permet de nous sentir à l'abri ou de dissimuler certains obstacles visuels de grandes dimensions pour les transformer en en détails subtils. Elle sert à recouvrir, par exemple, certains éléments structurels, tels que les colonnes, et les mettre en contraste avec la végétation.

DAS WOHNZIMMER IST EINES DER BEREICHE, das uns die meisten Annehmlichkeiten bieten sollte und Stein eines der vielseitigsten Elemente um das zu erreichen. In vielen Fällen erlaubt uns seine Präsenz uns heimelig zu fühlen oder grosse optische Hindernisse zu beschönigen, um sie in subtile Details zu verwandeln, zum Beispiel werden üblicherweise bauliche Elemente, wie Säulen, verkleidet und mit Pflanzen in Kontrast gesetzt.

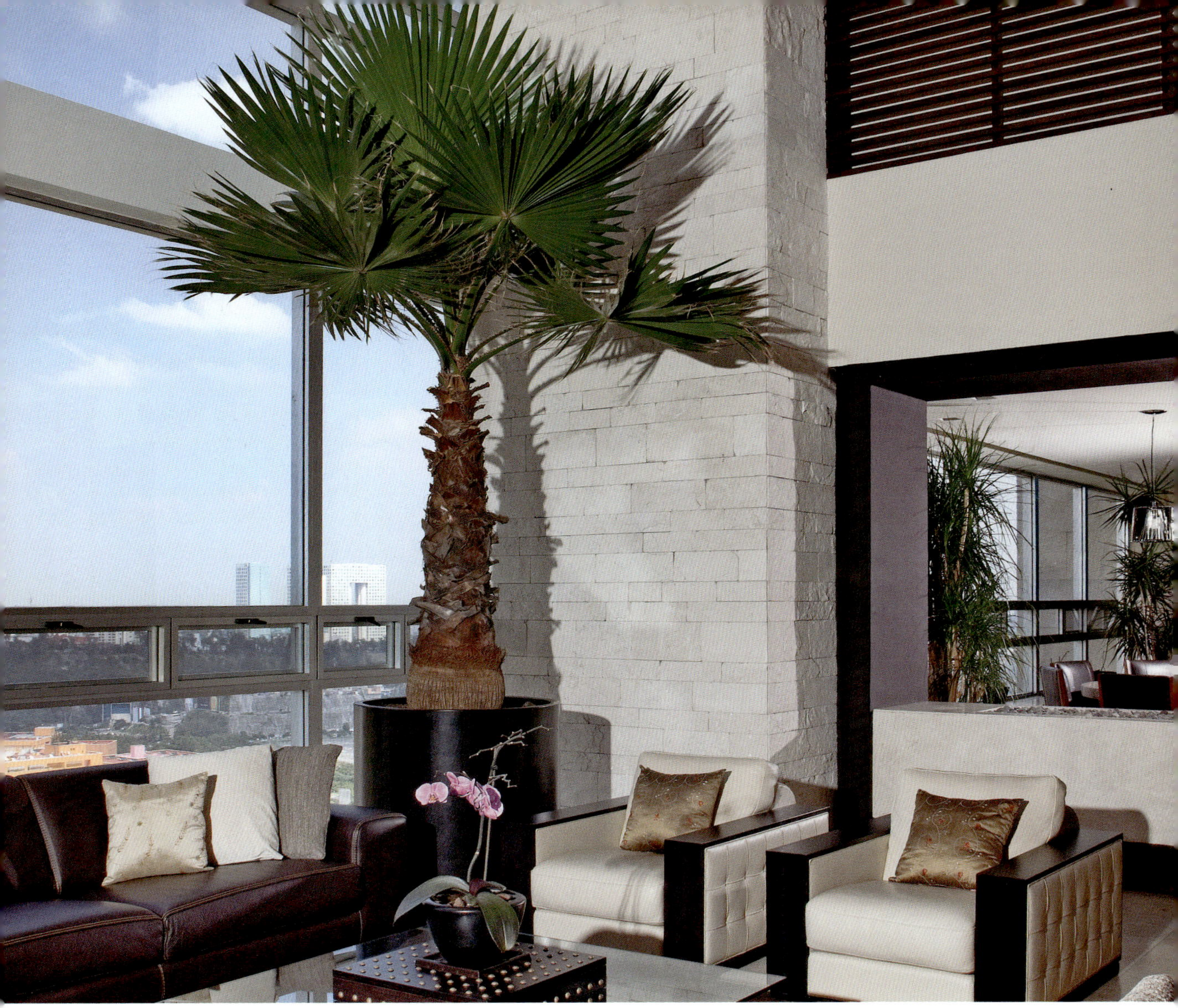

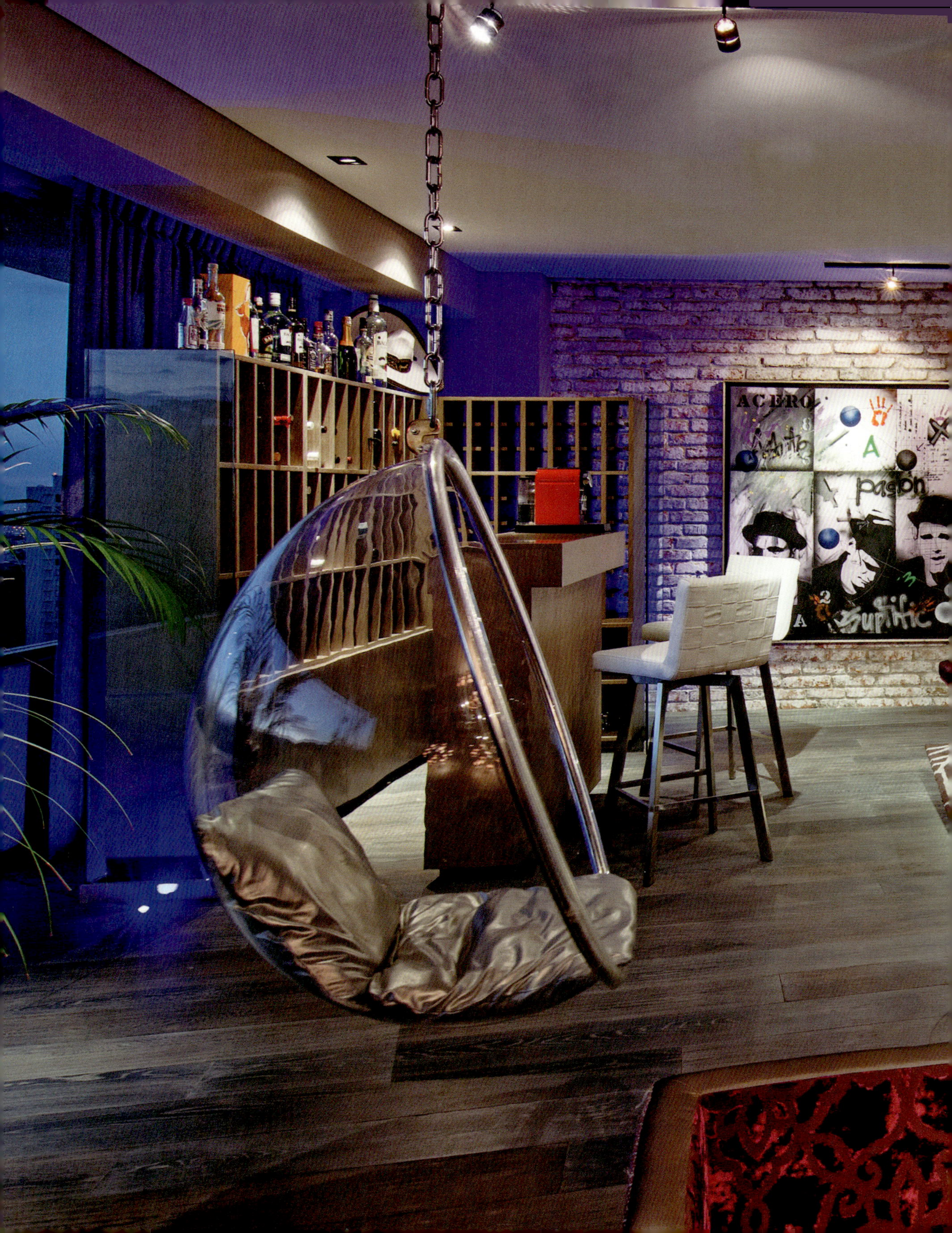
ACERO
pasion

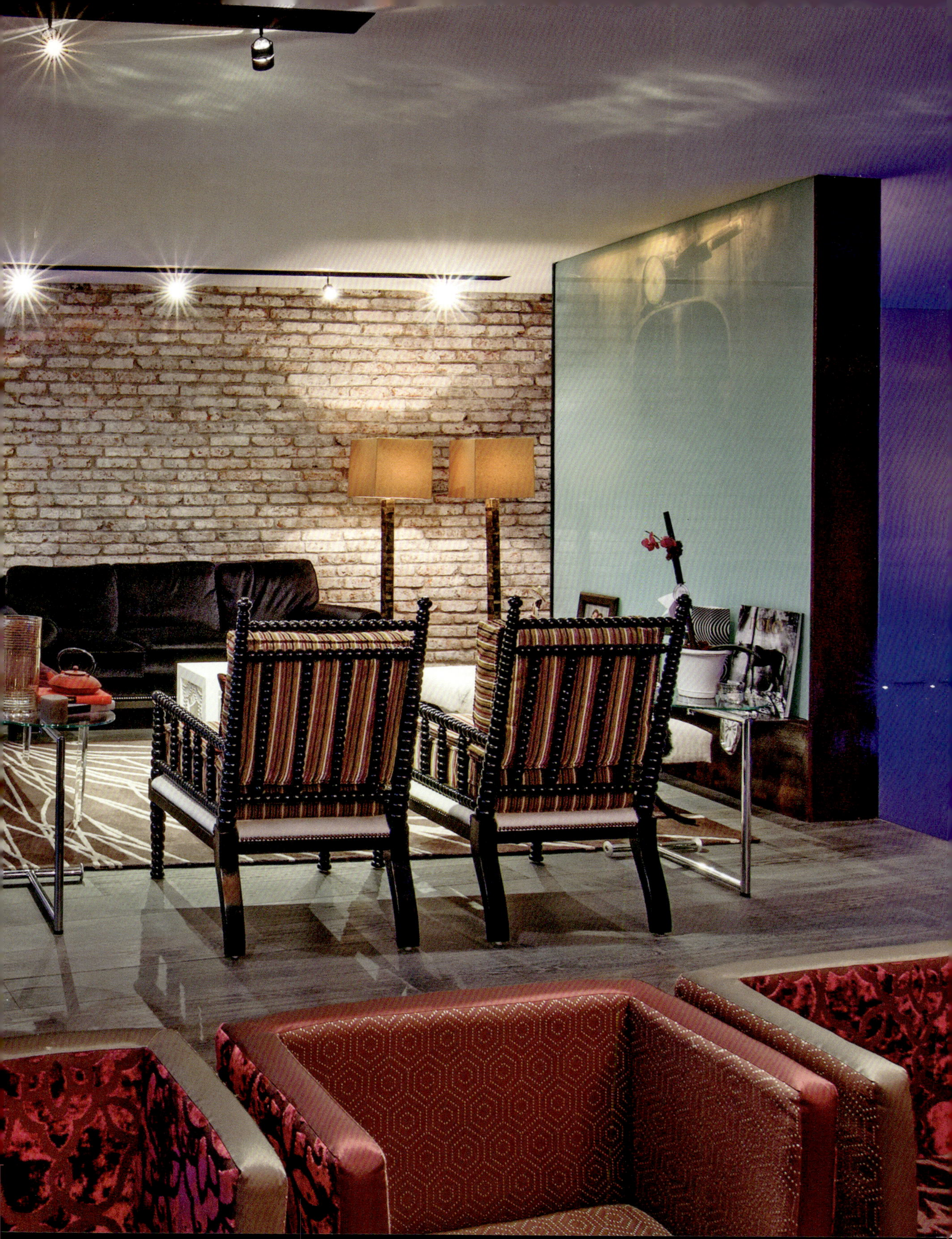

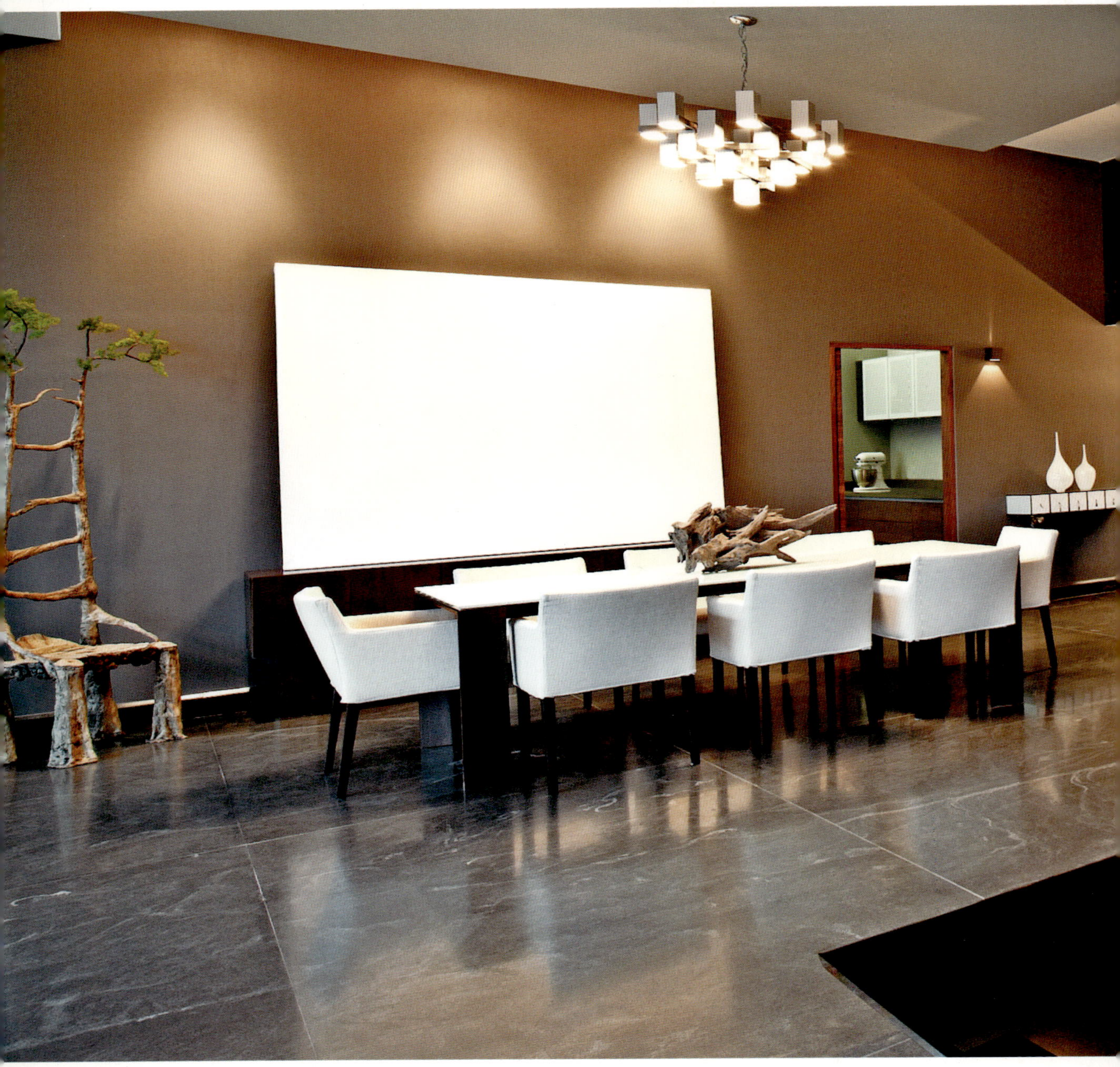

marble
mármol
marbre
marmor

Marble is a hard stone of high density distinguished by its elegant presence. Its placement with visible joints evokes a feeling of rustic origin, when it is polished and its joints are fine it inspires a more urban aesthetics.

El mármol es una piedra dura de alta densidad que se distingue por su elegante presencia. Su colocación con juntas visibles evoca un sentimiento de origen rústico mientras que cuando se pule y las uniones son finas inspira una estética mucho más urbana.

Le marbre est une pierre dure à haute densité qui se distingue par sa présence élégante. Les unions visibles créent un sentiment rustique, tandis que quand il est poli et les unions sont fines, on pense à une esthétique beaucoup plus urbaine.

Marmor ist ein harter Stein mit hoher Dichte, der sich durch seine elegante Präsenz auszeichnet. Seine Anbringung mit sichtbaren Verbindungen zeugt von seinem rustikalen Ursprung, während er, wenn er poliert ist und die Verbindungen fein sind, eine sehr viel städtischere Ästhetik inspiriert.

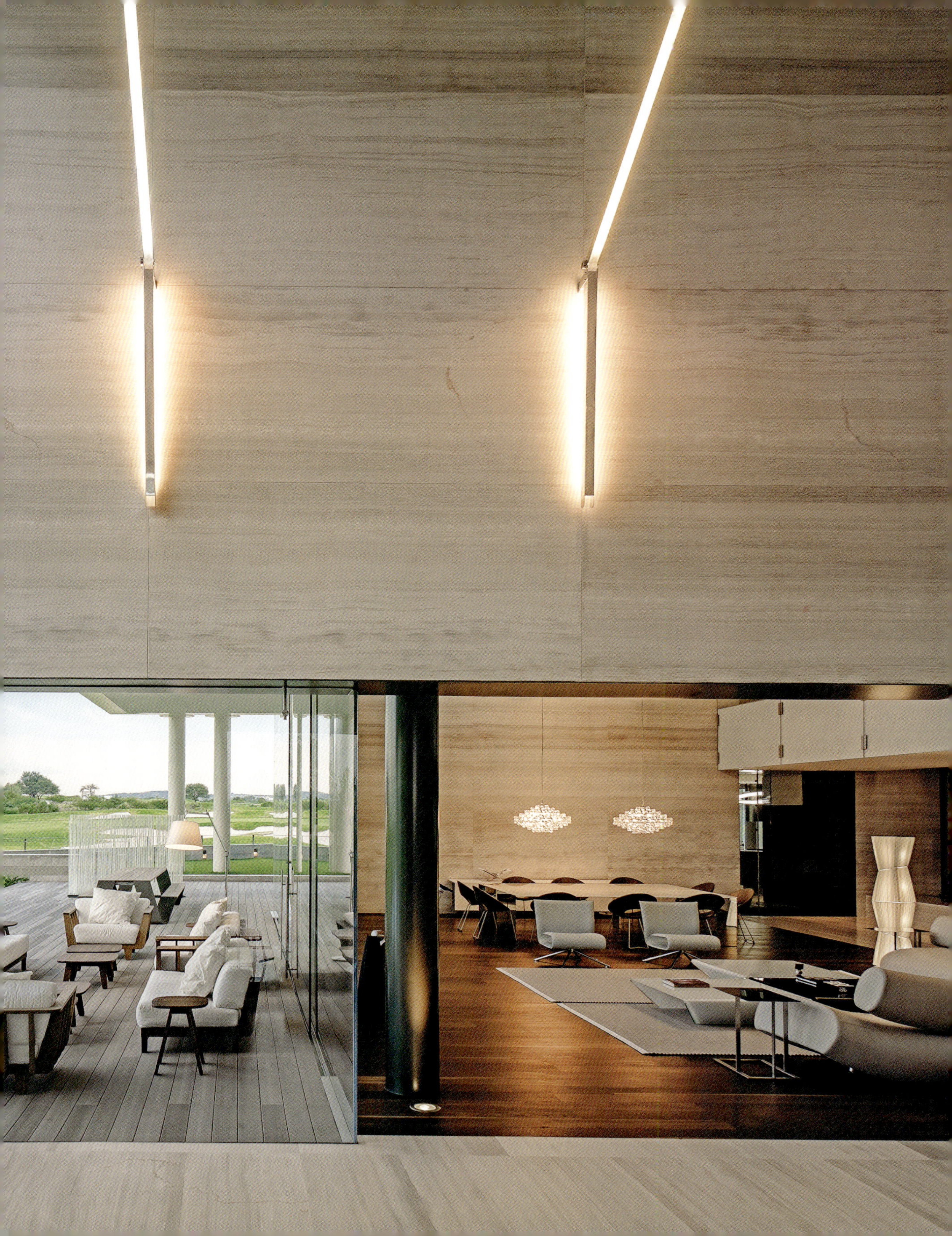

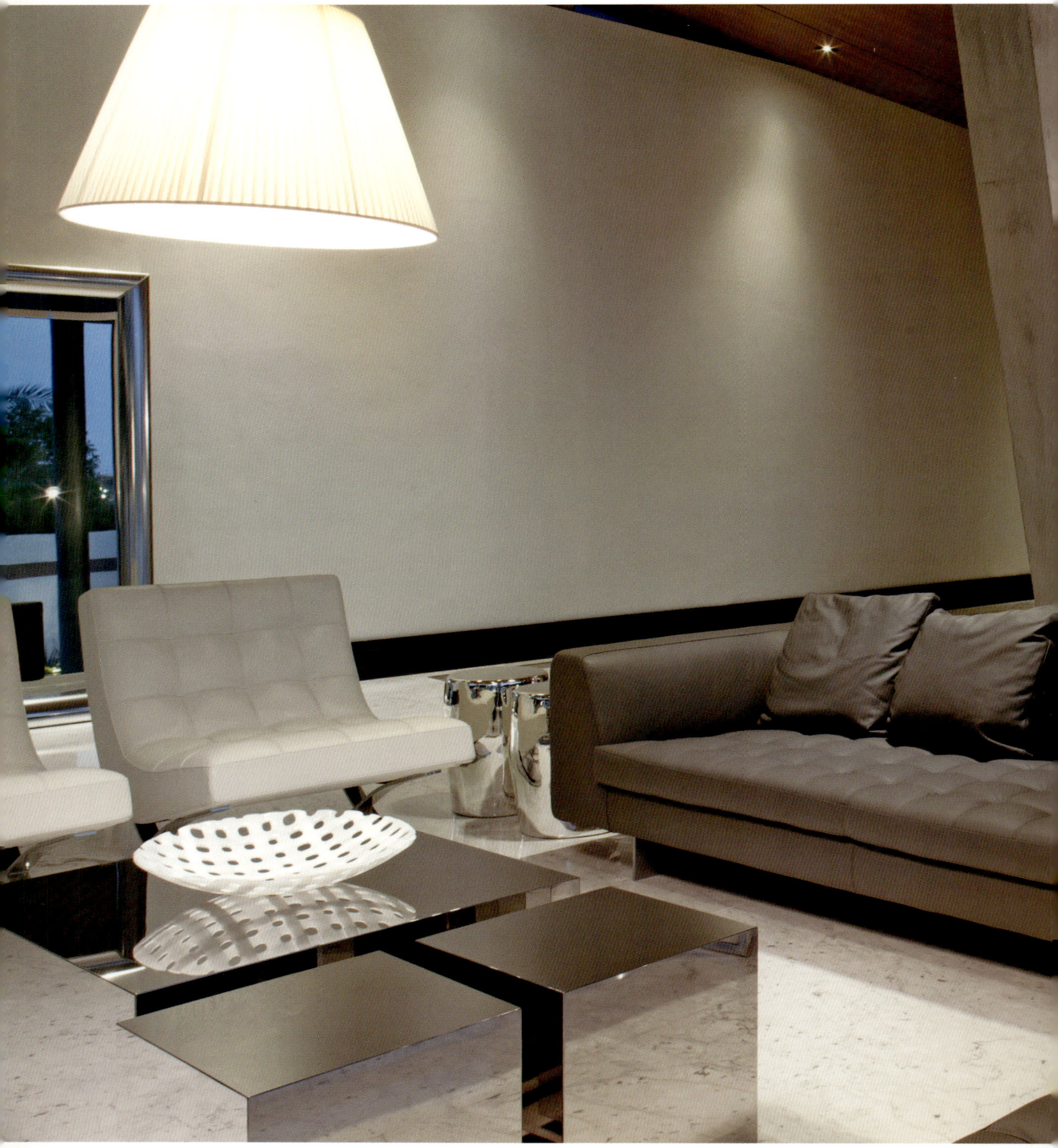

living rooms   salas   salons   wohnbereiche

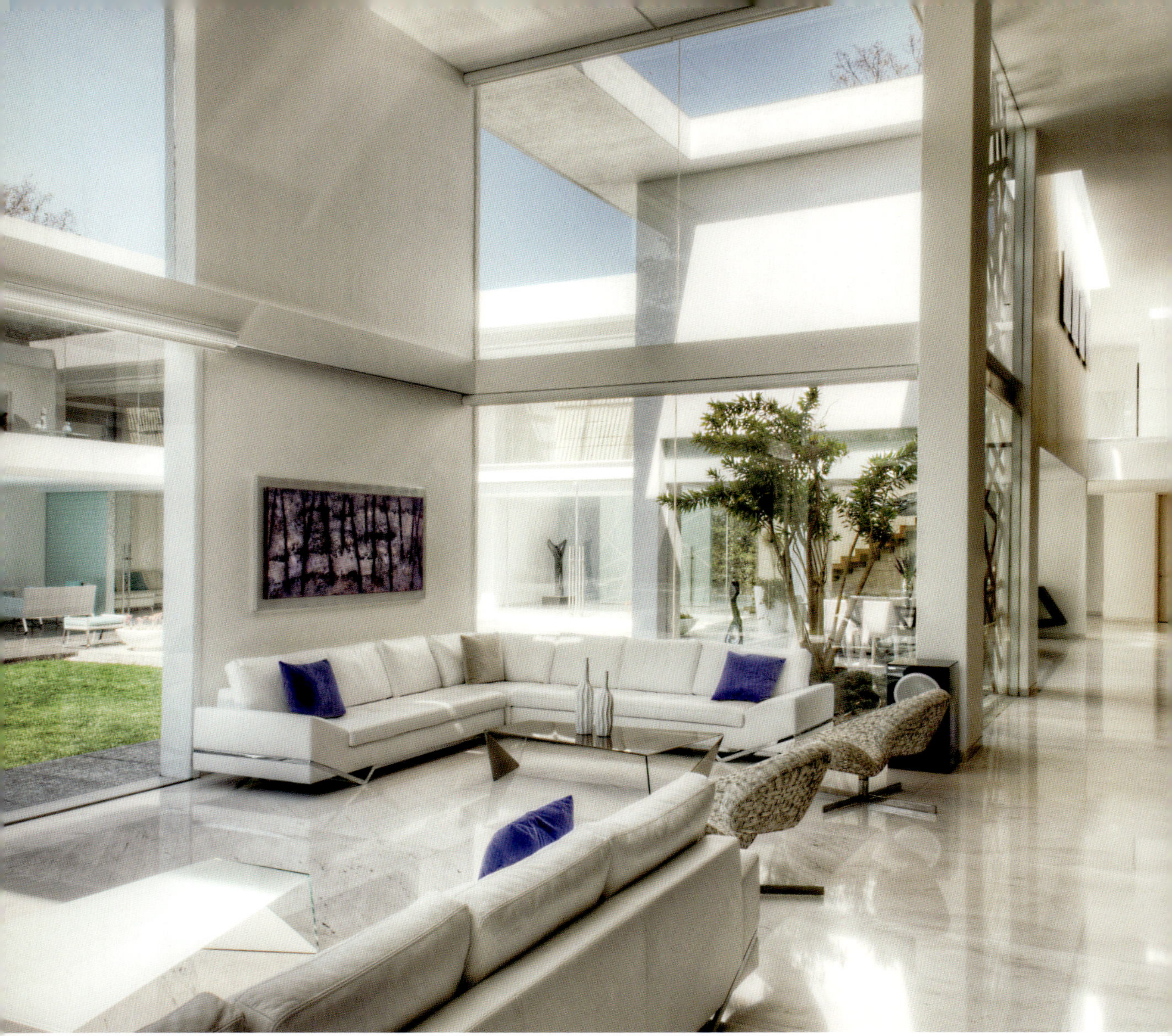

BECAUSE OF ITS VARIETY of colors and textures, marble is one of the most widely used elements in the public areas of a house. Its appearance depends on the rock formations from which it has been extracted, and that´s why in some cases it is necessary to become familiar with the different names it has and know where it comes from, so as to achieve the desired finish.

POR SU VARIEDAD de colores y texturas, el mármol es uno de los elementos de mayor uso para las zonas públicas de una casa. Su apariencia dependerá de las formaciones rocosas de la cual haya sido extraído por eso en algunos casos es necesario familiarizarse con distintos nombres que posee y saber de dónde proviene para lograr el acabado deseado.

GRÂCE À SA VARIÉTÉ de couleurs et textures, le marbre est un des éléments les plus employés dans les espaces communs de la maison. Son apparence dépend des formations rocheuses dont il a été extrait, et, dans certains cas, il faut connaître ses différents noms et provenances afin de réussir le finissage souhaité.

DURCH SEINE VIELFALT an Farben und Texturen, ist Marmor einer der meist genutzten Elemente in den öffentlichen Bereichen eines Hauses. Sein Aussehen hängt von seinem Ursprungsort ab und darum ist es manchmal notwendig sich mit den verschiedenen Namen vertraut zu machen und zu wissen, woher er kommt, um den erwünschten Effekt zu erzielen.

THE MODULATION AND THE SIZE of each piece is an element to be considered, because some varieties of marble have different patterns and colors that must be monitored at all times when installed to ensure the continuity and neatness in its union. The contrasts of tones can be transferred to the lining of the floor, a mat, or to the covering of columns and girders with wood.

LA MODULACIÓN Y EL TAMAÑO de cada pieza es un elemento a considerar sobre todo porque algunas variedades de mármol presentan patrones o colores diversos que deben de ser instalados vigilando en todo momento la continuidad y la pulcritud en su unión. Los contrastes de tonalidades pueden ser trasladados al recubrimiento del piso, un tapete o al revestimiento de columnas y trabes con madera.

LA MODULATION ET LA TAILLE de chaque pièce sont des éléments très importants, car certaines variétés de marbres possèdent des dessins différents ou des couleurs diverses, et il faut les installer en veillant à la continuité et la limpidité des unions. Les contrastes des tons peuvent se retrouver dans le recouvrement du plancher, un tapis ou le revêtement des colonnes et les poutres en bois.

DIE FORM UND DIE GRÖSSE eines jeden Stücks ist ein Aspekt, den man in Betracht ziehen sollte, vor allem, weil einige Marmorvarianten verschiedenste Muster und Farben aufweisen, bei denen bei den Anbringung auf die Fortführung und Reinheit geachtet werden muss. Die Kontraste in den Tönen können auf die Bodenplatten, einen Teppich oder auf die Verkleidung von Säulen und Verbindungen mit Holz übertragen werden.

metal
metal
métal
metall

THE USE OF METALS as ornamental or structural materials offers the ideal characteristics for contemporary architecture of interior areas because of its peculiar industrial appearance.

EL USO DE METALES como materiales ornamentales o estructurales ofrece las características idóneas para la arquitectura de interiores contemporánea por su peculiar apariencia industrial.

GRÂCE À LEUR apparence industrielle, l'emploi des métaux comme matériaux décoratifs ou structuraux offre les caractéristiques idéales pour l'architecture contemporaine d'intérieurs.

DIE NUTZUNG VON METALL als Material in der Dekorationoder der Struktur bietet durch sein speziell industrielles Aussehen ideale Eigenschaften für die zeitgenössische Innenarchtektur.

44

living rooms salas salons wohnbereiche

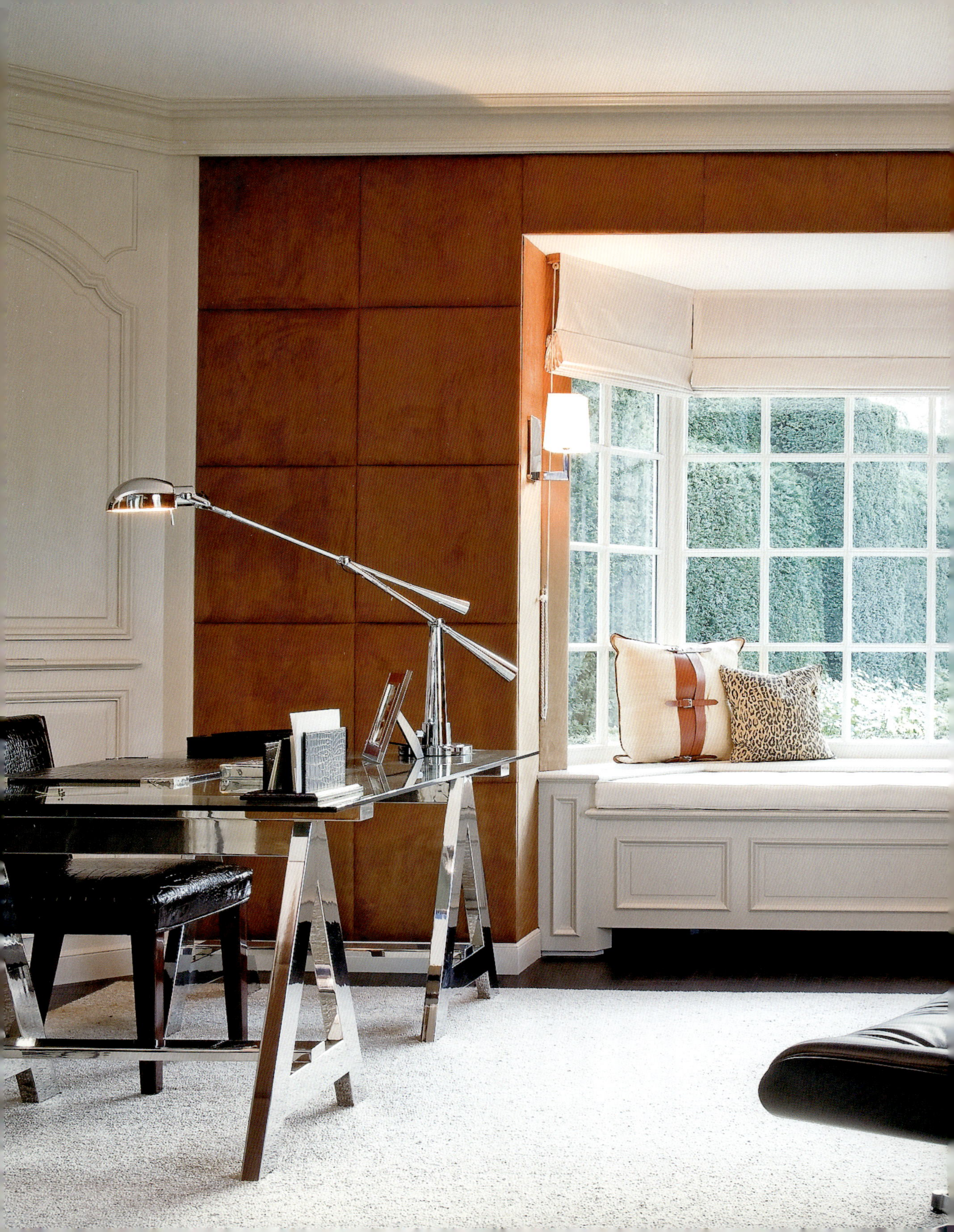

living rooms   salas   salons   wohnbereiche

If there is a material that perfectly communes with metal, it is glass. Use it in a work cabinet within a textured environment to highlight it from the rest of the space, because of the contrast that it offers to the touch.

Si existe un material que comulgue perfectamente con el metal ese es el vidrio. Emplearlo en un mueble de trabajo dentro de un ambiente texturizado lo hará destacar de todo el conjunto por el contraste que ofrecerá al tacto.

S'il y a un matériau parfaitement approprié pour le métal, c'est le verre. Quand on l'emploie pour un meuble utilitaire dans une ambiance texturisée, il se détache de l'ensemble par le contraste qu'il offre au toucher.

Wenn es ein Material gibt, das perfekt mit Metall einhergeht, ist es Glas. Es bei einem Arbeitstisch in einem Ambiente mit Texturen zu verwenden, lässt es aus der Gesamtkomposition durch den Kontrast, den es bei Berührung bietet, herausstechen.

STAINLESS STEEL HAS THE QUALITY of being able to be used in different ways. This coffee table is suited to the high brightness of its base, with a mirror look and also a mate with a colored cover. This quality helps to highlight the decoration with vibrant color accents including designer furniture, sculptures or large photographs.

EL ACERO INOXIDABLE POSEE LA CUALIDAD de tratarse de diferentes modos, esta mesa de centro se presenta al alto brillo en su base con una apariencia espejo y también en mate con una cubierta de color. Esa cualidad favorece para destacar la decoración con acentos de colores intensos que incluya mobiliario de diseñador, esculturas o fotografías de gran formato.

L'ACIER INOXYDABLE PEUT ÊTRE traité de différentes manières. Cette table basse présente une haute luminosité à la base avec une apparence de miroir, et aussi mate avec une couverture en couleur. Cette qualité favorise la mise en relief de la décoration aux couleurs intenses qui comprend un mobilier design, des sculptures ou des photographies de grand format.

ROSTFREIER STAHL BESITZT die Eigenschaft sich auf verschiedene Weise zu präsentieren, dieser Wohnzimmertisch zeigt sich hochglänzend auf der Basis mit einem spiegelartigen Aussehen und gleichzeitig matt mit einer farbigen Abdeckung. Diese Eigenschaft lässt die Dekoration mit intensiven Farbakzenten hervorstechen, die Designermöbel, Skulpturen oder grossformatige Fotografien einschliesst.

textile textil textile textile

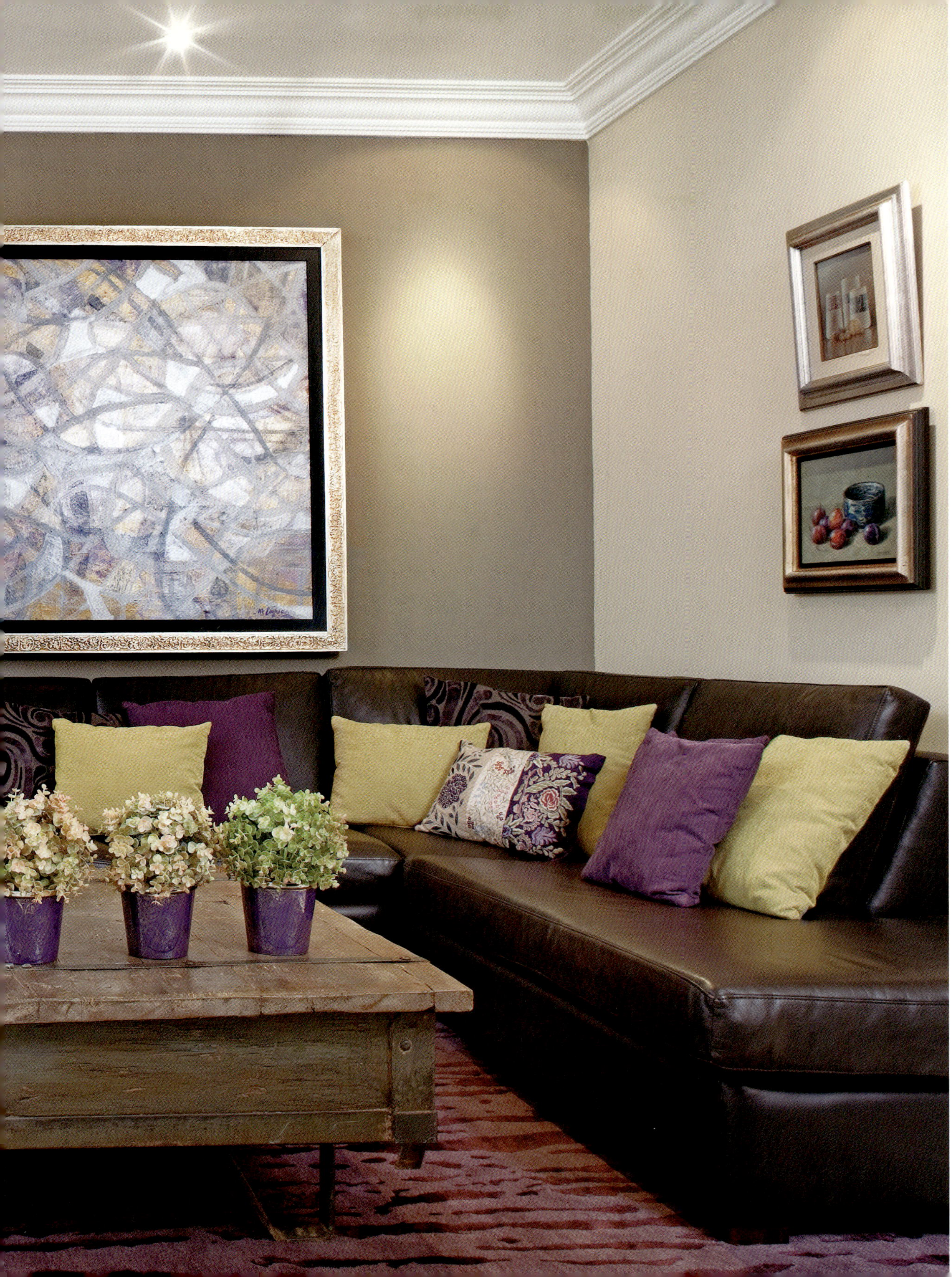

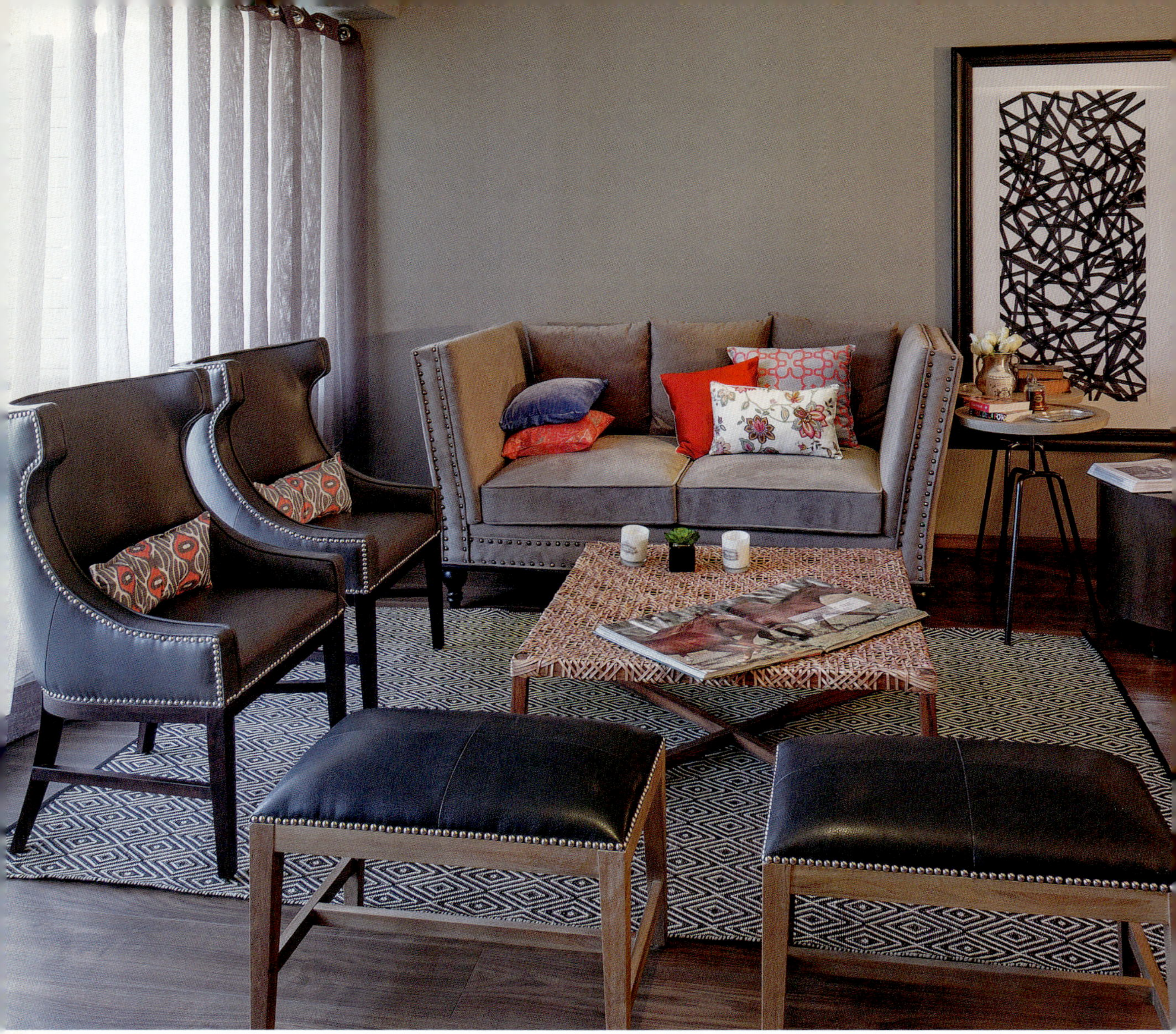

THE CHOICE OF A TEXTILE COATING for a living room has different criteria to consider: it should be pleasant to the touch; be comfortable to suit our body; visually attractive and impressive because of the geometric patterns that their fabrics produce and, finally, they need to be resistant to wear and easy to clean. There are no written rules, the selection depends on the taste and personality of the user.

LA ELECCIÓN DE UN RECUBRIMIENTO TEXTIL para una sala de estar posee diferentes criterios a considerar: debe ser agradable al tacto; ser cómodo para adaptarse a nuestro cuerpo; visualmente atractivo e impactante por los patrones geométricos que producen sus tejidos y, finalmente es necesario que sea resistente ante el desgaste y fácil de limpiar. No hay reglas escritas, la selección depende del gusto y la personalidad del usuario.

LE CHOIX D'UN RECOUVREMENT TEXTILE pour la salle de séjour doit tenir compte de plusieurs critères : il doit être agréable au toucher, confortable pour s'adapter au corps, visuellement attractif, les patrons géométriques des tissus doivent avoir du caractère et, finalement, il doit être résistant et facile à nettoyer. Il n'y a pas de règles, le choix dépend du goût et de la personnalité de chacun.

BEI DER WAHL EINES STOFFES FÜR EINE SITZECKE im Wohnzimmer sollte man verschiedene Kriterien bedenken: er sollte sich angenehm anfühlen; sich behaglich an unseren Körper anpassen; optisch attraktiv und durch seine geometrischen Muster beeindruckend sein und letztendlich sollte er nicht leicht abnutzen und einfach zu reinigen sein. Es gibt keinen strikten Regeln, die Wahl hängt vom Geschmack und der Persönlichkeit des Benutzers ab.

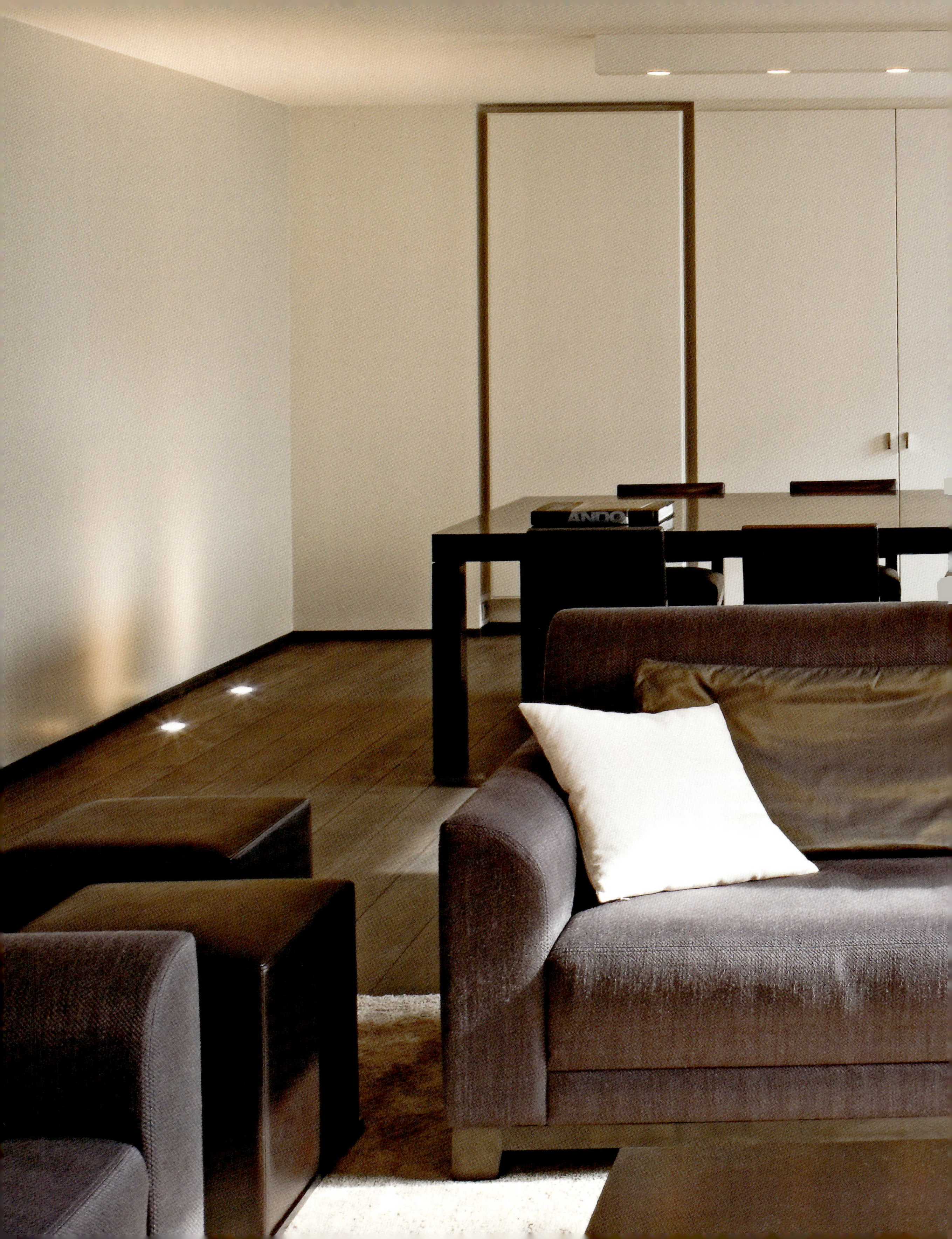
ANDO

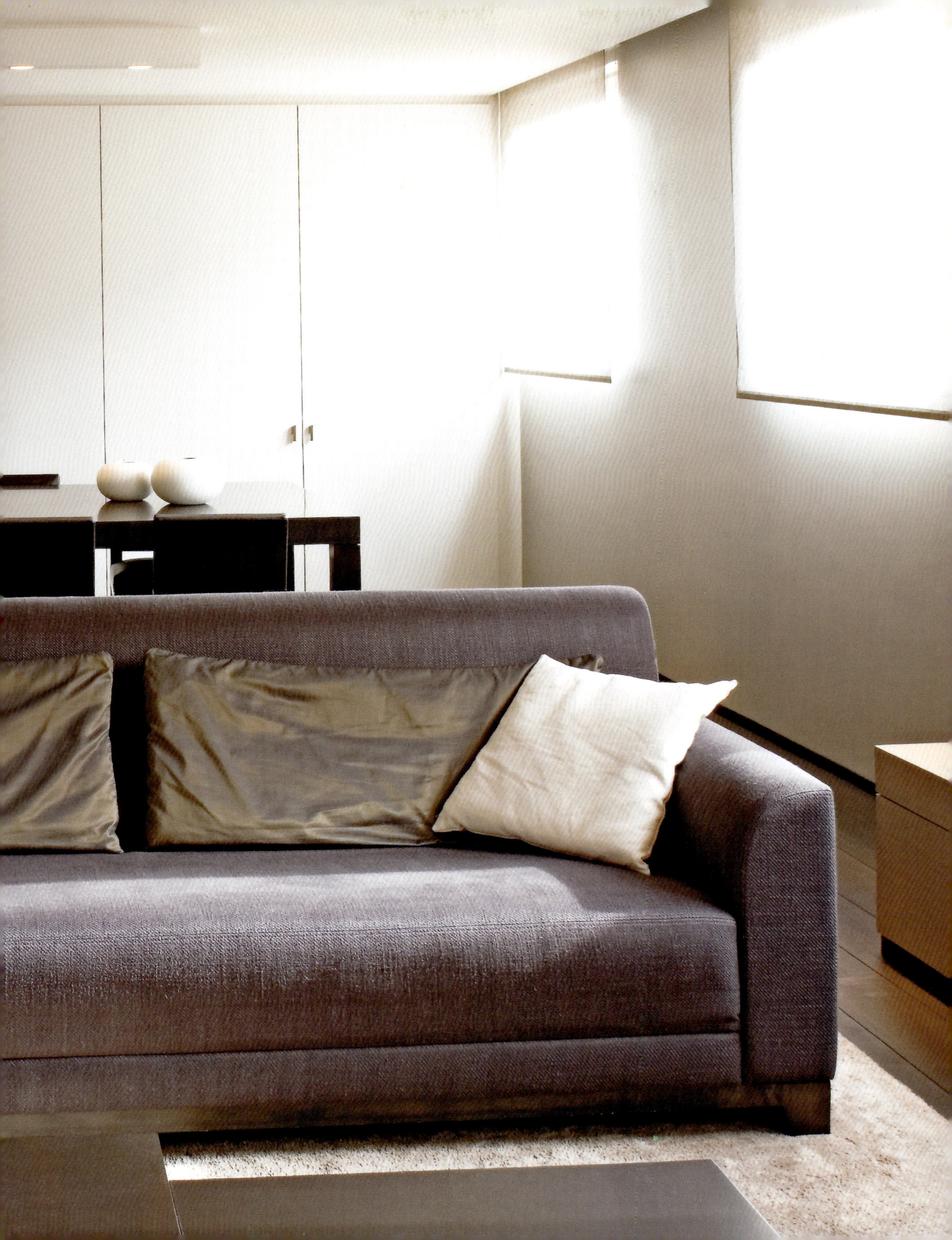

SOME FABRICS ARE SMOOTH AND VISUALLY RICH and others are cold and hard. Combining these different fabrics to achieve a contemporary atmosphere is widely recommended when the style that you want to obtain is edgy contemporary. It should be noted that more sober furniture have more texture than those that contain intense colors.

ALGUNOS TEXTILES SON SUAVES Y VISUALMENTE RICOS, otros, fríos y duros. Hacer una combinación de esas diferencias para lograr una atmósfera contemporánea es ampliamente recomendable cuando el estilo que se quiere obtener es un contemporáneo de vanguardia. Hay que notar que los muebles más sobrios poseen mayor textura que aquellos que se presentan en colores intensos.

CERTAINS TEXTILES SON DOUX ET TRÈS RICHES à la vue, d'autres sont froids et durs. Il est conseillé de combiner ces différences afin de réussir une atmosphère contemporaine et avant-garde. Il faut noter que les meubles les plus sobres possèdent plus de texture que ceux qui ont des couleurs intenses.

MANCHE STOFFE SIND WEICH UND OPTISCH REIZVOLL, andere kalt und hart. Diese Kontraste zu mischen, um eine zeitgenössische Atmosphäre zu erzielen, ist zu empfehlen, wenn der gewünschte Stil ein avantgardistisch zeitgenössischer ist. Es bleibt zu bemerken, dass nüchterne Möbel mehr Textur aufweisen, als solche in intens ven Farben.

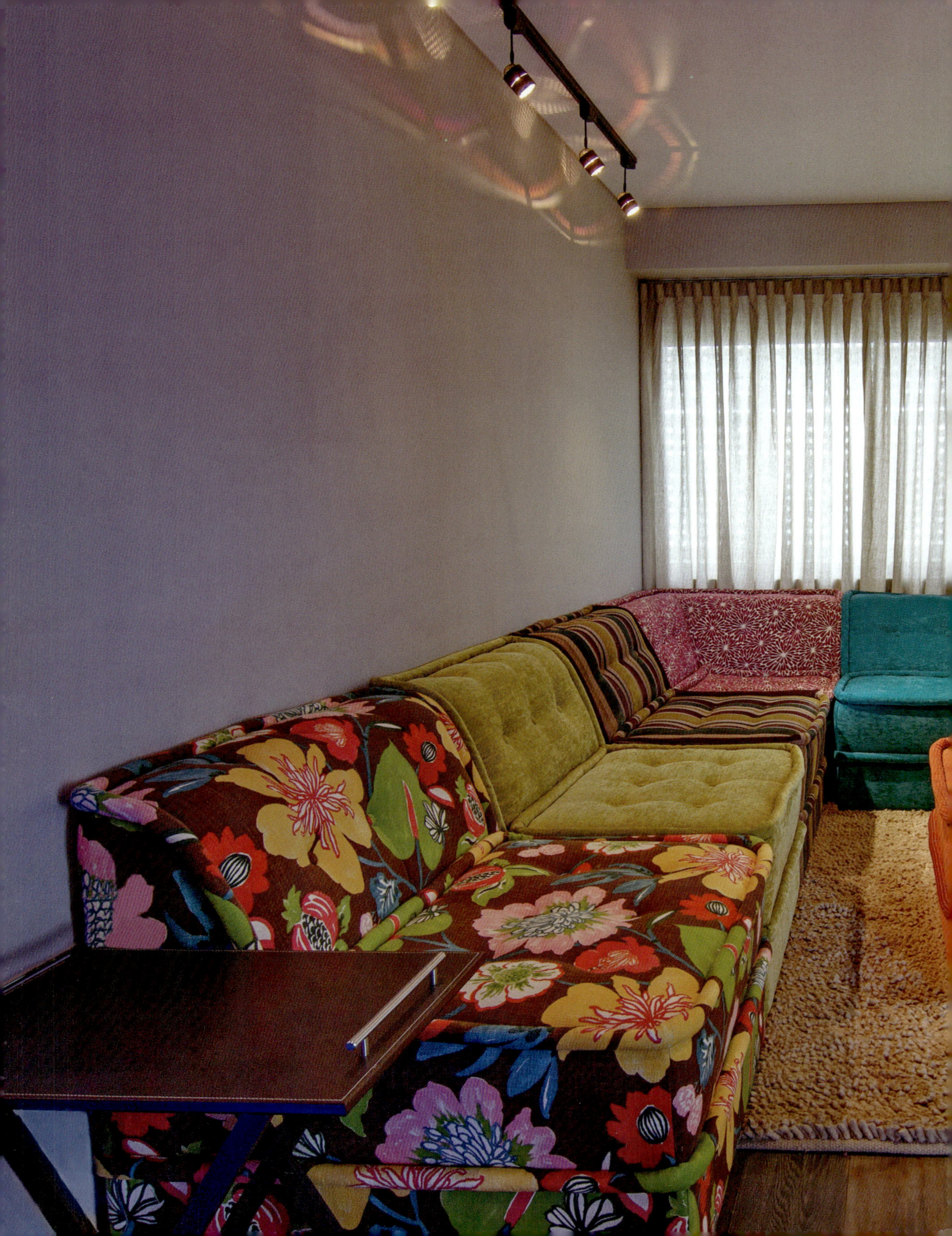

living rooms   salas   salons   wohnbereiche

Velvet and velour are very sensuous fabrics that can look extremely good in bright colors and geometric patterns or organic evocations. When used in soft furnishings within small spaces it will radiate infinite comfort, and its presence is enough to set the mood of the area.

El terciopelo o velour son telas muy sensuales que puede lucir extraordinariamente bien en colores vivos y patrones geométricos o evocaciones orgánicas. Emplearlo en mobiliario blando dentro de espacios pequeños irradia infinita comodidad, su presencia es suficiente para ambientar.

Le velours est un tissu très sensuel et va très bien avec les couleurs vives et les dessins géométriques ou à évocations organiques. Son utilisation pour les meubles moelleux dans les petits espaces irradie un énorme confort et sa présence suffit pour définir une ambiance.

Samt oder Velour sind sehr sinnliche Stoffe, die aussergewöhnlich gut in lebendigen Farben und geometrischen Mustern oder Anspielungen auf organische Elemente aussehen können. Auf schlichten Möbeln in kleinen Räumen angewendet, strahlen sie unendliche Bequemlichkeit aus, ihre Präsenz ist ausreichend um dem Raum Ambiente zu verleihen.

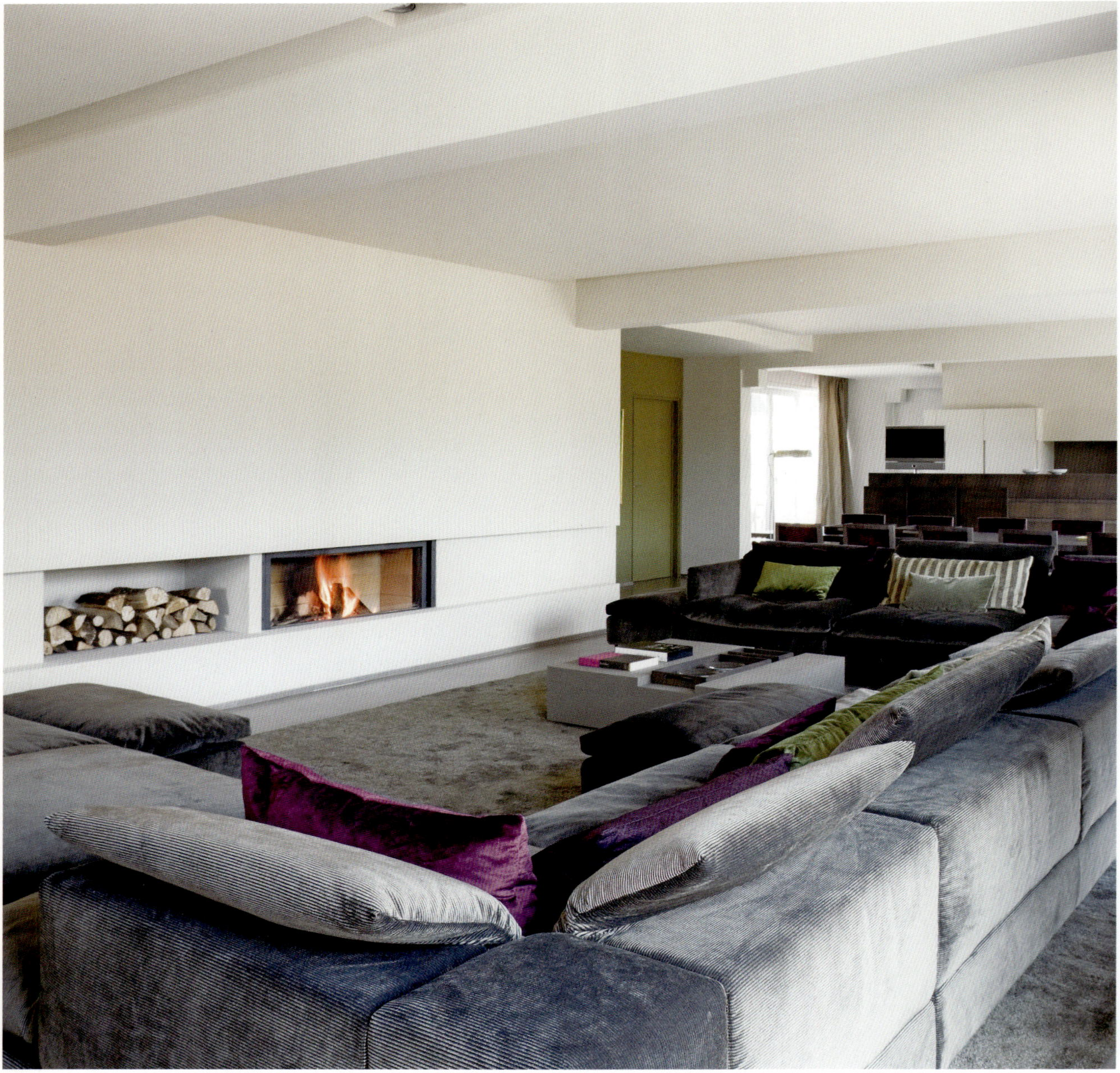

living rooms　salas　salons　wohnbereiche

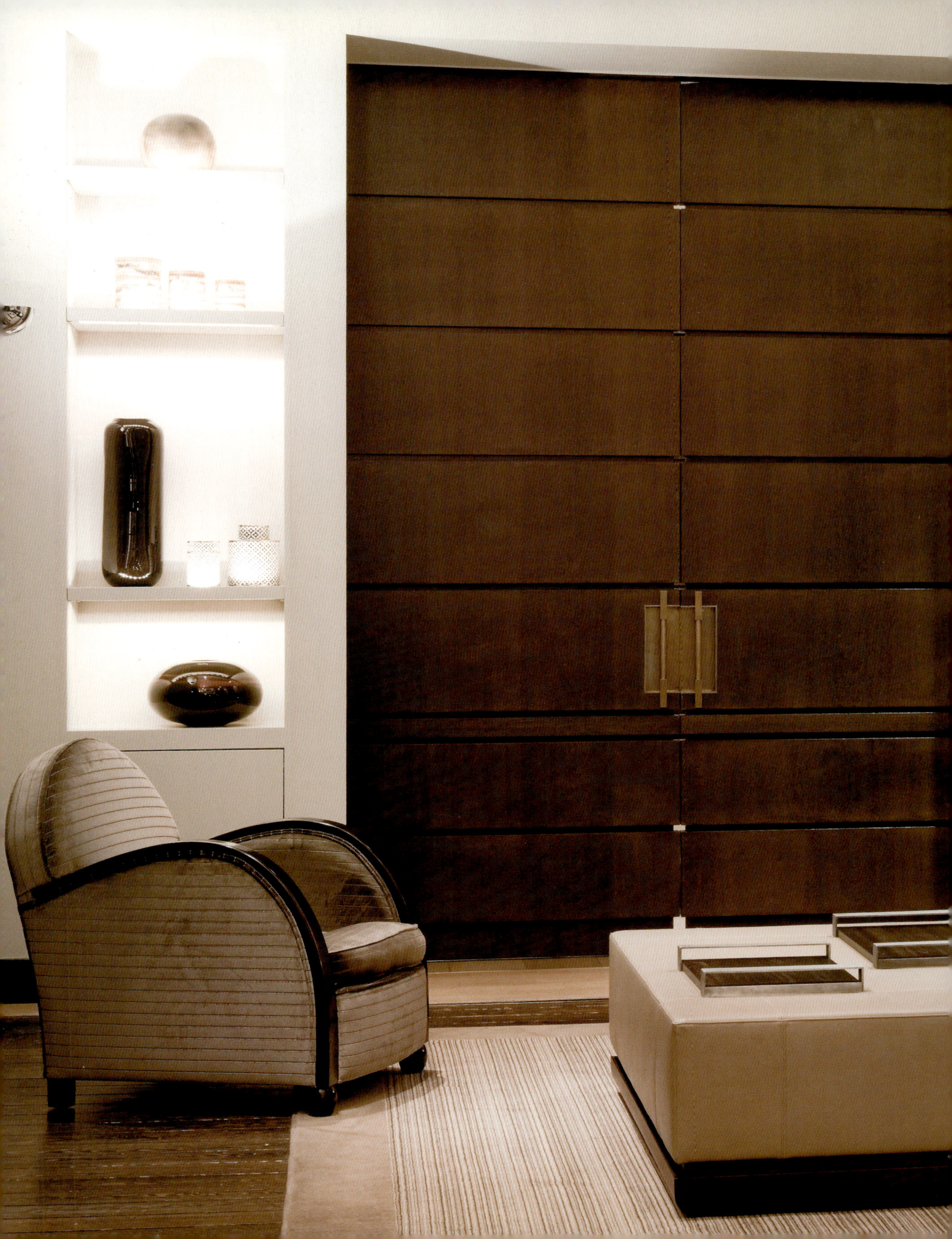

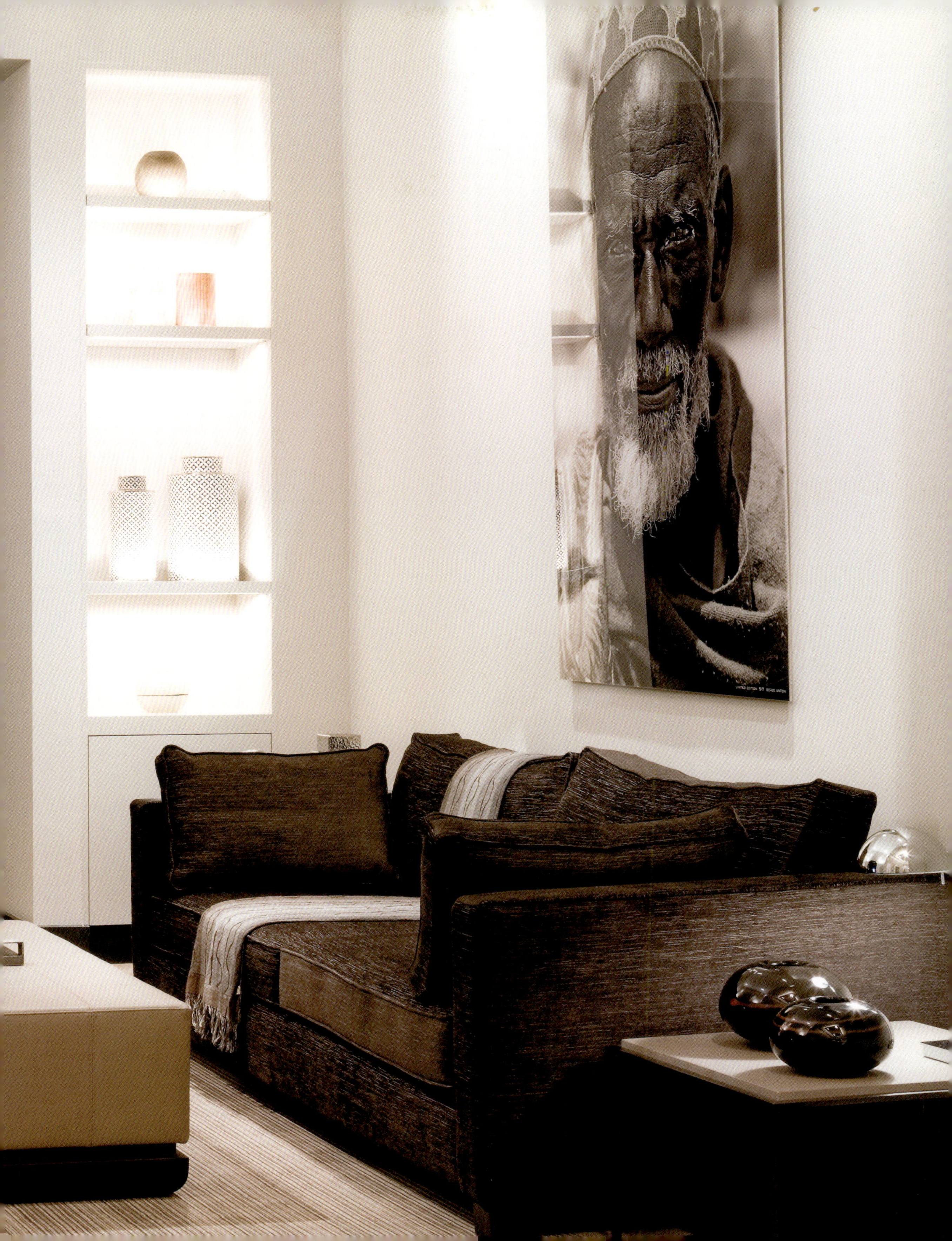

SELECTING A RUG is comparable to selecting a work of art. There is no right or wrong choice, we should just select the one that we have a connection with and makes us vibrate at first sight. Its dimensions must be in accordance with the space to cover and in many cases its presence may be the main factor to highlight in a space of social character such as the living room.

SELECCIONAR UN TAPETE es comparable a seleccionar una obra de arte, no hay mejor ni peor, el que nos conecta y nos hace vibrar a primera vista es el que debe ser seleccionado. Sus dimensiones deben de ser acordes al espacio a cubrir y en muchos casos su presencia puede ser el principal factor a resaltar en un espacio de carácter social como la sala.

LE CHOIX D'UN TAPIS est comparable à celui d'une œuvre d'art, il n'y a pas meilleur ou pire, il faut choisir celui qui nous connecte, qui nous fait vibrer du premier coup. Ses dimensions doivent être compatibles avec la surface à couvrir et, dans bien des cas, sa présence peut être le principal élément à mettre en relief dans un espace à caractère social tel que le salon.

EINEN TEPPICH auszusuchen ist mit der Wahl eines Kunstwerkes gleichzusetzen, es gibt kein Richtig oder Falsch, es sollte der gewählt werden, mit dem wir eine Verbindung spüren und der uns anspricht. Seine Ausmasse sollten im Einklang mit der Grösse des Raumes stehen und in vielen Fällen ist seine Präsenz die Hauptattraktion in einem Raum mit sozialer Funktion, wie dem Wohnzimmer.

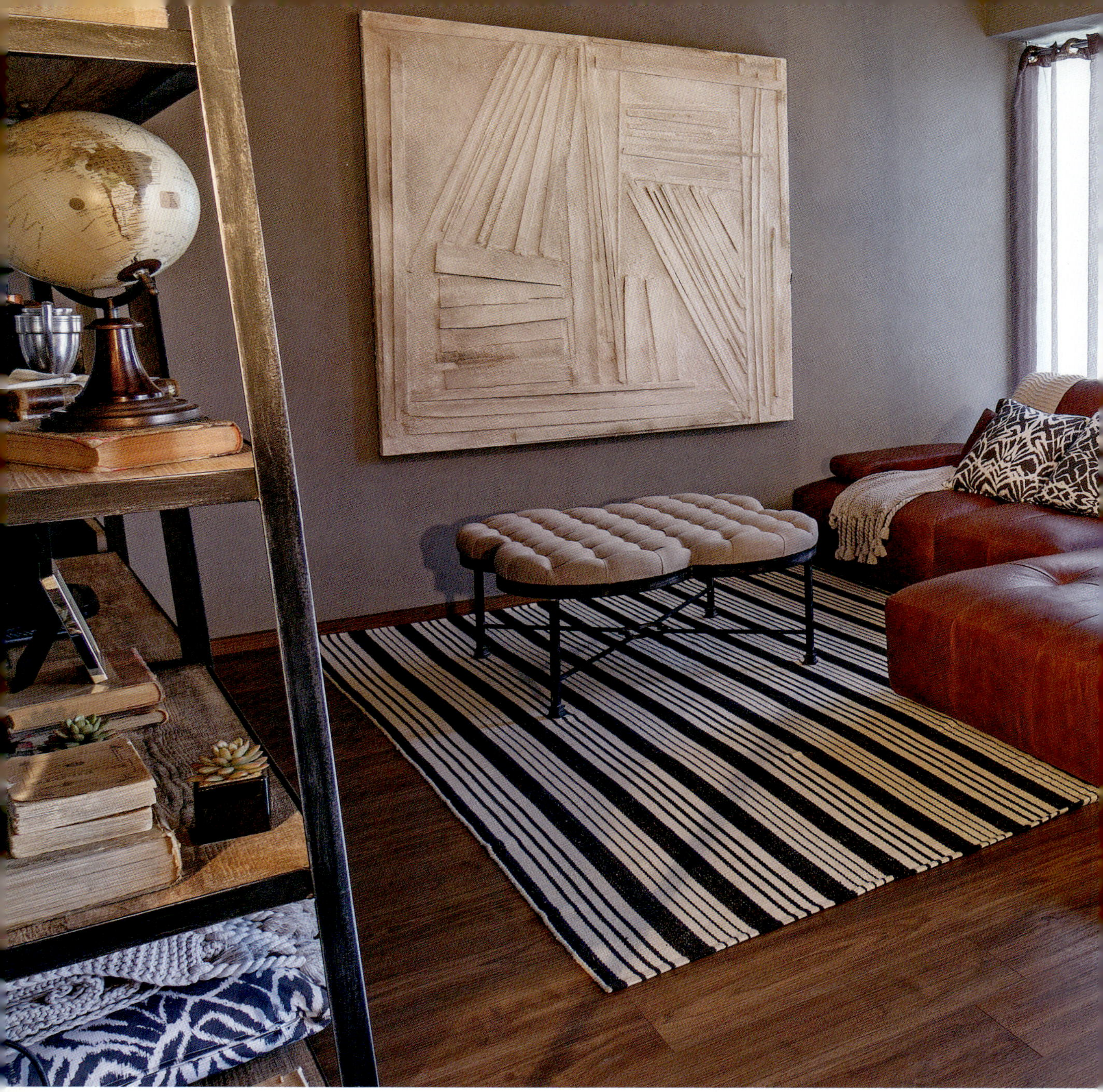

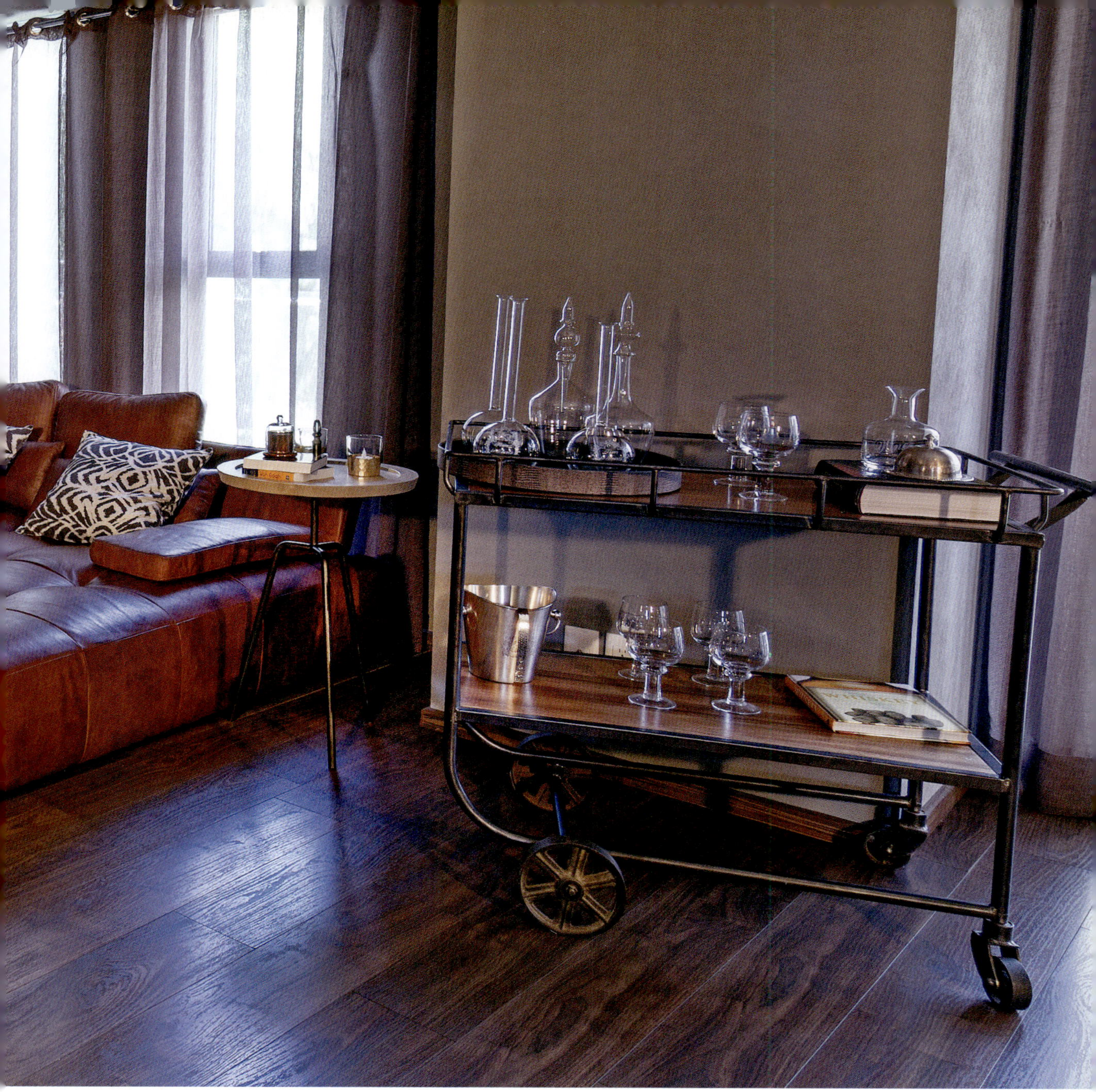

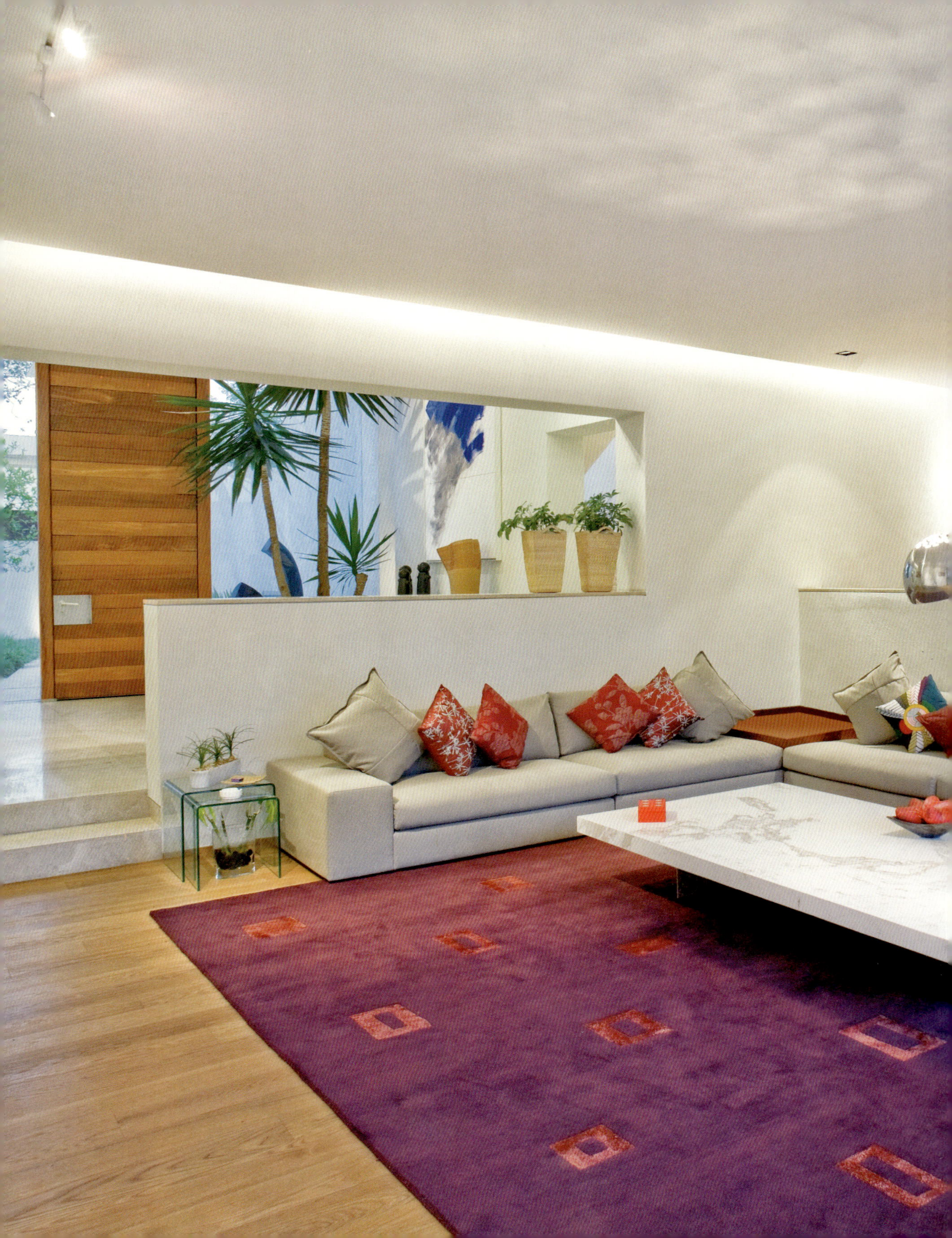

living rooms salas salons wohnbereiche

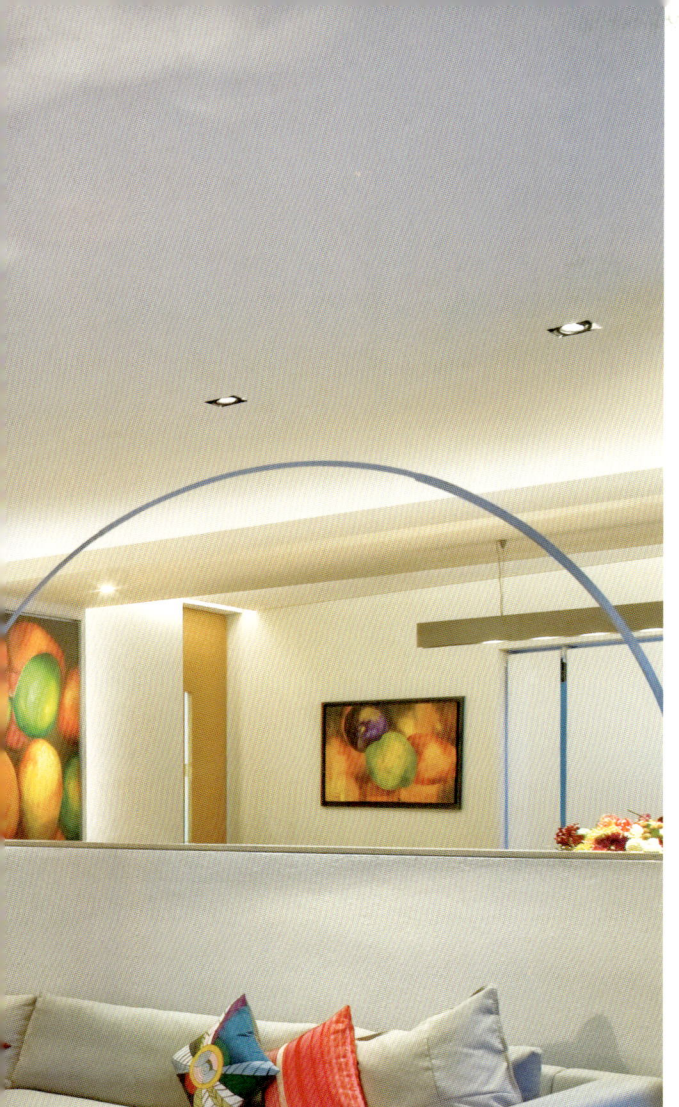

Cotton and polyester blends produce a much stronger and less absorbent fabric. The possibility of making a pattern of colors, in conjunction with the decoration of walls and pieces of art, creates a peculiar space that may be even more highlighted through the use of regular geometric shapes and the entrance of natural light.

Las mezclas de algodón y poliéster producen un tejido mucho más resistente y menos absorbente. La posibilidad de hacer un registro de colores en conjunto con la decoración de muros y piezas de arte en ellos, provoca una unidad espacial muy peculiar que puede resaltarse aún más por la homologación de formas geométricas regulares así como la entrada de luz natural.

La combinaison de coton et polyester produit un tissu beaucoup plus résistant et moins absorbant. La possibilité d'effectuer un registre de couleurs conjointement avec la décoration des murs et des oeuvres d'art provoque une unité spatiale très particulière qui peut être mise davantage en relief au moyen de l'homologation de formes géométriques régulières ainsi que par l'éclairage naturel.

Mischungen aus Baumwolle und Polyester ergeben einen sehr viel widerstandsfähigeren und weniger absorbierenden Stoff. Die Möglichkeit eine Farbkombination im Teppich vorzugeben, in Verbindung mit der Dekoration der Wände und den Kunstwerken, provoziert eine sehr spezielle räumliche Einheit, die noch durch die regelmässigen geometrischen Formen und das einfallende natürliche Licht betont wird.

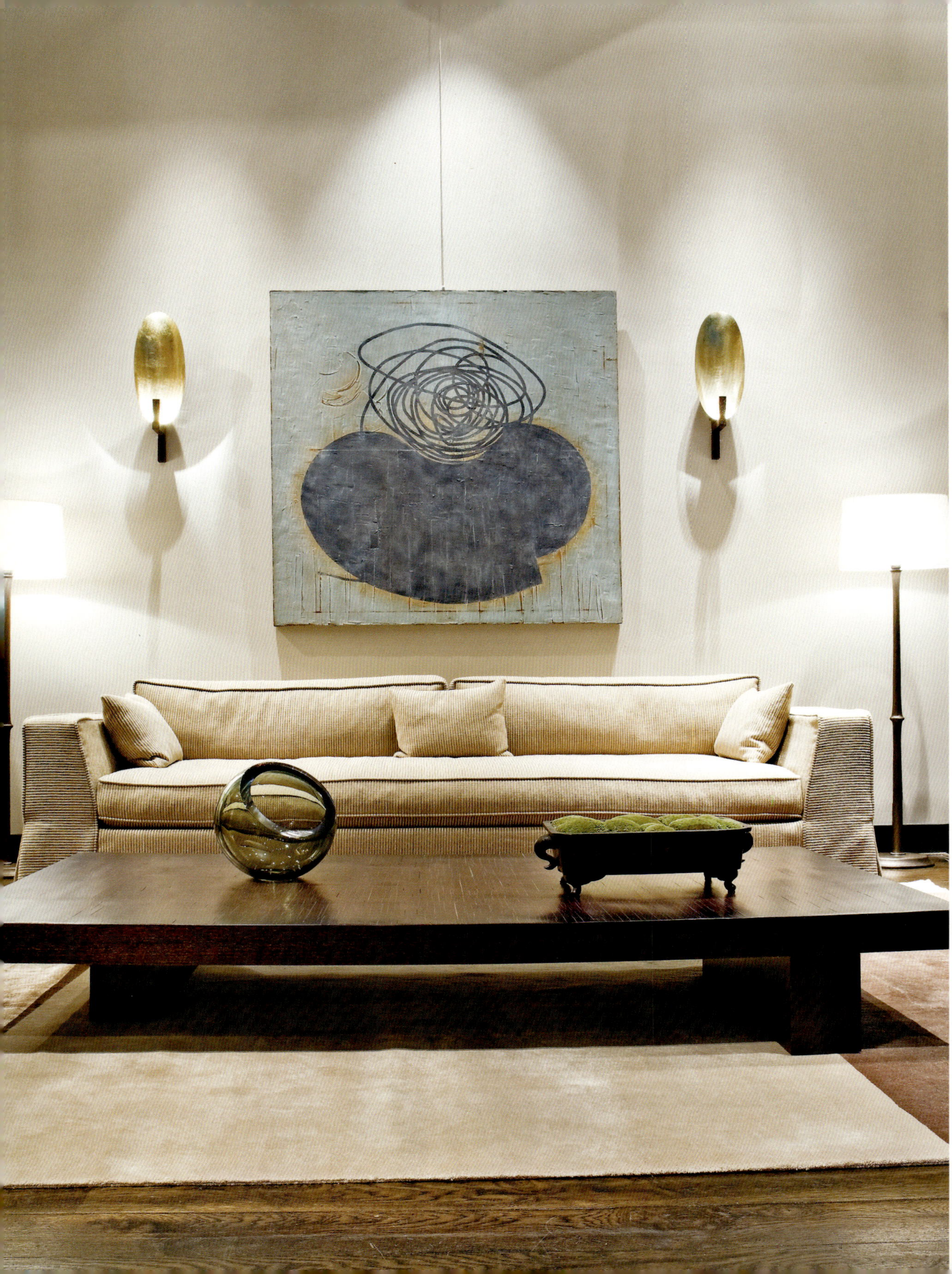

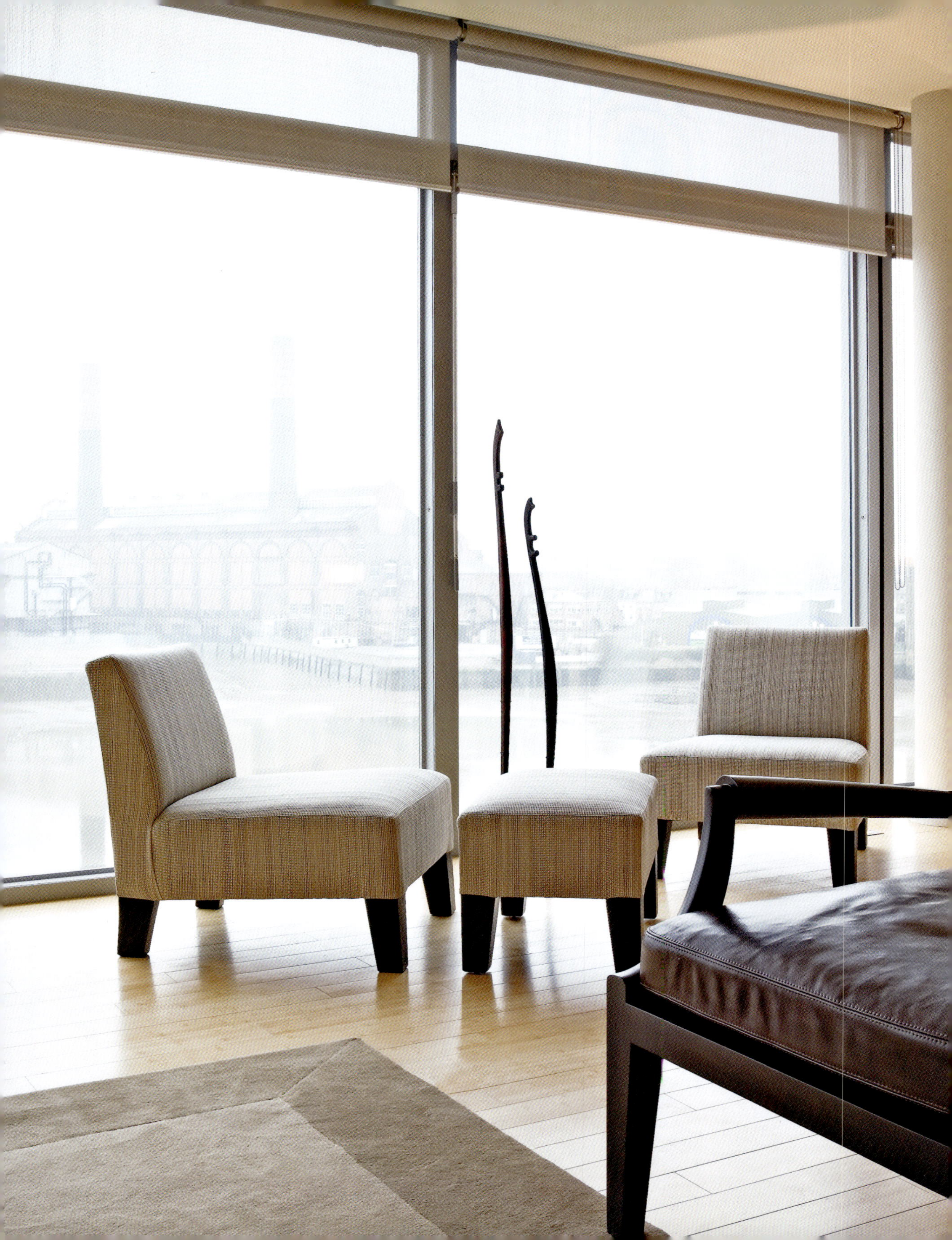

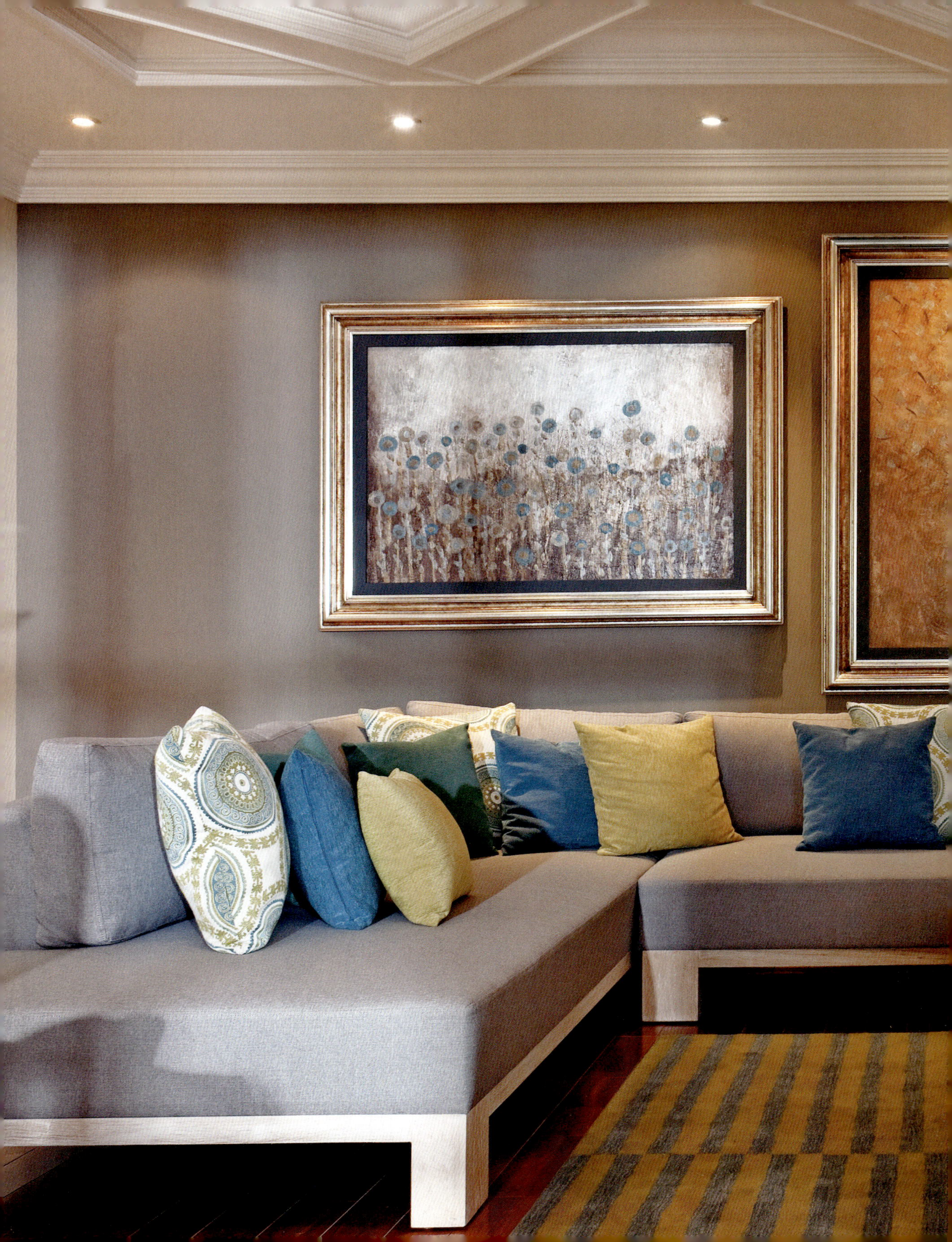

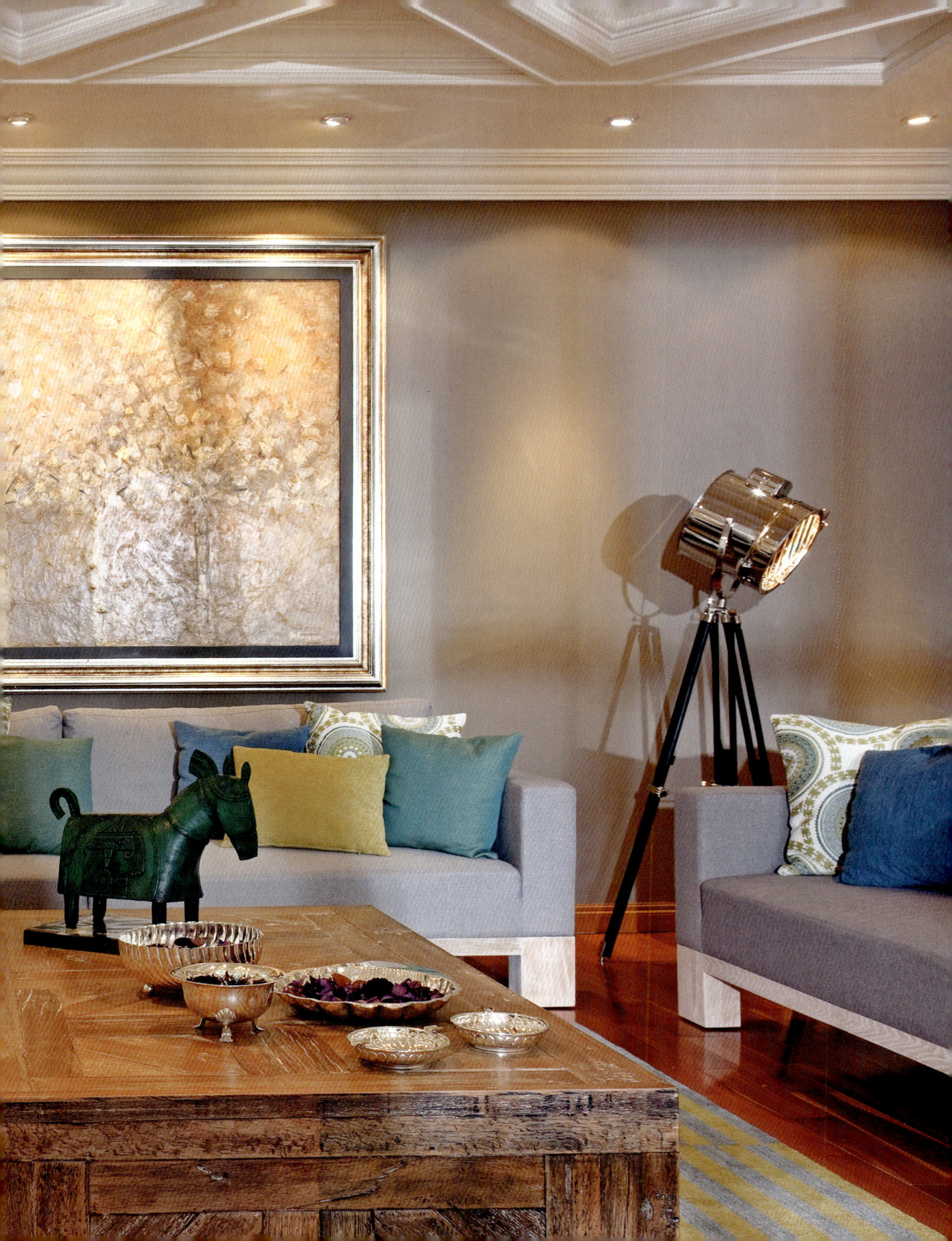

LIGHT TONES of woods such as maple can be associated with ocher, black and aqua. Its characteristic smoothness can be contrasted very well with a medium knot rug and some ornamental objects with dry leaves or natural fabrics in cool colors.

LAS TONALIDADES CLARAS de maderas como el arce pueden asociarse a colores ocres, aqua y negro. Su característica lisura que no permite apreciar el filamento de su corte (veta) puede contrastar muy bien con un tapete de nudo mediano y algunos objetos ornamentales de hojas secas o tejidos naturales en colores fríos.

LES TONS CLAIRS des bois, comme l'érable, peuvent s'associer aux couleurs ocre, aqua et noir. Leur douceur caractéristique qui ne permet pas d'apprécier le filament de leurs veines peut très bien contraster avec un tapis à nœud moyen et quelques objets décoratifs de feuilles sèches ou tissus naturels en couleurs froides.

DIE HELLEN TÖNE von Hölzern wie Ahorn, können mit Farben wie Ocker, Wasserblau oder Schwarz verbunden werden. Das für sie charakteristische Fehlen einer Maserung kann man sehr gut mit einem Teppich und einigen Dekorationsobjekten, wie getrockneten Blättern oder natürlichen Stoffen in kalten Farben kontrastieren.

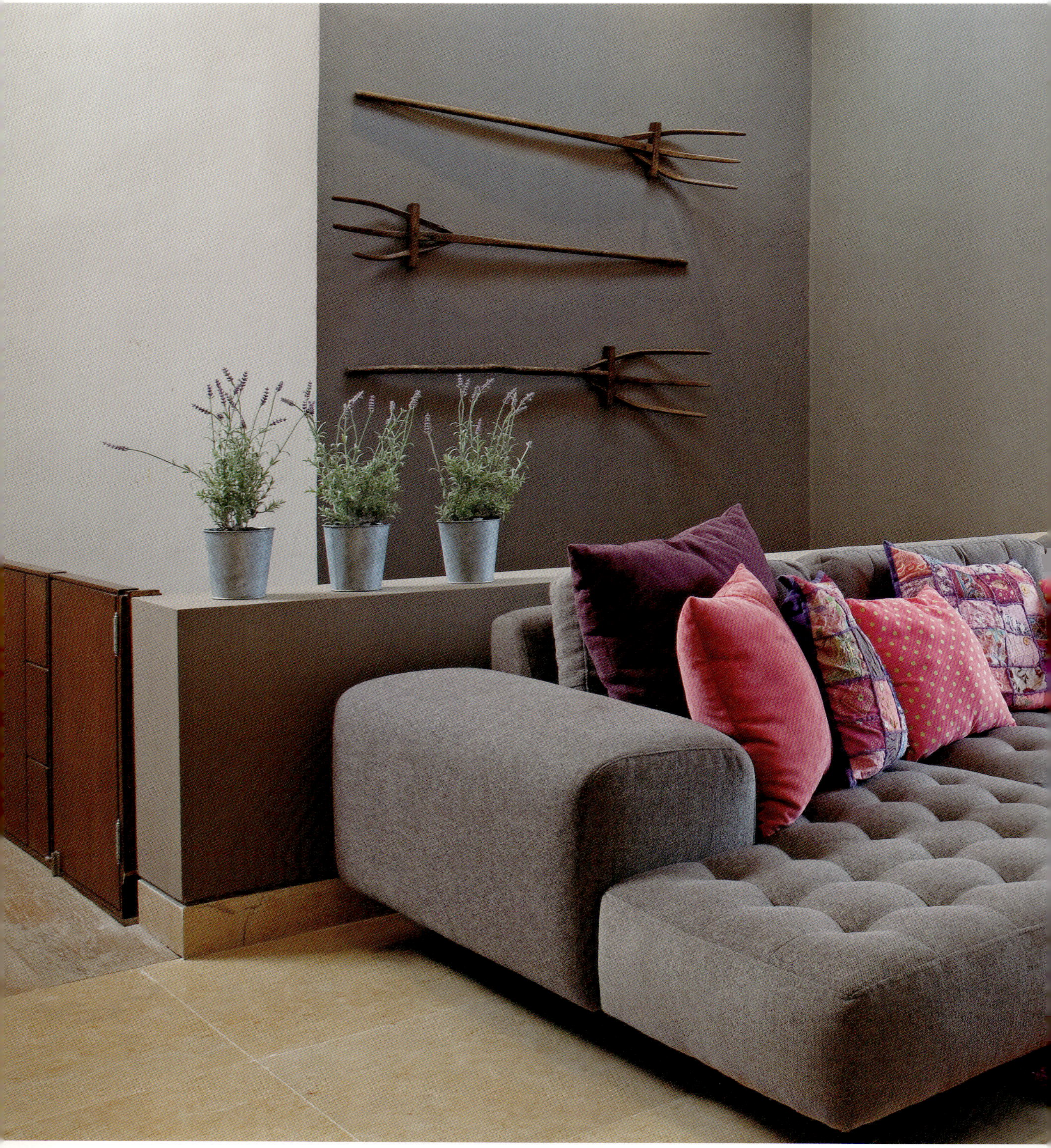

living rooms   salas   salons   wohnbereiche

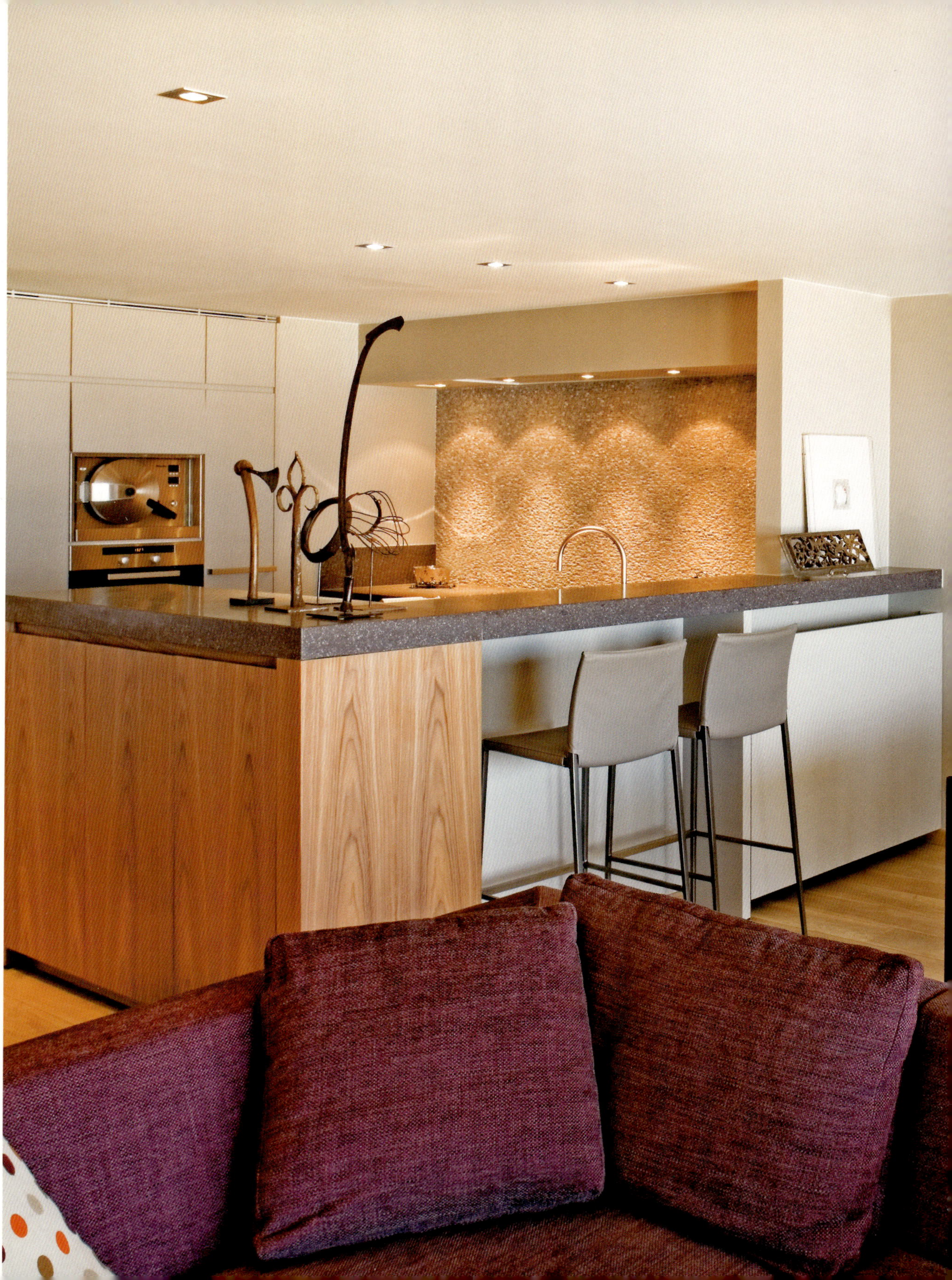

kitchens and dining rooms
cocinas y comedores
cuisines et salles à manger
küchen und esszimmer

stone
piedra
pierre
stein

IT IS SAID THAT WHAT SHOULD PREVAIL IN A KITCHEN is the functionality of the space. However, it is well known that in recent years this area is no longer exclusively a service area or a place where food is made and produced. In fact, the kitchen, together with the dining room, has become a public space that enhances the social life of a home. Materials cannot only represent cleanliness; they need to have a style and be much more sophisticated.

EN UNA COCINA SE DICE QUE debe imperar la funcionalidad del espacio. Sin embargo, es bien sabido que en los últimos años este lugar ha dejado de ser exclusivamente una zona de servicio o un lugar privado para la producción de alimentos y se ha convertido en un espacio público capaz de suscitar la vida social de un hogar en conjunto con el comedor. Los materiales ya no sólo pueden representar limpieza deben mostrar un estilo, ser mucho más sofisticados.

ON DIT QUE DANS UNE CUISINE la fonctionnalité de l'espace doit prévaloir. Toutefois, on sait que pendant ces dernières années cette pièce de la maison n'est plus exclusivement une place de service ou un endroit réservé à la production d'aliments ; la cuisine est devenue un espace commun capable de susciter la vie sociale d'une maison en combinaison avec la salle à manger. Les matériaux ne représentent plus uniquement la propreté, ils doivent montrer aussi un style, ils doivent être beaucoup plus sophistiqués.

MAN SAGT, DASS IN EINER KÜCHE ihre Funktion am wichtigsten ist. Es ist jedoch auch bekannt, dass dieser Bereich in den letzten Jahren aufgehört hat, ausschliesslich ein Servicebereich oder ein privater Raum für die Zubereitung von Lebensmitteln zu sein und sich zu einem öffentlichen Raum gewandelt hat, in dem sich, zusammen mit dem Esszimmer, das soziale Leben des Hauses abspielt. Die Materialien können jetzt nicht nur Sauberkeit repräsentieren, sondern auch Stil haben und sehr viel eleganter sein.

What lies behind these designs is the fundamental intention of merging the kitchen with the dining room, or designing a 'room' where you can also eat. Combining or contrasting materials are appropriate strategies to achieve this.

Lo que hay detrás de estos diseños es la intensión fundamental de fusionar la cocina con el comedor o diseñar una "sala" donde también se pueda comer. Homologar los materiales o contrastarlos son estrategias adecuadas para lograrlo.

Ce qui se trouve derrière ces designs est l'intention de fusionner la cuisine avec la salle à manger ou de concevoir un « salon » où l'on peut aussi manger. Homologuer les matériaux ou les contraster sont des stratégies qui permettent d'y réussir.

Hinter diesen Designs steht der grundlegende Versuch die Küche mit dem Essbereich verschmelzen zu lassen oder ein „Wohnzimmer" zu entwerfen, in dem man auch essen kann. Das Material zu vereinheitlichen oder es in Kontrast zu setzen sind angemessene Strategien, um das zu erreichen.

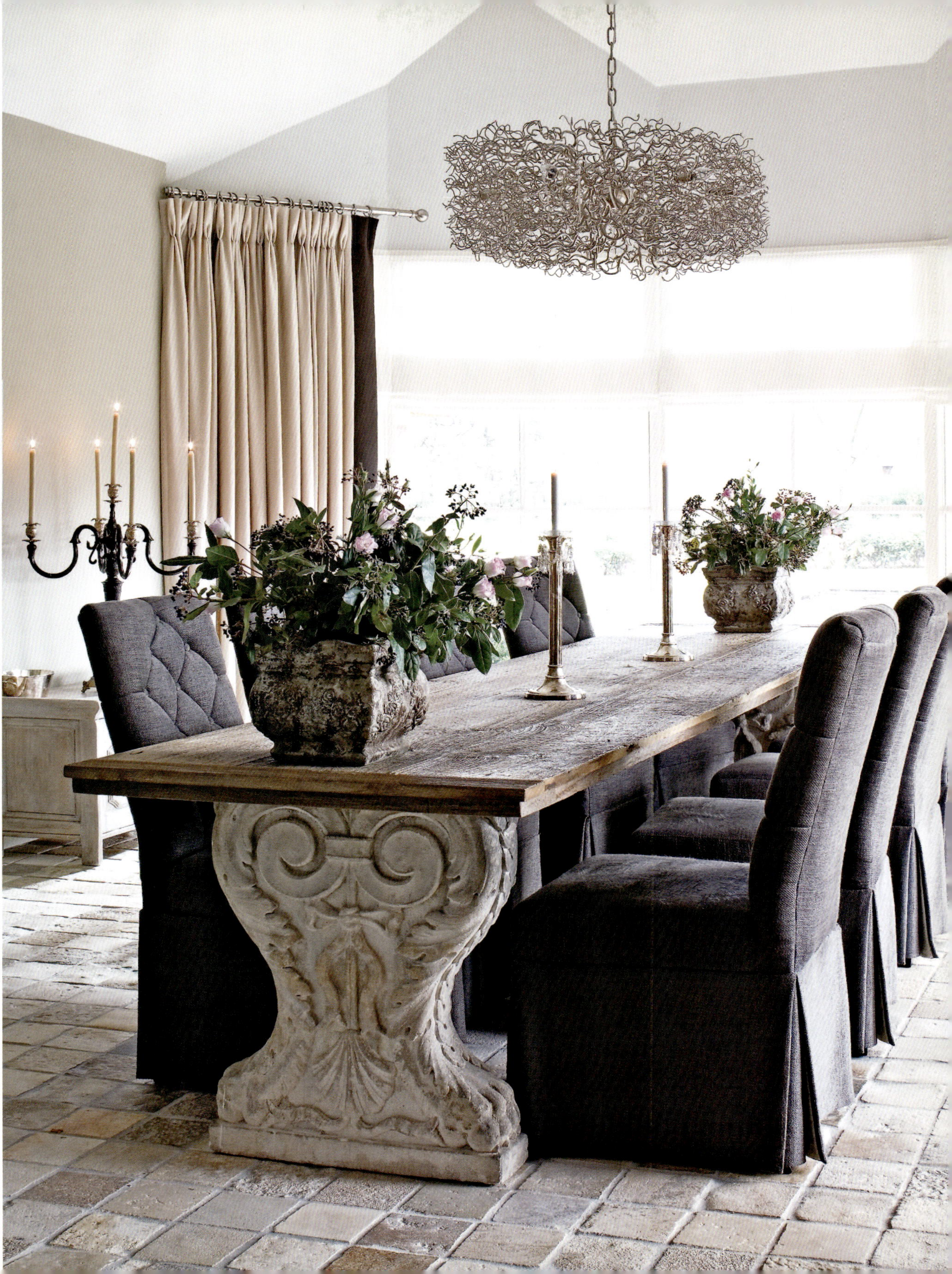

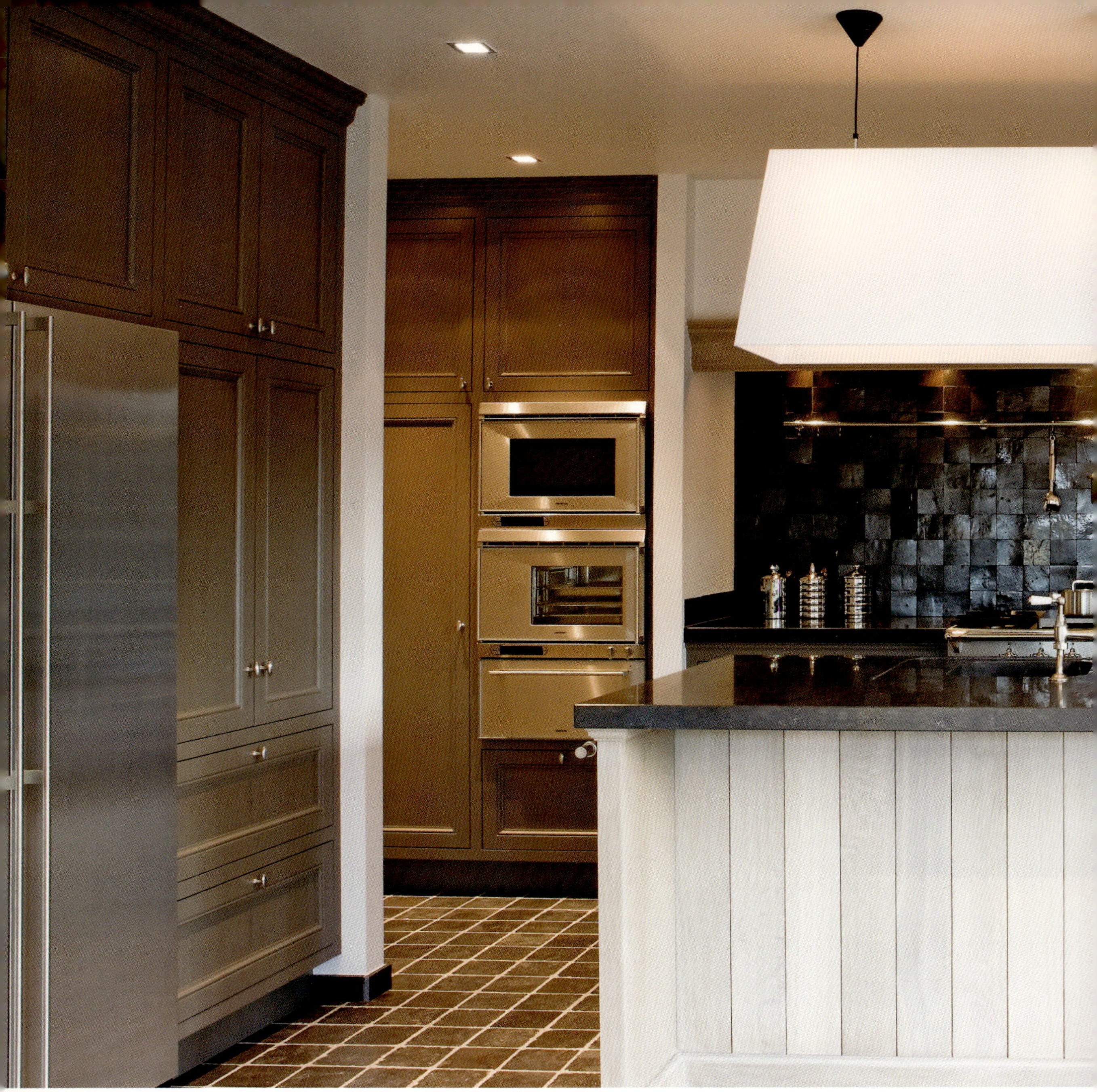

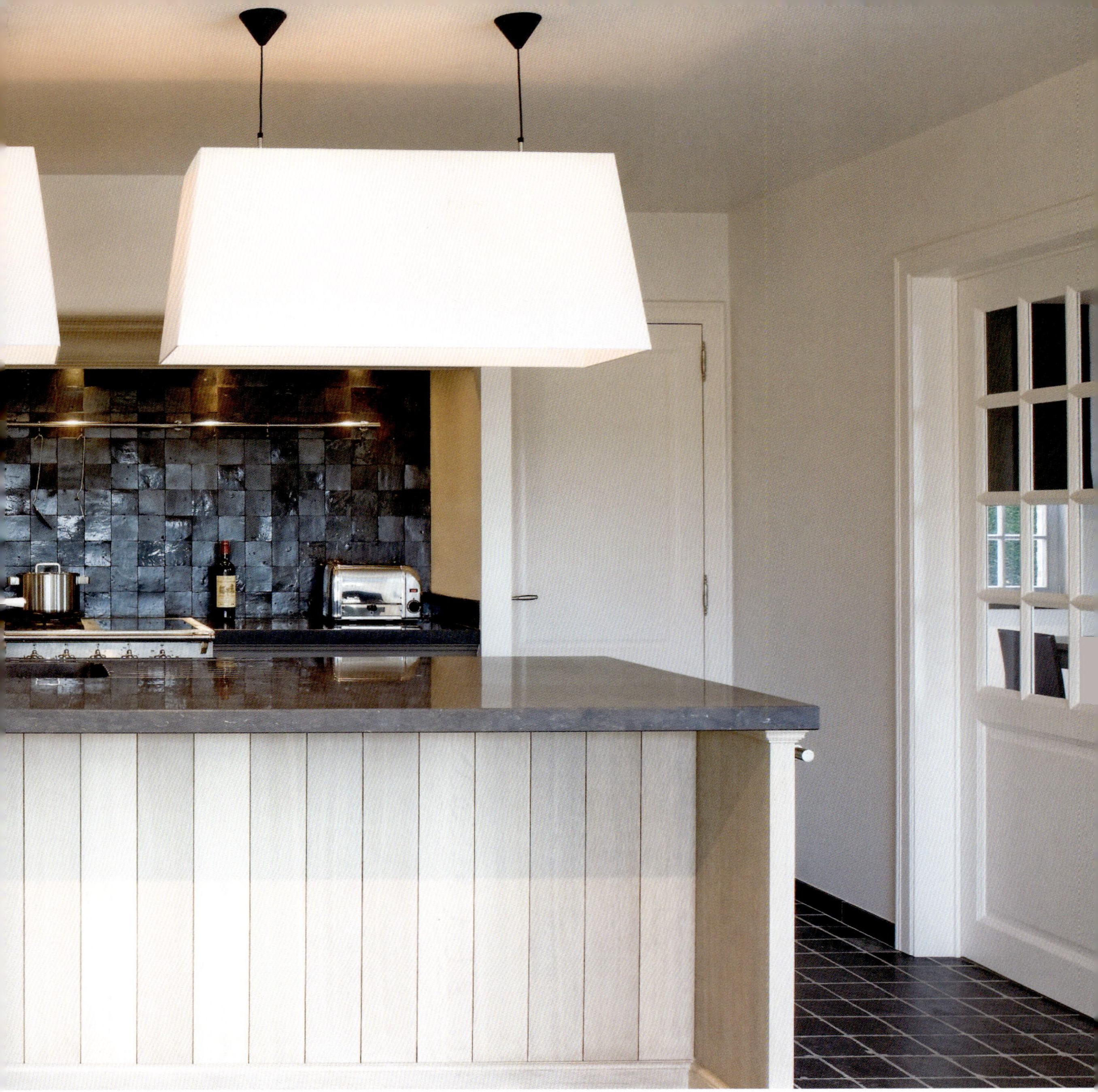

Highly versatile, stone can be used as a distinctive element of a dining room. It is also a very elegant way to highlight the detail of illumination on the wall in the background, serving as a visual contrast.

Altamente versátil, la piedra puede emplearse como un elemento distintivo de un comedor, es también, una forma muy elegante de resaltar por tonalidades el detalle de iluminación en el muro en el fondo que actúa como remate visual.

La pierre, qui est hautement versatile, peut s'employer comme un élément distinctif d'une salle à manger, et elle constitue également une manière très élégante de souligner par les tonalités le détail d'éclairage sur mur du fond qui agit comme un complément visuel.

Extrem vielseitig, kann man Stein als ein markantes Element in einem Esszimmer einsetzen und ist gleichzeitig, durch die Schattierungen, eine sehr elegante Form, die Details der Beleuchtung in der als optischer Abschluss dienenden Hinterwand herauszustellen.

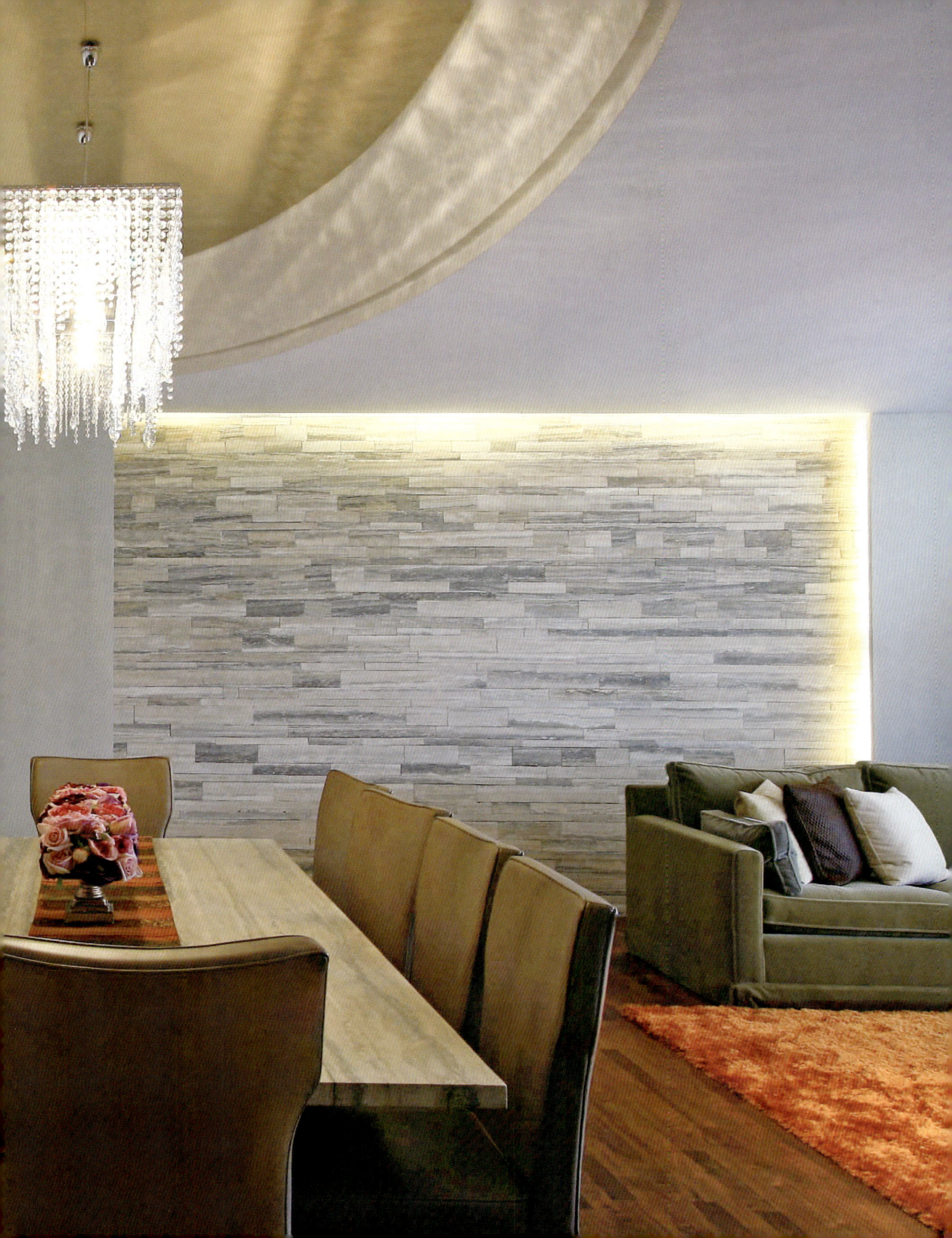

LIGHTING HAS AN UNDENIABLE INFLUENCE on how you perceive the textures of stone coatings or finishes, and also on how we see our food when sitting down to eat and enjoy dessert. A dining room must have an appropriate lighting design that allows us to appreciate the construction details as well as the qualities of each of the materials present.

LA ILUMINACIÓN INFLUYE INNEGABLEMENTE en la manera en cómo percibimos las texturas de los acabados o recubrimientos pétreos, también en la manera en cómo vemos nuestros alimentos al sentarnos a degustar o la forma en que nos relacionamos visualmente al realizar la sobremesa. Un comedor debe contar con un diseño de iluminación adecuado que nos permita apreciar los detalles constructivos así como las cualidades de cada uno de los materiales presentes.

L'ÉCLAIRAGE A UNE INFLUENCE certaine sur la manière dont on perçoit les textures des finissages ou des revêtements en pierre, ainsi que sur la manière dont on voit les aliments au moment de se mettre à table, ou notre rapport visuel dans les moments de détente après les repas. Une salle à manger doit disposer d'un design d'éclairage adéquat qui nous permette d'apprécier les détails de la construction ainsi que les qualités de chacun des matériaux.

DIE BELEUCHTUNG beeinflusst ohne Zweifel die Art, in der wir die Texturen der Verarbeitungen oder Verkleidungen aus Stein wahrnehmen, auch die Weise in der wir unsere Speisen sehen, wenn wir uns zum Essen setzen, oder die Art, in der wir nach dem Essen optisch mit anderen in Verbindung stehen. Ein Essbereich sollte eine angemessene Beleuchtung aufweisen, die uns erlaubt die baulichen Details, wie auch die Eigenschaften eines jeden Materials, zu würdigen.

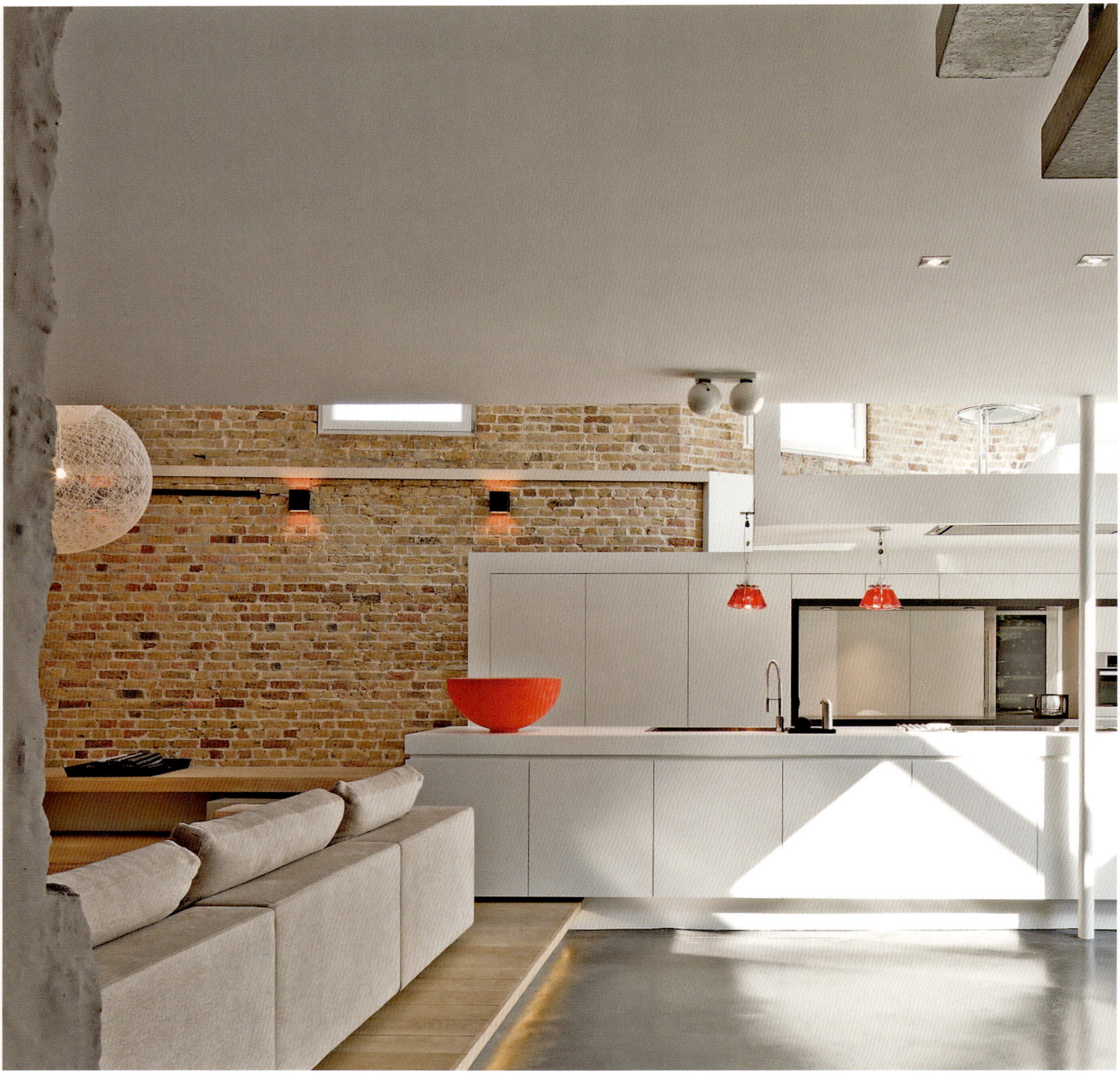

kitchens and dining rooms   cocinas y comedores   cuisines et salles à manger   küchen und esszimmer

marble

mármol

marbre

marmor

MARBLE HAS A DIVERSE RANGE of colors that can be used in kitchens and dining rooms. The market offers colors such as black, green, cream, grey, red, brown, etc. Choosing depends largely on the environment that has been designed. When sober traces dominate, it is recommended to use clear tones. In a more rustic space, marble must have color and its patterns should be visible.

EL MÁRMOL POSEE UNA GAMA DIVERSA de colores que pueden ser empleados en cocinas y comedores. El mercado ofrece el color negro, verde, crema, gris, rojo, café, etc. Elegir dependerá en gran medida del ambiente que se haya diseñado. Cuando dominan los trazos sobrios es conveniente usar tonalidades claras sin vetas, si se trata de un ambiente más rústico el mármol debe tener color y sus patrones deberán ser visibles.

LE MARBRE POSSÈDE UNE DIVERSITÉ de couleurs qui peuvent être employées dans la cuisine et la salle à manger. Le marché offre le noir, vert, crème, gris, rouge, marron, etc. Le choix dépend en grande mesure de l'environnement que l'on conçoit. Lorsque les traits sobres sont dominants, il est souhaitable d'employer des tons clairs sans veines ; s'il s'agit d'une atmosphère plus rustique, le marbre doit avoir de la couleur et les veines doivent être visibles.

MARMOR WEIST EIN BREITES SPEKTRUM an Farben auf, die man in Küchen und Essbereichen anwenden kann. Der Markt bietet die Farben Schwarz, Grün, Creme, Grau, Rot, Braun usw. an. Die Wahl hängt vor allem vom geplanten Ambiente ab. Wenn nüchterne Linien vorherrschen, sollte man helle Töne ohne Maserung verwenden, wenn das Ambiente rustikaler ist, sollte der Marmor farbig und seine Maserung deutlich sein.

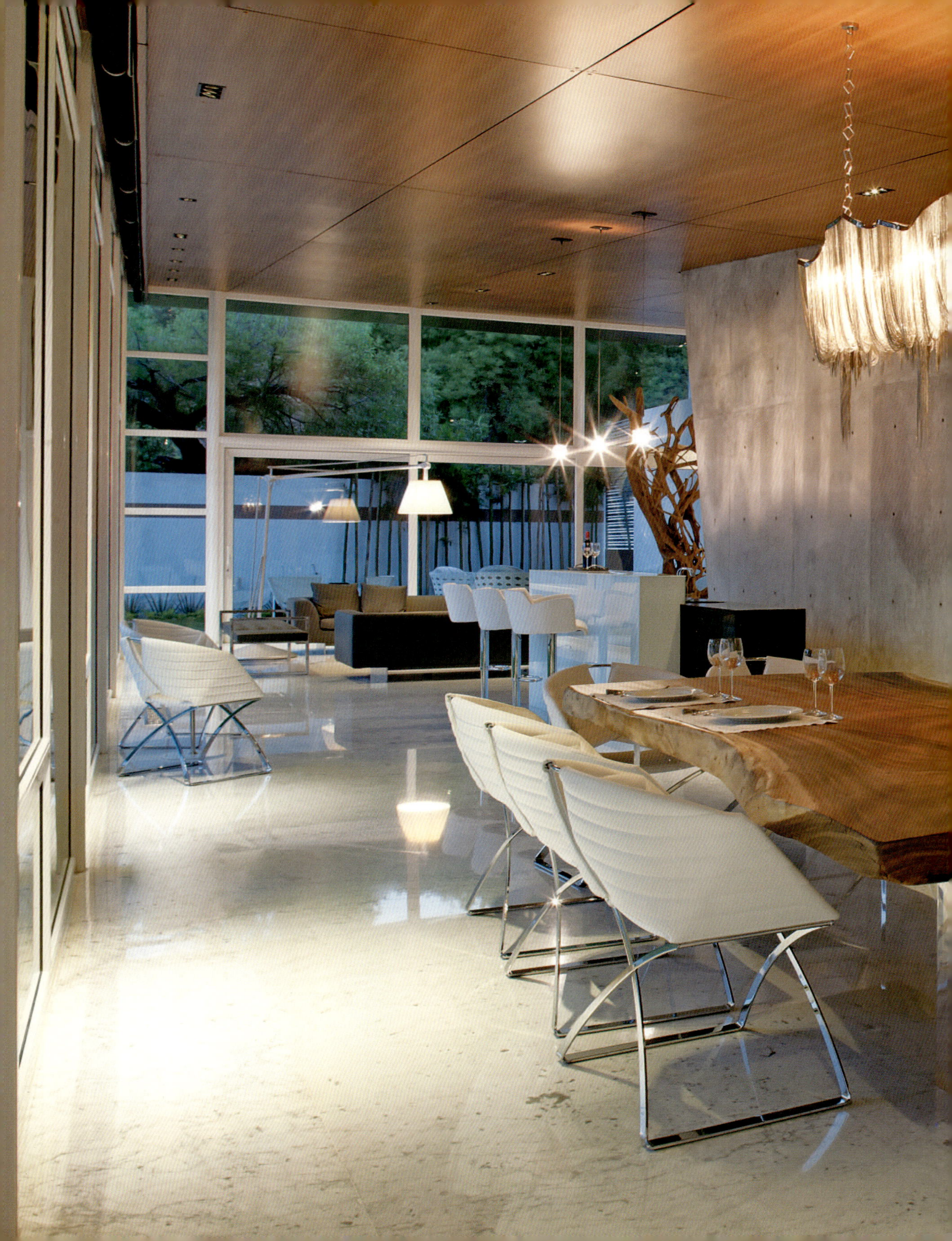

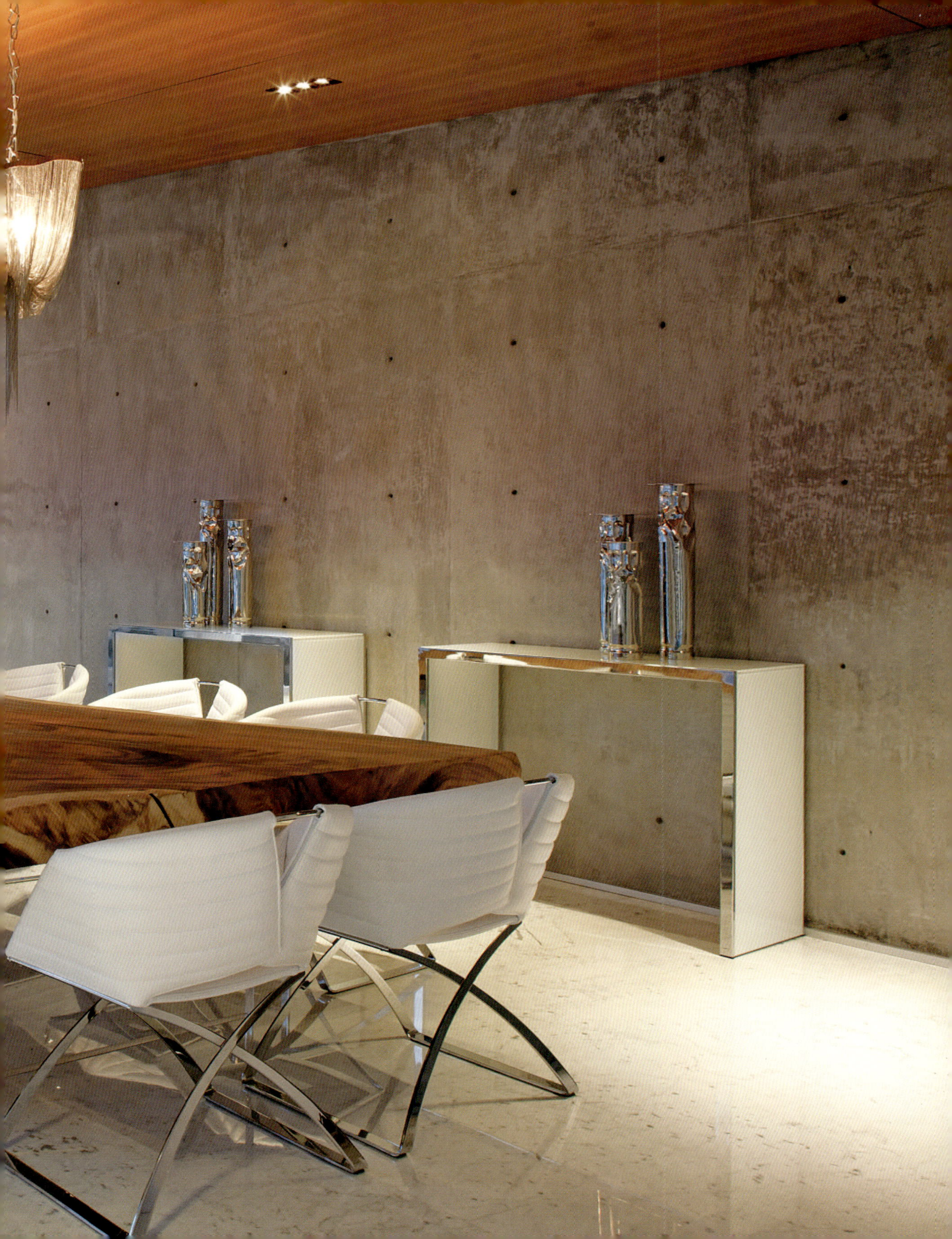

WHEN THE TEMPERATURE OF COLOR in lighting is directed toward warmer ranges the covers in beige or cream combine properly and can excel thanks to the presence of small specks of color (granite) in dark tones. The high-gloss furniture finishes will reinforce the feeling of cleanliness and cause a great visual impact.

CUANDO LA TEMPERATURA DE COLOR en la iluminación se dirige hacia rangos más cálidos las cubiertas en tonos beige o crema combinan adecuadamente y pueden sobresalir gracias a la presencia de pequeñas motas de color (granito) en tonos oscuros. Los acabados al alto brillo en el mobiliario reforzarán la sensación de limpieza y causarán un gran impacto visual.

LORSQUE LA TEMPÉRATURE DE LA COULEUR de l'éclairage se rapproche du rang des couleurs plus chaudes, la combinaison de couvertures en couleur beige ou crème s'adapte bien et peut être mise en relief grâce aux tons foncés mouchetés (granit). Les finissages très brillants du mobilier souligneront le sentiment de propreté et produiront un fort impact visuel.

WENN DIE TEMPERATUR DER FARBE bei der Beleuchtung mehr zu warmen Farben tendiert, kombinieren Abdeckungen in Beige- oder Cremetönen sehr gut und können dank der Präsenz von kleinen farbigen Stückchen (Granit) in dunklen Tönen besonders zur Geltung kommen. Die hochglänzende Verarbeitung der Möbel verstärkt den Eindruck von Sauberkeit und hat eine starke optische Wirkung.

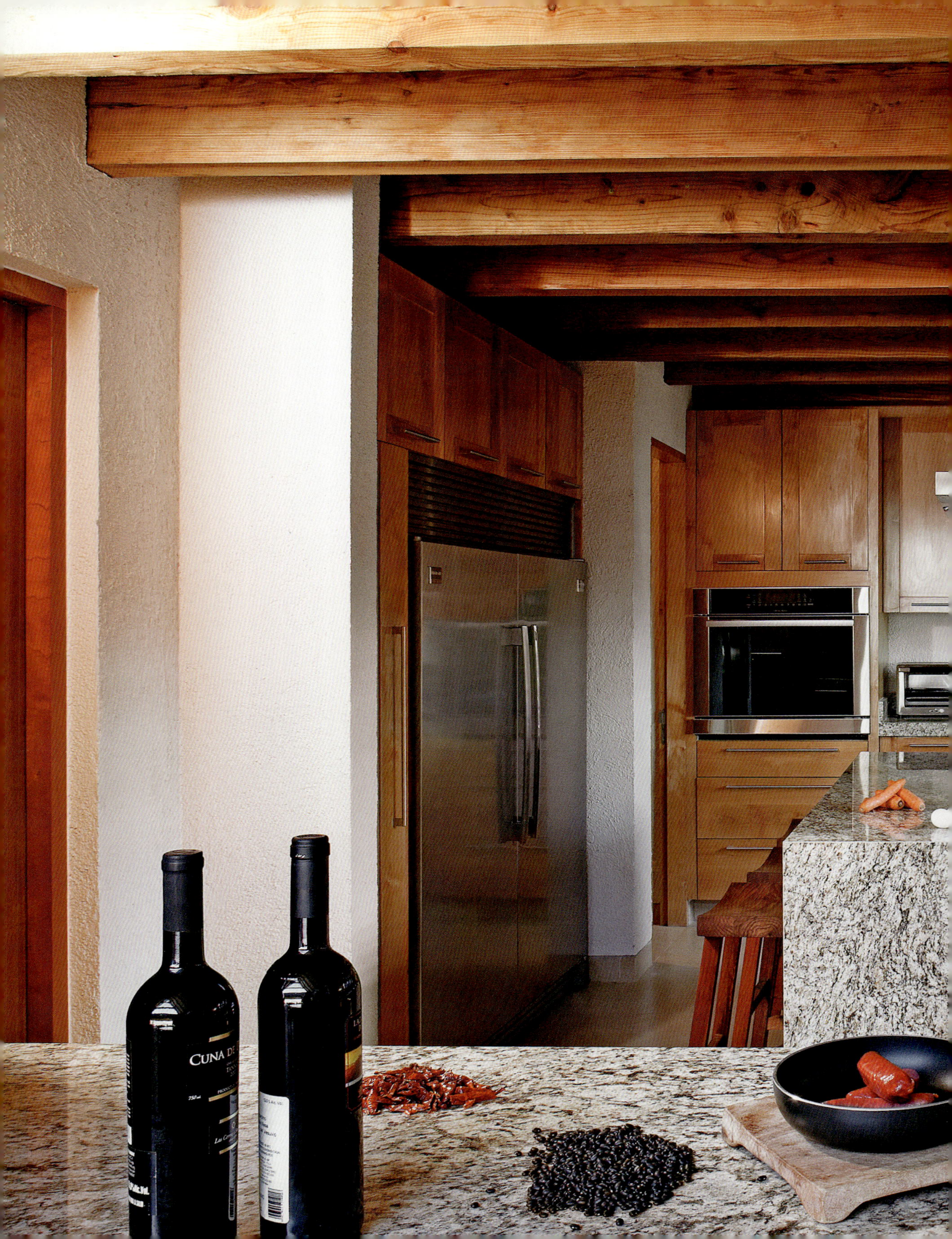
CUNA DE

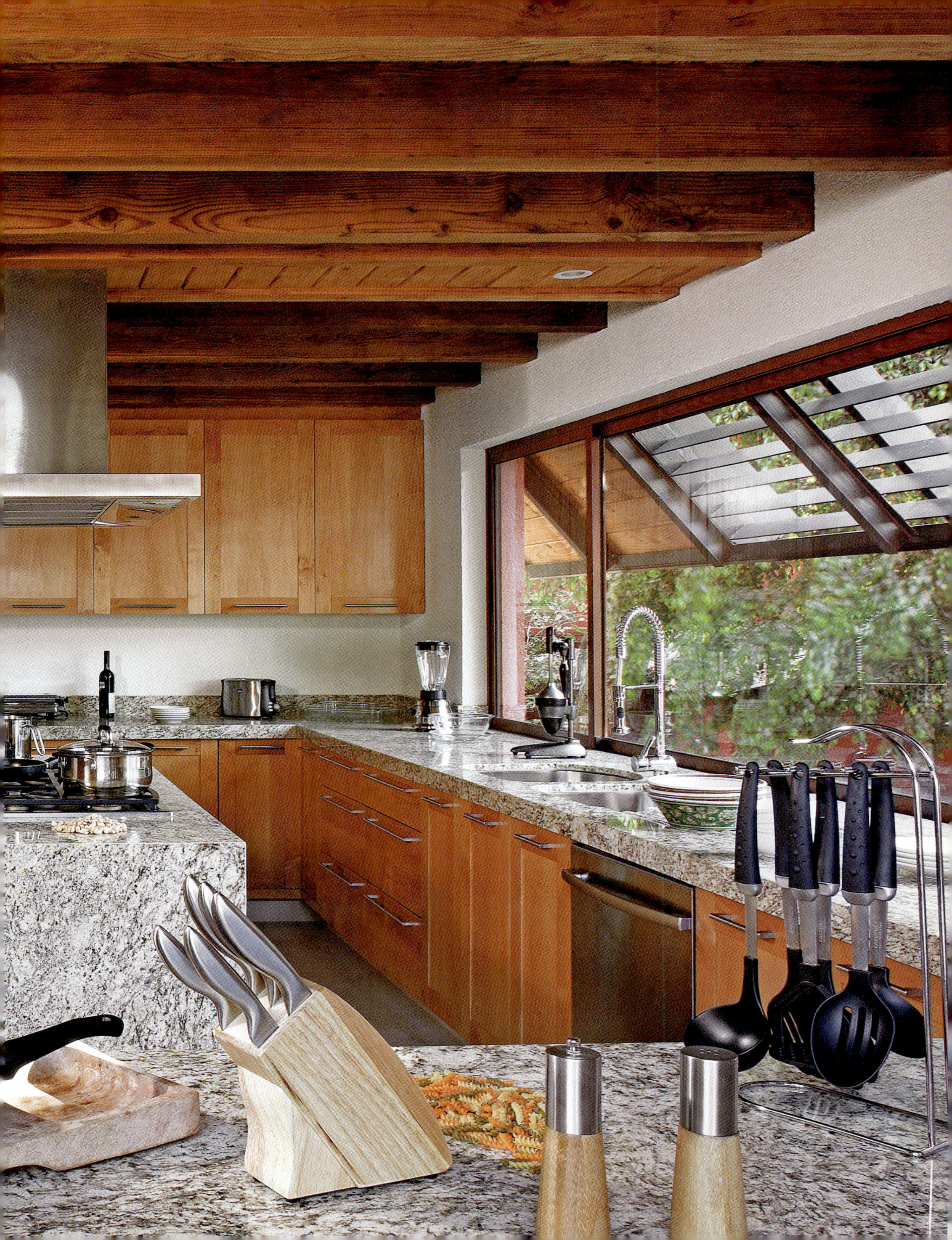

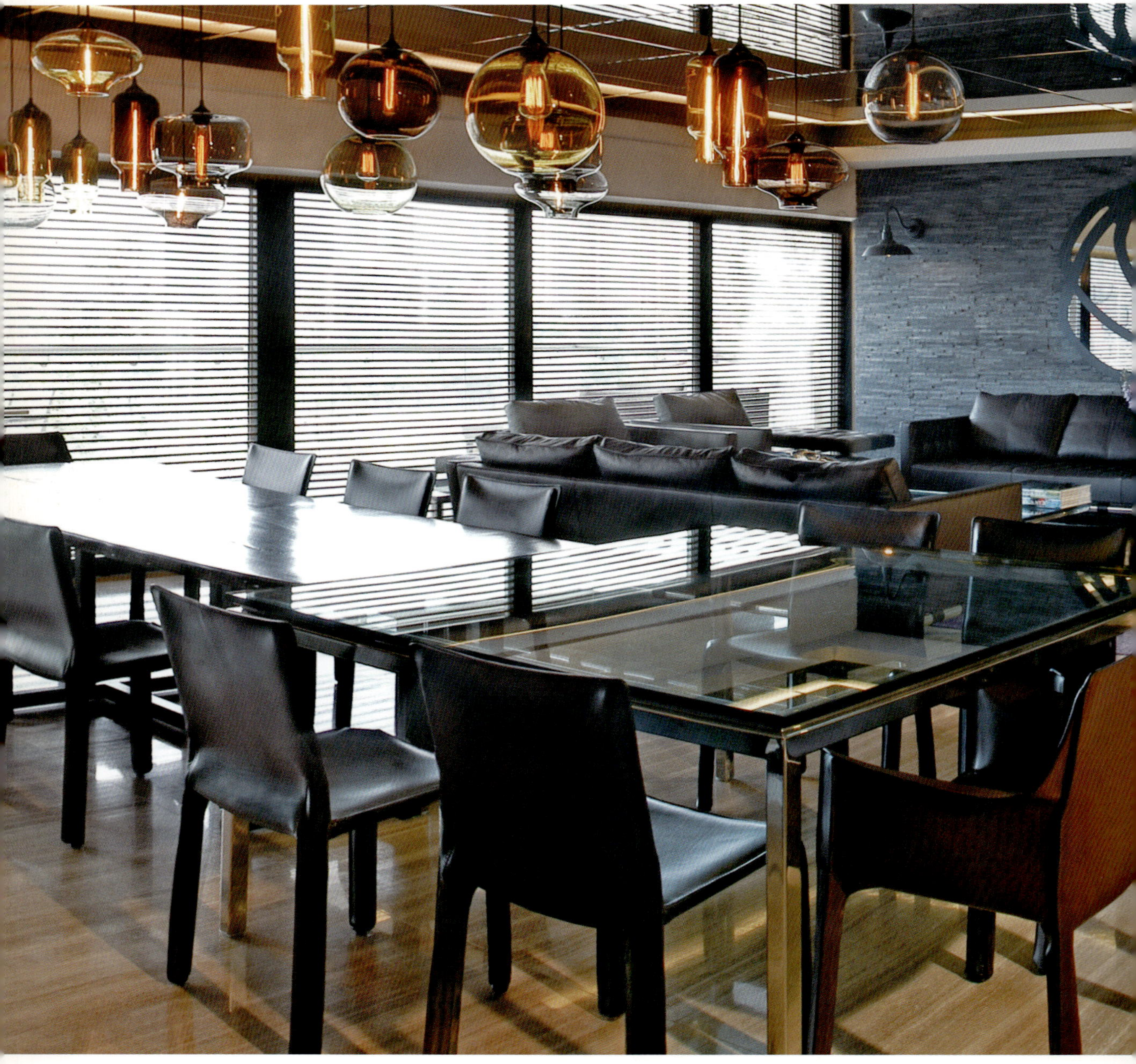

kitchens and dining rooms   cocinas y comedores   cuisines et salles à manger   küchen und esszimmer

Stainless steel elements such as the range hood or the structure of the dining room furniture go very well with marble with gray shades and white patterns.

El acero inoxidable de elementos como la campana de extracción o la estructura del mobiliario del antecomedor lucen adecuadamente con mármol en tonalidades grises de patrones color blanco.

L'acier inoxydable des éléments tels que la hotte ou la structure du mobilier de la petite salle à manger combinent très bien avec le marbre aux tons gris avec des dessins en couleur blanche.

Der rostfreie Stahl von Elementen wie der Abzugshaube oder der Beine der Esstischstühle sehen mit Marmor in Grautönen und weissen Mustern gut aus.

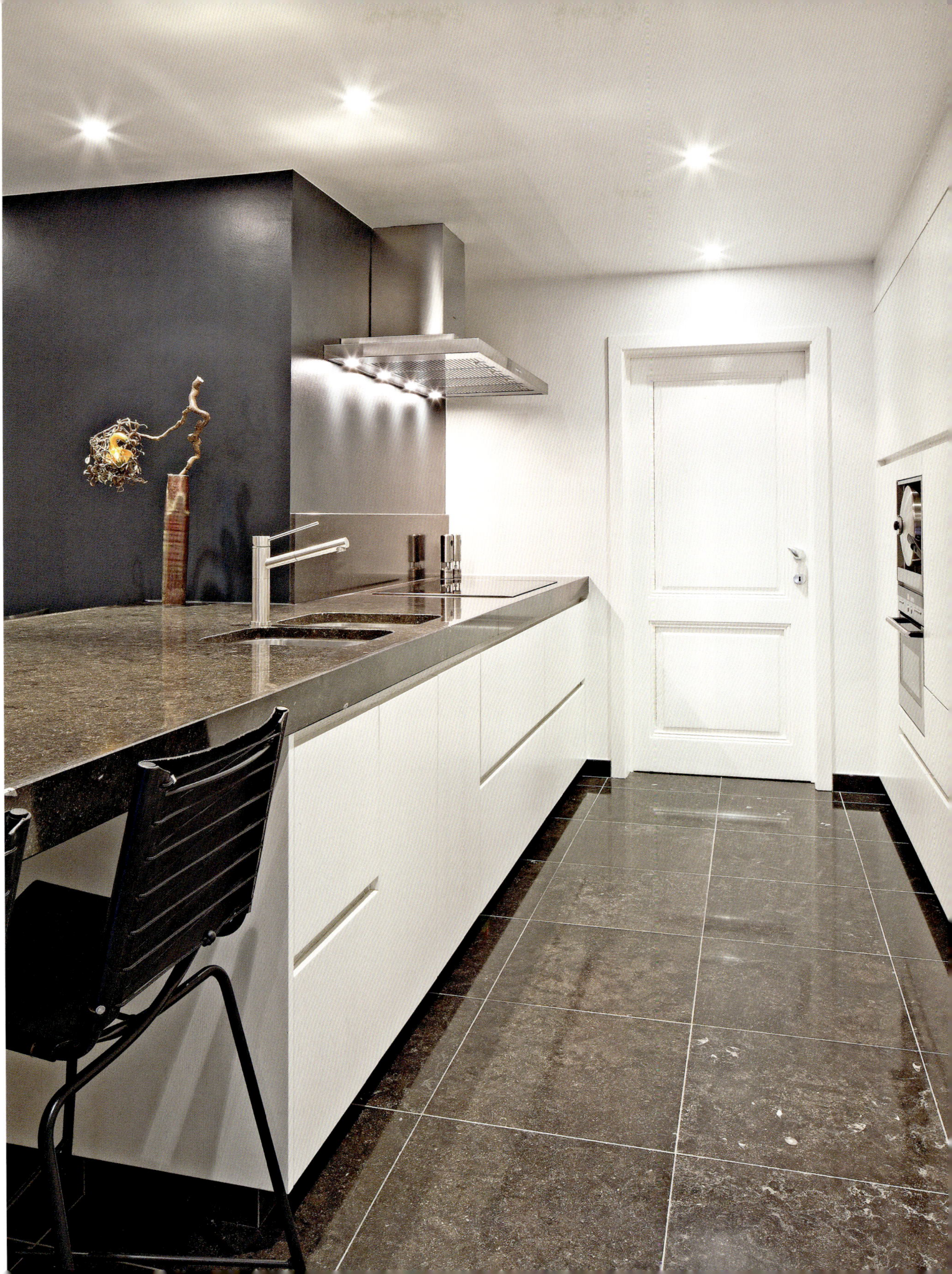

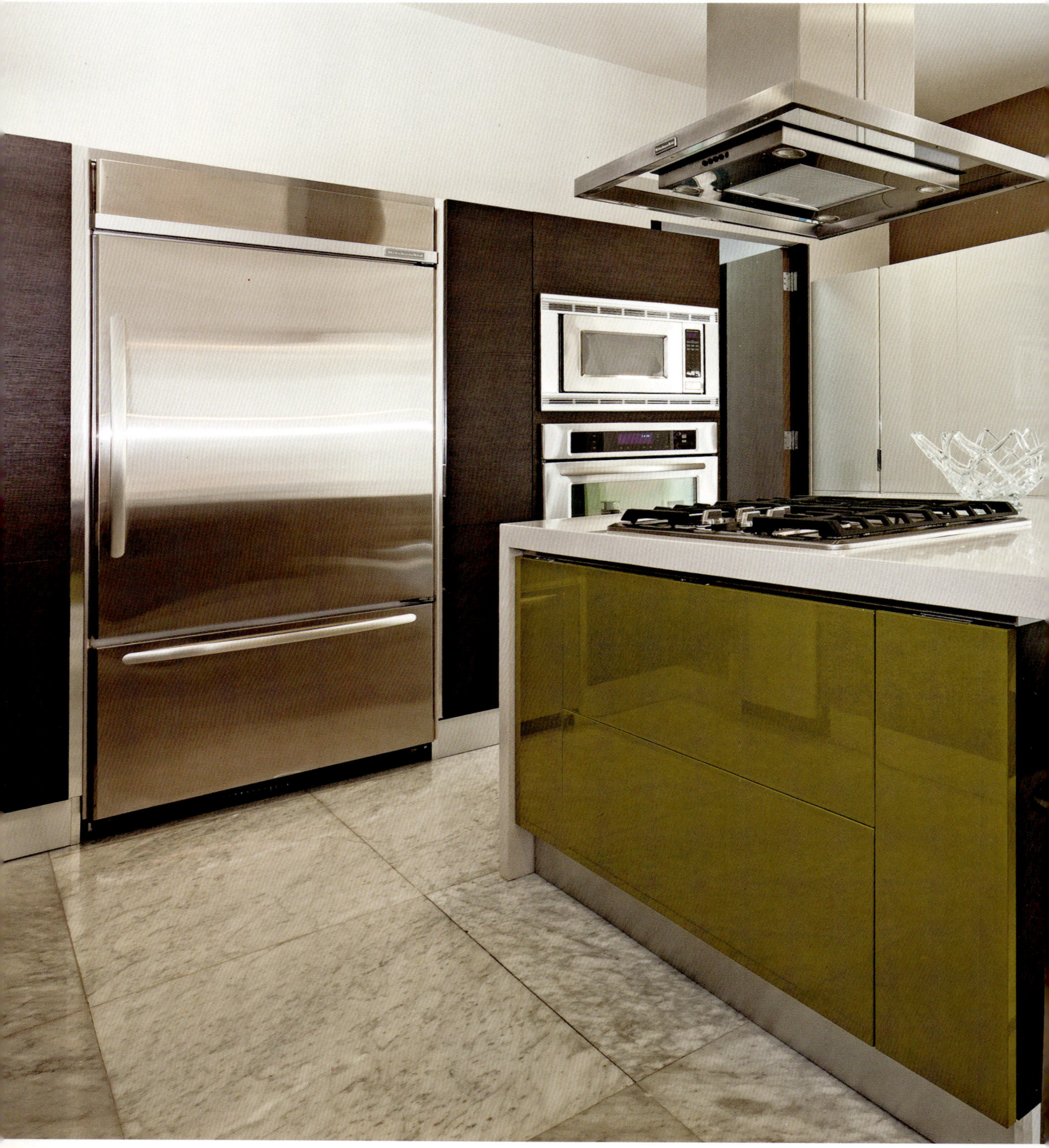

kitchens and dining rooms   cocinas y comedores   cuisines et salles à manger   küchen und esszimmer

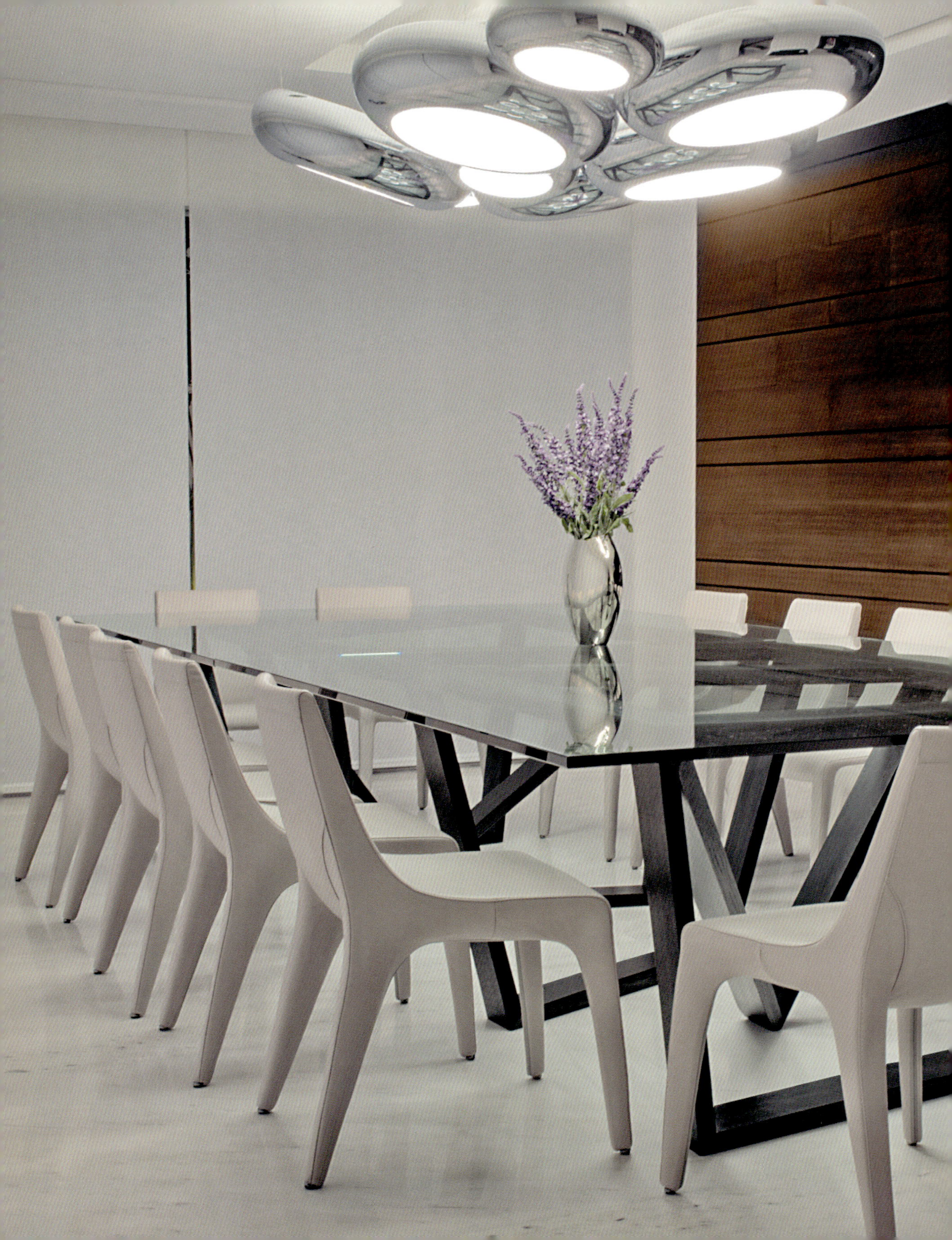

Good taste is all about combining comfort, firmness, and pleasure. Finding the midpoint between contemporary and old is perhaps one of the most sophisticated actions when balancing the presence of different materials and textures.

El buen gusto consiste en sumar comodidad, firmeza y agrado. Encontrar el punto medio entre contemporáneo y antiguo, es quizá una de las más sofisticadas acciones para equilibrar la presencia de diferentes materiales y sus texturas.

Le bon goût consiste à additionner le confort, la solidité et la satisfaction. Trouver l'équilibre entre le style contemporain et l'ancien est sans doute la manière la plus sophistiquée d'équilibre la présence des différents matériaux et leurs textures.

Guter Geschmack besteht darin, Bequemlichkeit, Haltbarkeit und Ästhetik zu verbinden. Den Punkt in der Mitte zwischen zeitgenössisch und antik zu finden, ist vielleicht eine der raffiniertesten Methoden um die Präsenz von verschiedenen Materialien und ihren Texturen in Gleichgewicht zu bringen.

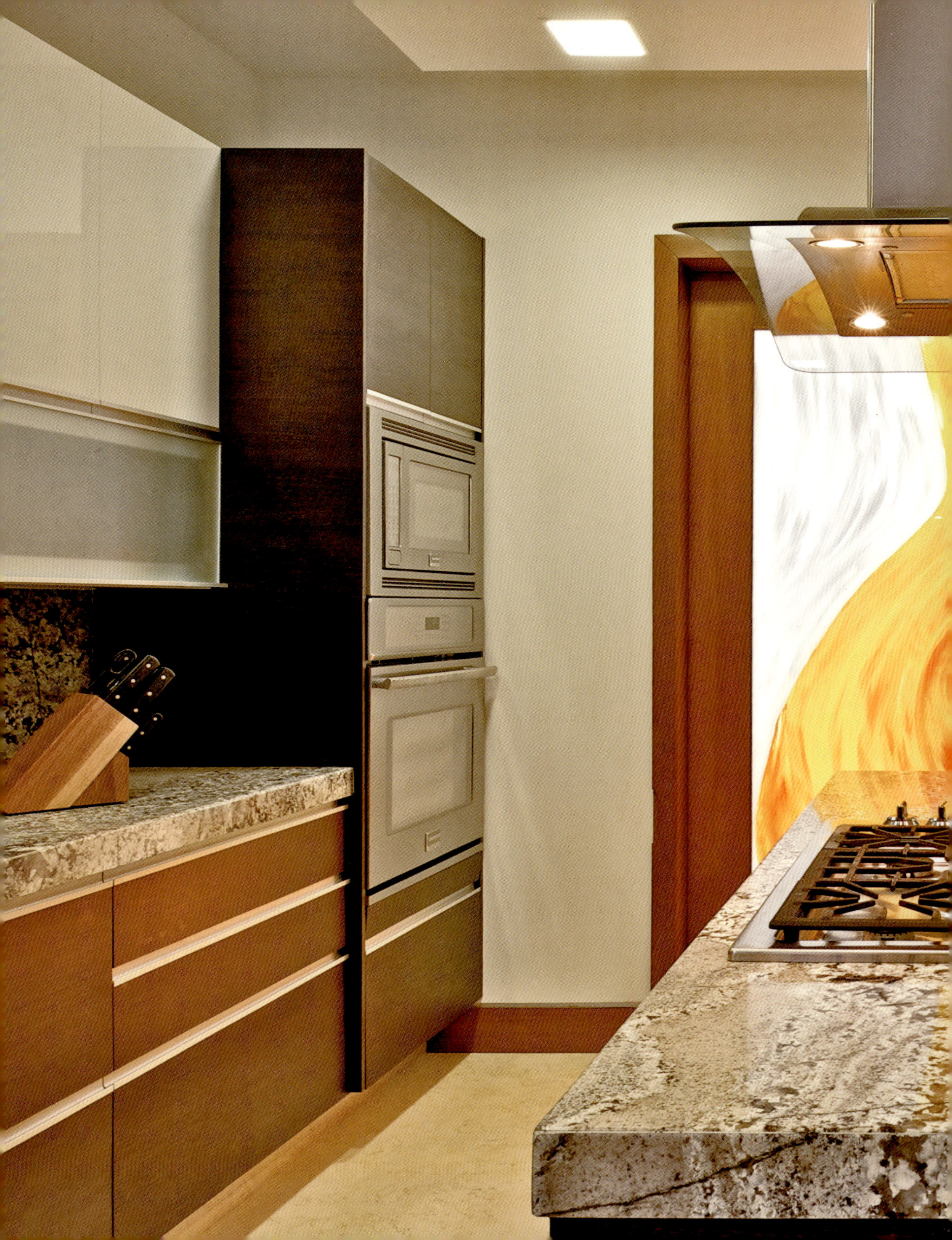

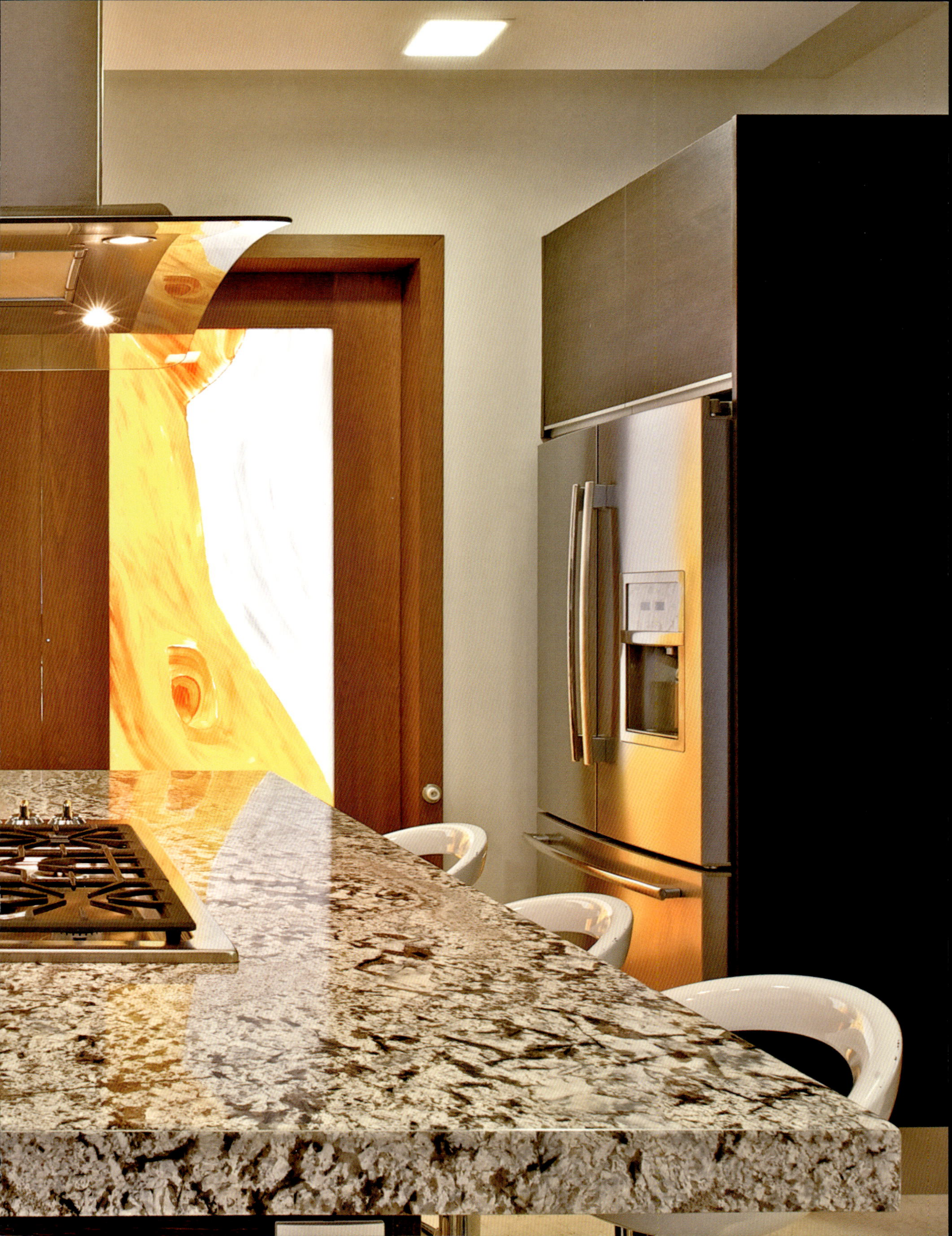

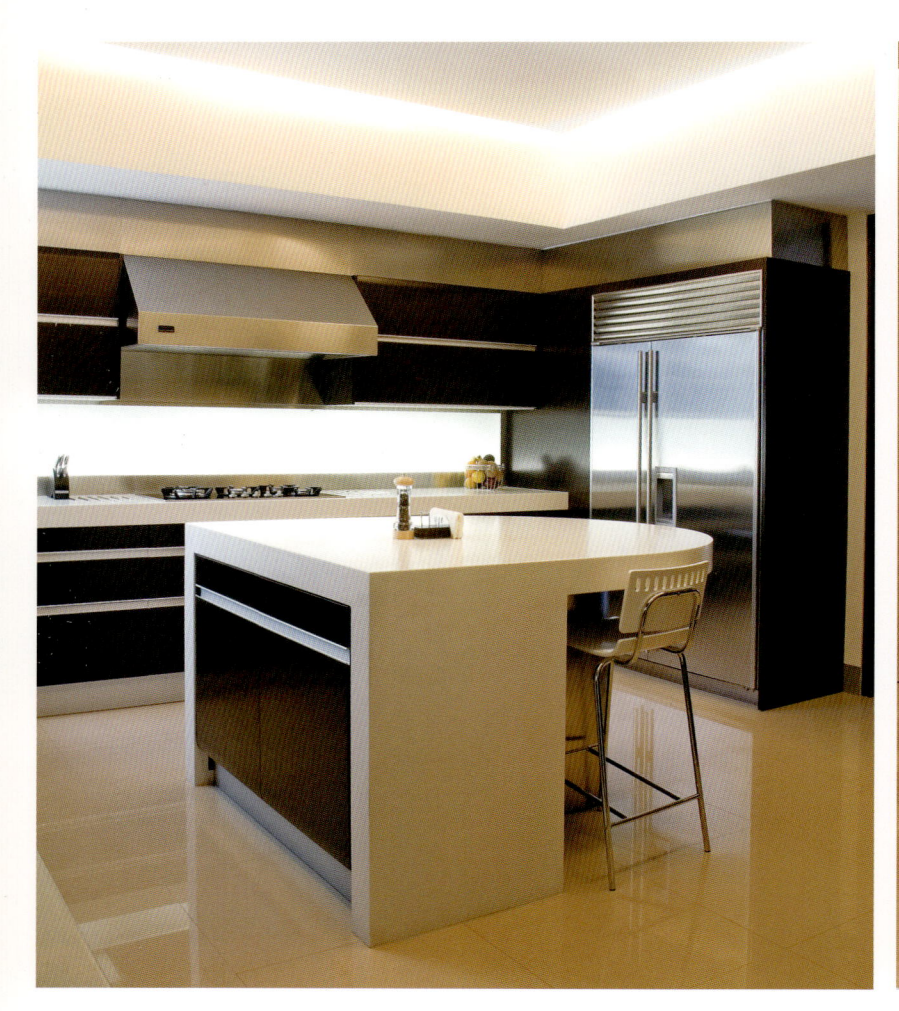

The versatility of the furniture, the ergonomics, and the incorporation of different cultural references are fundamental to design a kitchen and a dining room. Everything, from the selection of lighting to the way you use light sources, directly influences our perception of the space: lamps, niches, candelabra and chandeliers are, in addition to being elements that have a functional value, prerequisites for the setting of these spaces because they communicate sensations through the textures visually, creating a welcoming degree of comfort for the senses.

La versatilidad del mobiliario, la ergonomía y la incorporación de diferentes referencias culturales son fundamentales para diseñar una cocina y su comedor. Todo, inclusive la selección de las luminarias o la forma de emplear las fuentes de luz influye directamente en nuestra percepción del espacio: cajillos, nichos, candelabros y lámparas colgantes, son además de elementos que tienen un valor funcional, requisitos indispensables para la ambientación de estos espacios porque comunican visualmente sensaciones a través de las texturas generando un grado de confort mayor para los sentidos.

kitchens and dining rooms   cocinas y comedores   cuisines et salles à manger   küchen und esszimmer

La versatilité du mobilier, l'ergonomie et l'incorporation de différentes références culturelles sont indispensables pour concevoir une cuisine et sa salle à manger. Tout, y compris les luminaires et la manière d'employer les sources de lumière, a une influence directe sur notre perception de l'espace : niches dans les plafonds et les murs, candélabres et lampes suspendues, en plus de leur valeur fonctionnelle, sont des éléments indispensables pour le décor de ces espaces puisqu'ils communiquent de manière visuelle à travers les textures des sensations qui produisent un degré de confort plus grand pour les sens.

Die Vielseitigkeit des Mobiliars, die Ergonomie und die verschiedenen kulturellen Referenzen sind massgebend beim Design einer Küche und ihrem Essbereich. Alles, einschliesslich der Lampen oder die Art, wie die verschiedenen Lichtquellen verwendet werden, beeinflusst direkt unsere Wahrnehmung des Bereiches: Kästen, Nischen, Kronleuchter und Hängelampen, sind ausser nützlichen Elementen, unverzichtbare Ausstattung für das Ambiente dieser Bereiche, da sie durch die Texturen optische Empfindungen vermitteln, womit sie ein grösseres sinnliches Wohlbefinden erreichen.

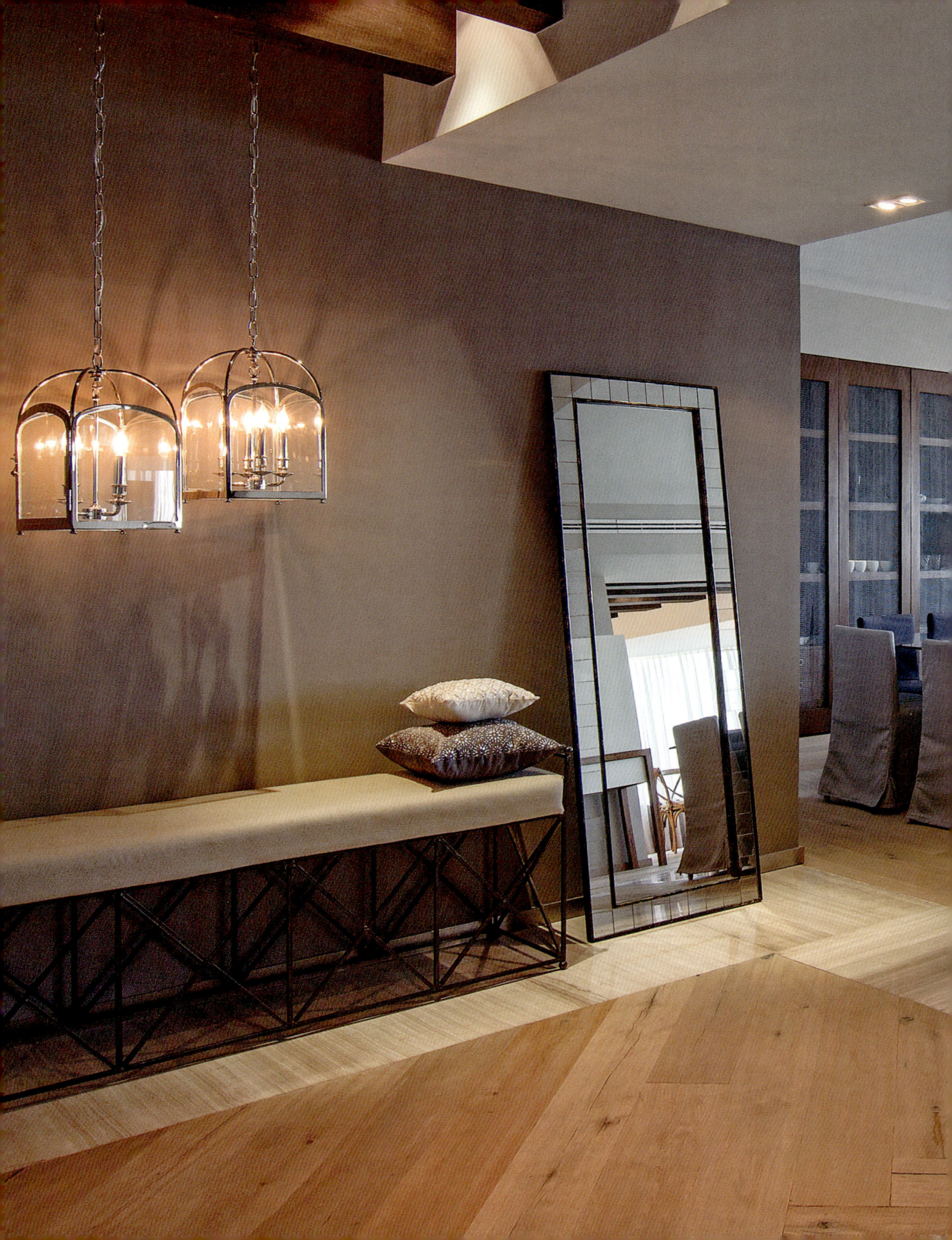

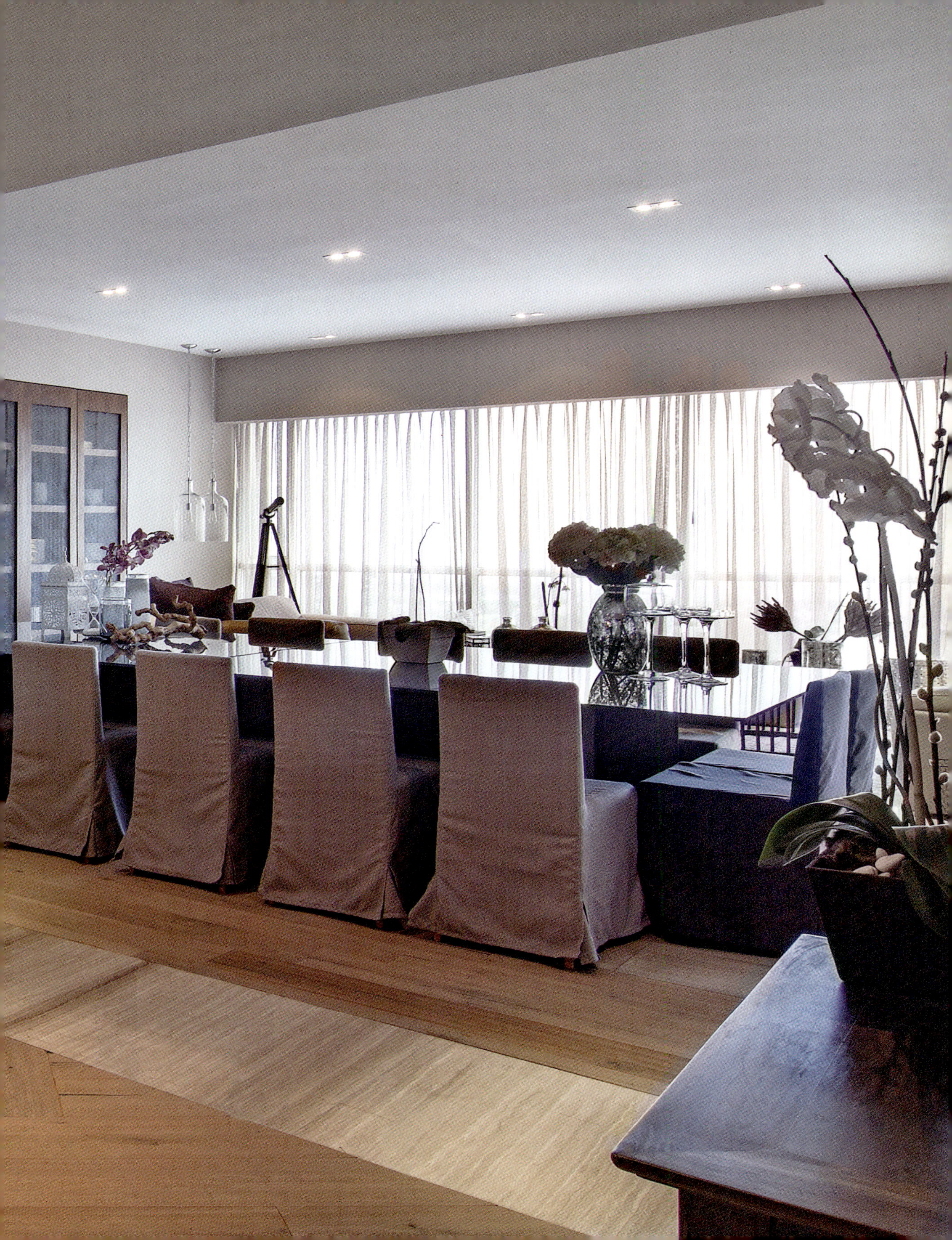

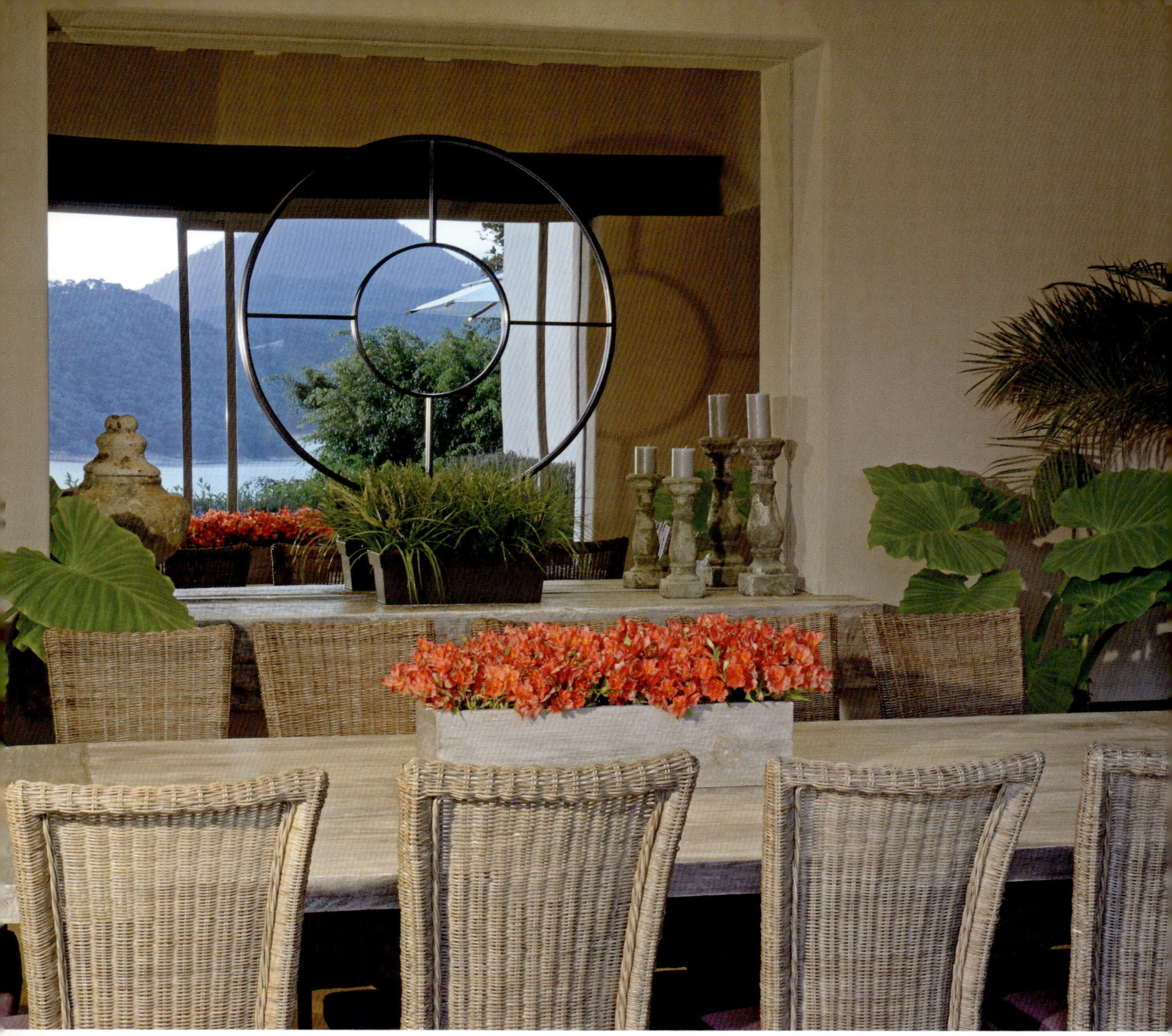

FABRICS CONSTANTLY evoke a rustic or natural vibe. Therefore, when the dining room has a privileged position, allowing you to maintain visual contact with the environment, the presence of these surfaces is almost obligatory. Incorporate plants and a flat surface on the cover of the dining room is an attractive combination that will give harmony to the whole area.

LOS TEJIDOS O ENTRAMADOS evocan constantemente a lo rústico o lo natural, por lo tanto, cuando el comedor dispone de una posición de privilegio que permita mantener contacto visual con el entorno la presencia de estas superficies es casi obligada. Incorporar plantas y una superficie llana en la cubierta del comedor es un binomio atractivo para conseguir un espacio sobrecogedor en armonía.

LES TISSUS ET LES TISSAGES évoquent constamment ce qui est rustique ou naturel, donc, lorsque la salle à manger se trouve dans un endroit privilégié qui permet le contact visuel avec l'entourage, la présence de ces surfaces est pratiquement obligatoire. L'incorporation de plantes et une surface plate dans la couverture de la salle à manger sont très attractives pour réussir un espace harmonieux.

STOFFE ODER Flechtmaterial lassen uns an Rustikales oder Natürliches denken, wodurch, wenn das Esszimmer die privilegierte Lage hat eine Aussicht auf die Umgebung zu bieten, die Verwendung dieser Materialien fast ein Muss ist. Pflanzen und eine glatte Oberfläche des Esstisches bilden eine attraktive Partnerschaft, um einen beeindruckenden harmonischen Bereich zu schaffen.

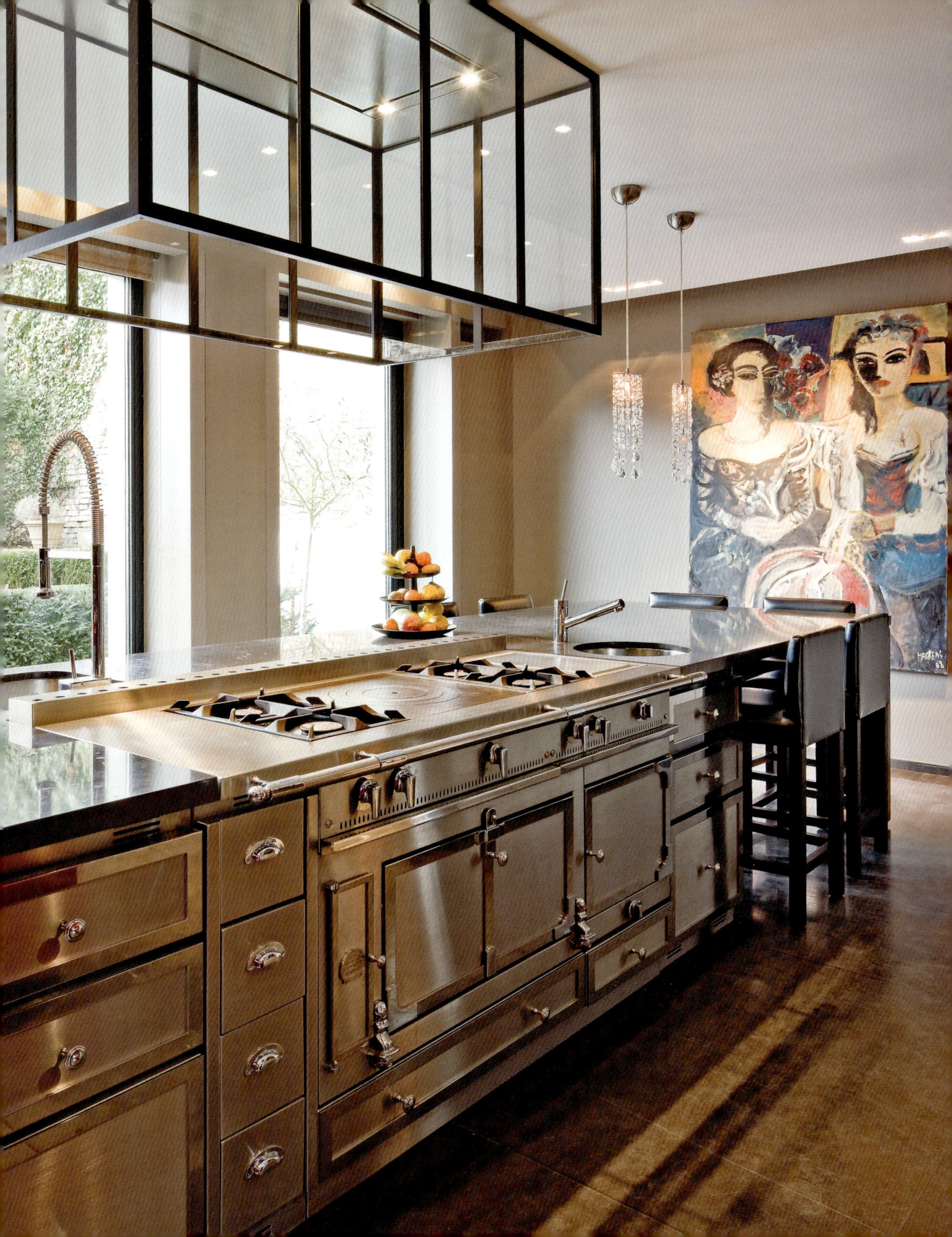

THE APPEARANCE OF THE MAJORITY of metals changes due to oxidation and the passage of time. But indoors, and especially in the design of a kitchen or dining room, this may be an advantage, depending on what you want to communicate and the look that is desired. The way in which you work the details of the metal (with brocade or reliefs, for example) can lead to a classic atmosphere of ancient appearance.

EL ASPECTO DE LA MAYORÍA de los metales cambia por la oxidación y el paso del tiempo, aunque en interiores y sobre todo en el diseño de una cocina o un comedor tal característica puede ser un factor a favor dependiendo de lo que se quiera comunicar y la apariencia que se desee obtener. La manera en cómo se trabajan los detalles del metal (con brocados o relieves, por ejemplo) puede llevarnos a obtener un ambiente clásico de apariencia antigua.

L'OXYDATION ET LE TEMPS changent l'apparence de la plupart des métaux, bien qu'à l'intérieur, et notamment dans la conception d'une cuisine ou une salle à manger, cette caractéristique puisse constituer un facteur positif, selon ce qu'on veut communiquer et l'apparence qu'on désire obtenir. La manière dont les détails des métaux (avec des brocarts ou des reliefs, par exemple) sont travaillés peut nous amener à une atmosphère classique avec une apparence ancienne.

DAS AUSSEHEN DER MEISTEN Metalle verändert sich, obwohl sie sich im Innenbereich befinden, durch Oxidation und dem Verlauf der Zeit und vor allem im Design einer Küche oder eines Essbereiches kann diese Eigenschaft von Vorteil sein; das hängt davon ab, welchen Eindruck man vermitteln möchte und welches Aussehen man erreichen möchte. Die Art, in der die Details beim Metall gearbeitet sind (mit Beschlägen oder Reliefs zum Beispiel), kann uns zu einem Ambiente mit einem antiken Aussehen führen.

metal metal métal metall

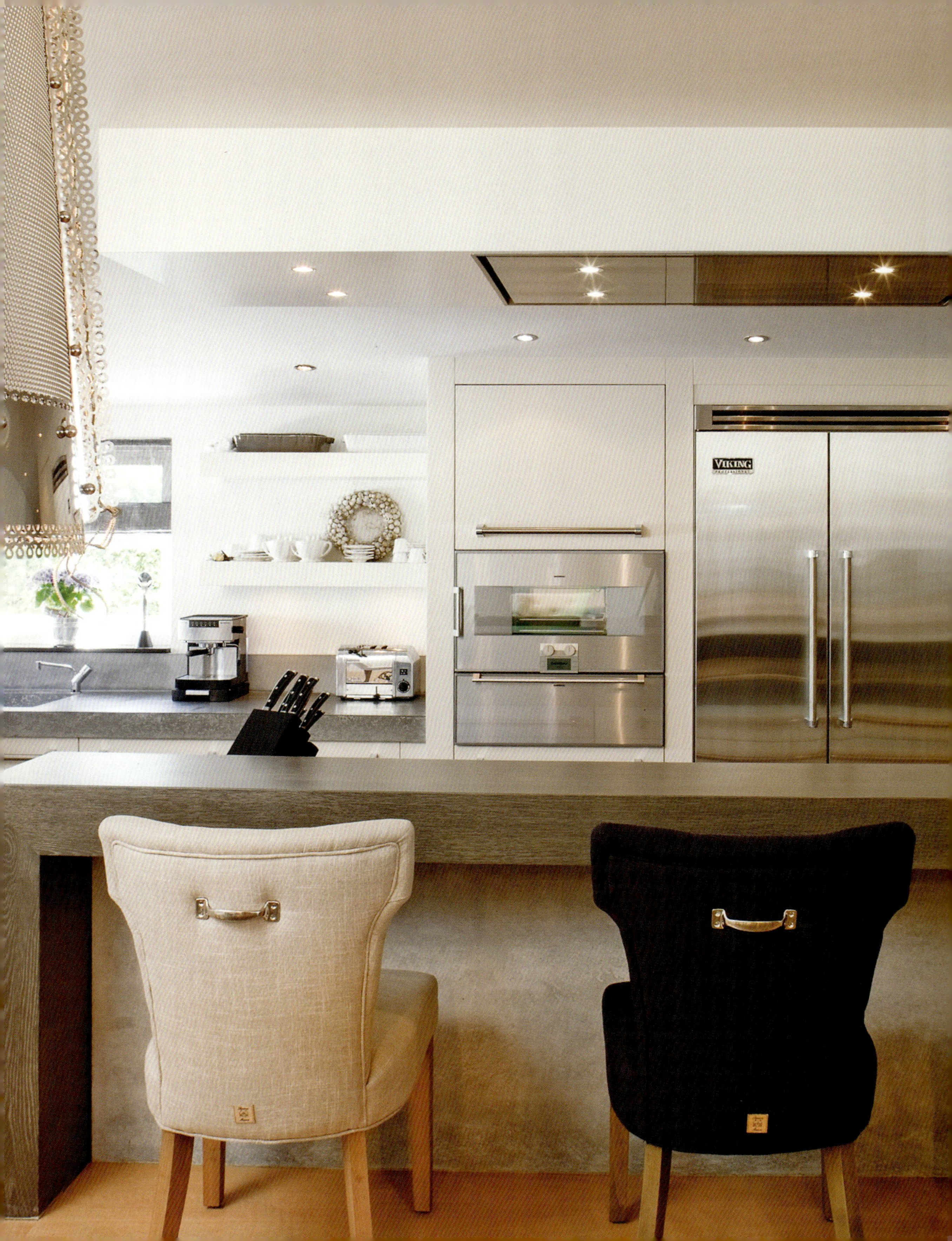
VIKING

Surfaces that are incorporated are based on three key points: the subtlety of natural materials, the ability of the metal to fit the architectural environment, and the strategy of promoting the fact that the kitchen is also a place to socialize.

Las superficies que se incorporan se fundamentan en tres puntos clave: la sutileza de los materiales naturales, la capacidad del metal para adaptarse al ambiente arquitectónico y la estrategia de promover que la cocina es también un espacio para socializar.

Les surfaces qui s'incorporent possèdent trois points clé : la subtilité des matériaux naturels, la capacité du métal pour s'adapter à l'environnement architectonique et la stratégie pour promouvoir la cuisine comme un espace de convivialité.

Die Oberflächen, die verwendet werden, basieren auf drei Schlüsselpunkten: die Subtilität der natürlichen Materialien, die Fähigkeit des Metalls sich an das architektonische Ambiente anzupassen und die Strategie die Küche auch als sozialen Raum zu nutzen.

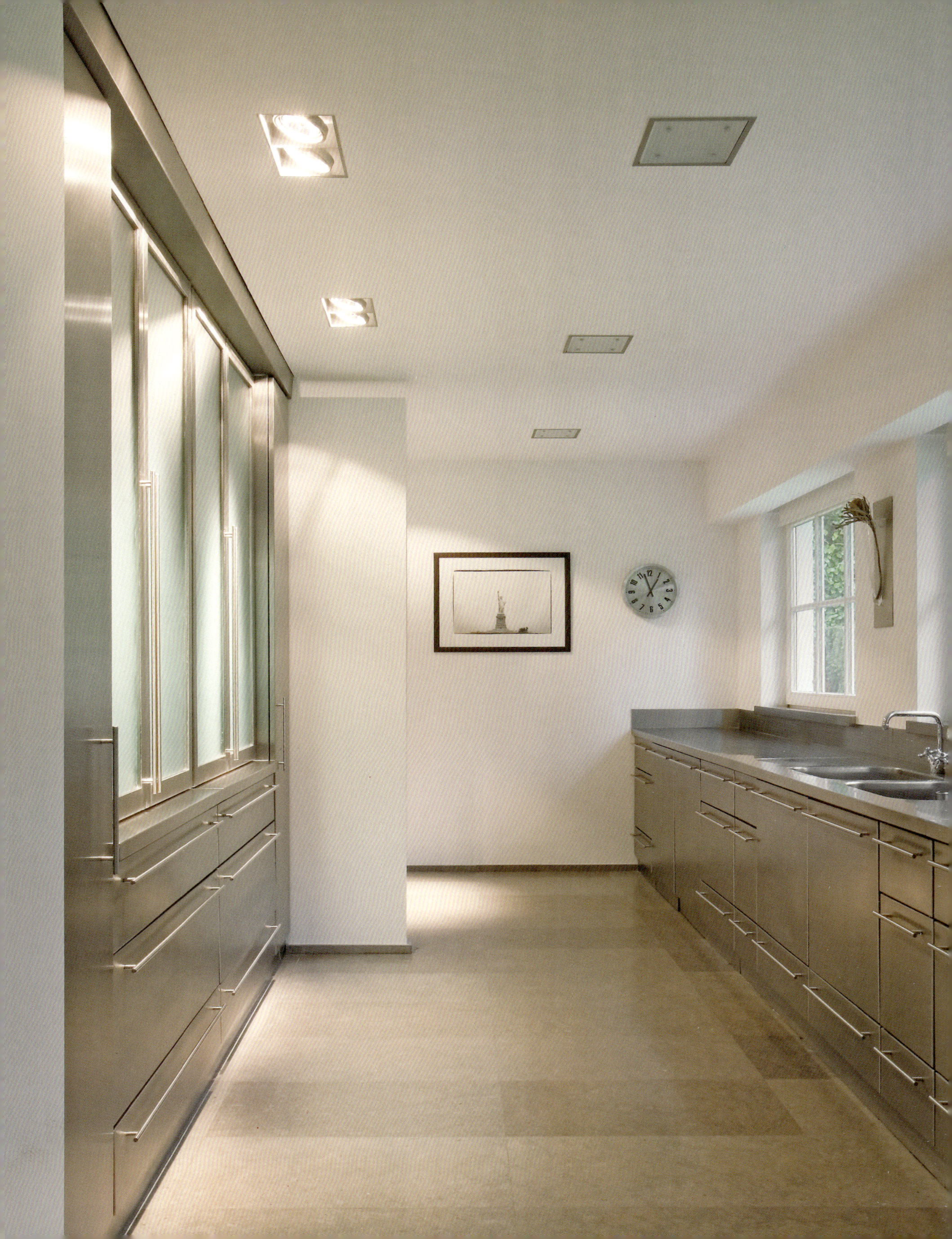

kitchens and dining rooms   cocinas y comedores   cuisines et salles à manger   küchen und esszimmer

ALUMINUM AND STAINLESS STEEL have a silvery-grey color that acquires a matte touch with aging. This is why is widely they are used in areas where the dominant colors are white (or of neutral range), and where there is natural lighting or directed lighting in cold shades. The geometry in the designs of covers and cooking equipment tends to be quite refined, without breaks or organic forms.

EL ALUMINIO O EL ACERO INOXIDABLE poseen un color gris plateado que adquiere un toque mate al envejecer. De ahí que sea ampliamente utilizado en espacios donde los colores dominantes son el blanco (o la amplia gama de neutros) y se cuente con una iluminación natural o dirigida en tonalidades frías. La geometría en los diseños de cubiertas y equipo de cocina suele ser bastante refinada, sin quiebres ni formas orgánicas.

AVEC LE TEMPS, L'ALUMINIUM OU L'ACIER INOXYDABLE, qui sont de couleur grise acier, deviennent mats et sont donc très utilisés dans les espaces où domine le blanc (ou la large gamme de couleurs neutres), et avec un éclairage naturel à tons froids. La géométrie des designs des surfaces et de l'équipement de cuisine sont souvent très raffinés, sans interruptions ni formes organiques.

ALUMINIUM ODER ROSTFREIER STAHL haben eine silbergraue Farbe, die beim Altern etwas matter wird. Daher wird es häufig in Bereichen verwendet, in denen Weiss (oder eine weite Palette neutraler Töne) die vorherrschende Farbe ist und in denen es natürliches oder künstliches Licht in kalten Farbtönen, gibt. Die Geometrie im Design der Abdeckungen und der Küchenausstattung ist oft sehr raffiniert, ohne Unregelmässigkeiten oder organische Formen.

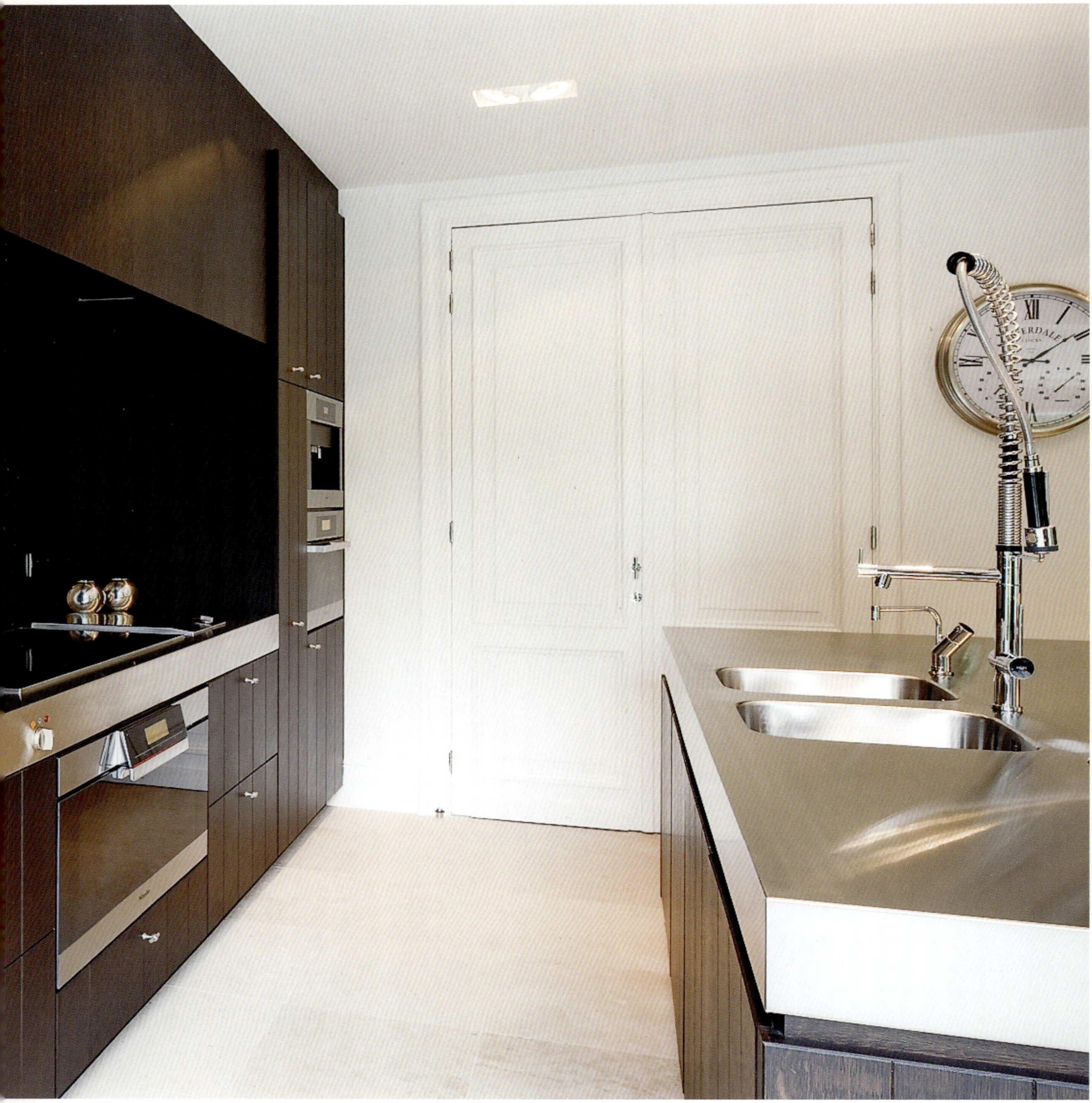

kitchens and dining rooms   cocinas y comedores   cuisines et salles à manger   küchen und esszimmer

A KITCHEN CAN BE a space worthy of contemplation based on the extraordinary details made to the metal coatings. When this happens, it is common for the dining room to keep frank visual communication with it. Our encounters with this area on a daily basis will be a true gift for our eyes and touch.

UNA COCINA PUEDE ALCANZAR el valor de ser un espacio digno de contemplación basándose en el extraordinario trabajo de los detalles realizados en los recubrimientos metálicos. Cuando esto sucede, es común que el comedor mantenga franca comunicación visual con ella. Nuestros invitados o encuentros con este espacio dentro de la cotidianidad serán un verdadero obsequio para nuestra mirada y tacto.

UNE CUISINE PEUT DEVENIR un espace digne de contemplation grâce au travail extraordinaire des détails desrevêtements métalliques. Quand cela se produit, souvent la salle à manger maintient une communication visuelle avec elle. Nos invités ou nos rencontres avec cet espace quotidien seront un vrai cadeau au regard et au toucher.

EINE KÜCHE KANN DUCH die aussergewönliche Arbeit bei den Details auf den Abdeckungen aus Metall, zu einem der Betrachtung würdigen Bereich werden. Ist dies der Fall, hat man üblicherweise einen direkten Blick vom Essbereich auf sie. Für unsere Gäste oder für uns, in unseren täglichen Begegnungen mit diesem Bereich, bedeuten sie ein wahres Geschenk für unsere Augen und unseren Tastsinn.

THE SOPHISTICATION of a laminar minimalism can enhance the presence of a metal surface in a luminous, extremely clean environment. The sophistication of this formula of design lies in the combination of ornamental elements such as pictures of art, accessories or lamps with no texture that have personality or a unique design, but are not too flashy.

LA SOFISTICACIÓN de un minimalismo laminar puede permitirnos que una superficie metálica se perciba dentro de un ambiente luminoso y extremadamente limpio. La sofisticación de esta fórmula de diseño reside en la combinación de elementos ornamentales como cuadros de arte, accesorios o luminarias sin textura que posean personalidad o un diseño singular pero que no sean extremadamente llamativos.

LA SOPHISTICATION d'un minimalisme du laminé peut nous permettre de concevoir qu'une surface métallique soit perçue dans un environnement lumineux et extrêmement limpide. La sophistication de cette formule du design réside dans la combinaison d'éléments décoratifs tels que les tableaux, accessoires ou luminaires sans texture, ayant de la personnalité ou un design particulier, bien que pas trop voyant.

DIE AUSGEFEILTHEIT eines minimalistischen Laminats erlaubt uns eine Oberfläche aus Metall in einem hellen und extrem sauberen Ambiente wahrzunehmen. Die Raffinesse dieses Designs basiert auf der Kombination von dekorativen Elementen wie Kunstwerken, Schmuckstücken und Lampen ohne Textur, die Persönlichkeit besitzen, oder ein einzigartiges Design aufweisen, aber nicht extrem auffällig sind.

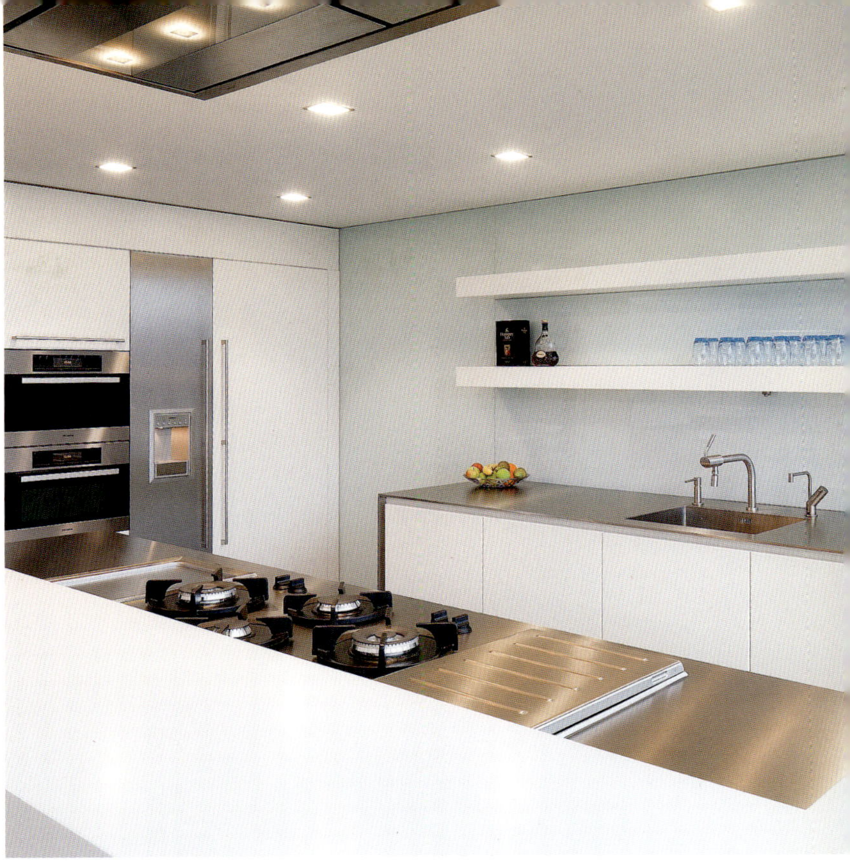

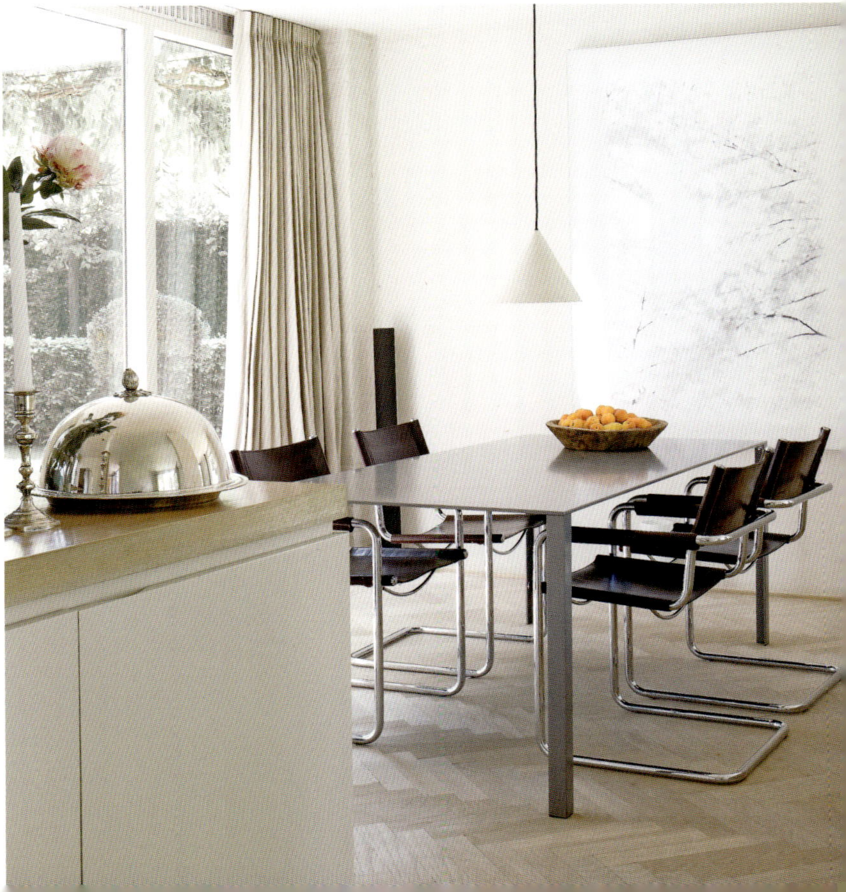

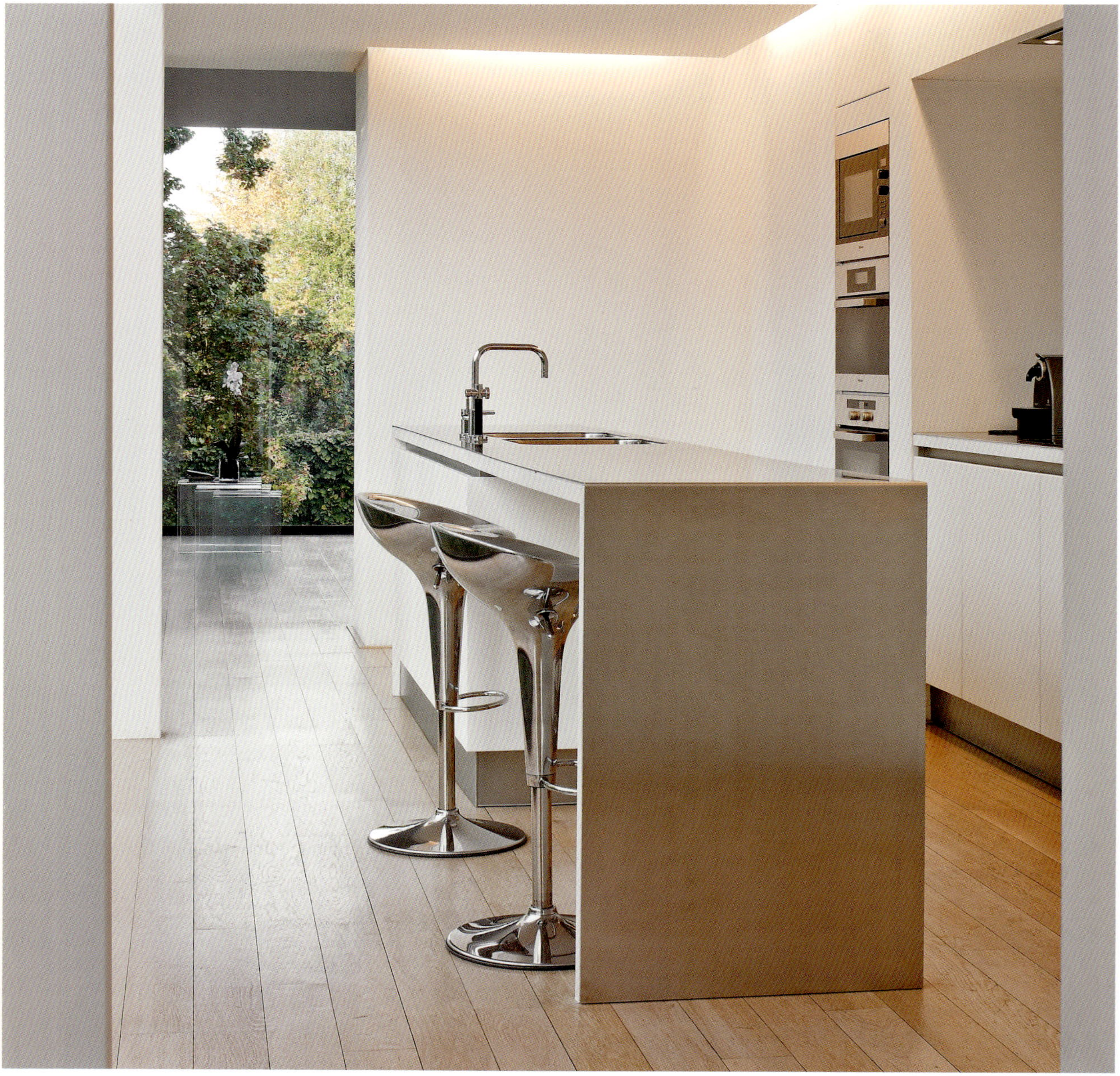

kitchens and dining rooms   cocinas y comedores   cuisines et salles à manger   küchen und esszimmer

No matter where we are, a kitchen should have our personality and should reflect our tastes, as well as meet our needs. Each element that is present in this area, whether decorative or architectural, is subject to a personal decision based on the spatial qualities that we have, the preservation of materials and their form of everyday use. It should be noted that the textures are not only a tactile experience, but also a visual one.

Sin importar en donde nos encontremos, una cocina debe de tener nuestra personalidad y reflejar nuestros gustos, así como satisfacer nuestras necesidades. Cada elemento dispuesto en el espacio interior sea decorativo o arquitectónico, está sujeto a una decisión personal sustentada en las cualidades espaciales con que contamos, la preservación de los materiales y su forma de uso cotidiano. Hay que recordar que las texturas no sólo son una experiencia táctil, también son una experiencia visual.

kitchens and dining rooms   cocinas y comedores   cuisines et salles à manger   küchen und esszimmer

Le rôle joué par le bois en fait l'élément le plus important de cette décoration. Chaque espace met en valeur la qualité du matériau et la finition des détails. La manière dont a été utilisé le bois au sol et pour fabriquer des chevets, des placards, des commodes, des meubles de largeur identique, donne un rythme unique à l'espace. Si l'on excepte quelques murs blancs, la palette chromatique associe les divers tons d'un même matériau. Et l'absence d'objets décoratifs confère à l'ensemble une atmosphère paisible.

Egal wo wir sind, eine Küche sollte unsere Persönlichkeit zeigen und unseren Geschmack wiederspiegeln, sowie unsere Bedürfnisse befriedigen. Jedes Element im Innenbereich, sei es dekorativ oder architektonisch, ist einer persönlichen Entscheidung unterworfen, die auf den vorhandenen räumlichen Eigenschaften, der Erhaltung der Materialien und ihrer tägliche Nutzung basiert. Man sollte sich erinnern, dass Texturen nicht nur ein Erlebnis für den Tastsinns sind, sondern auch ein optisches.

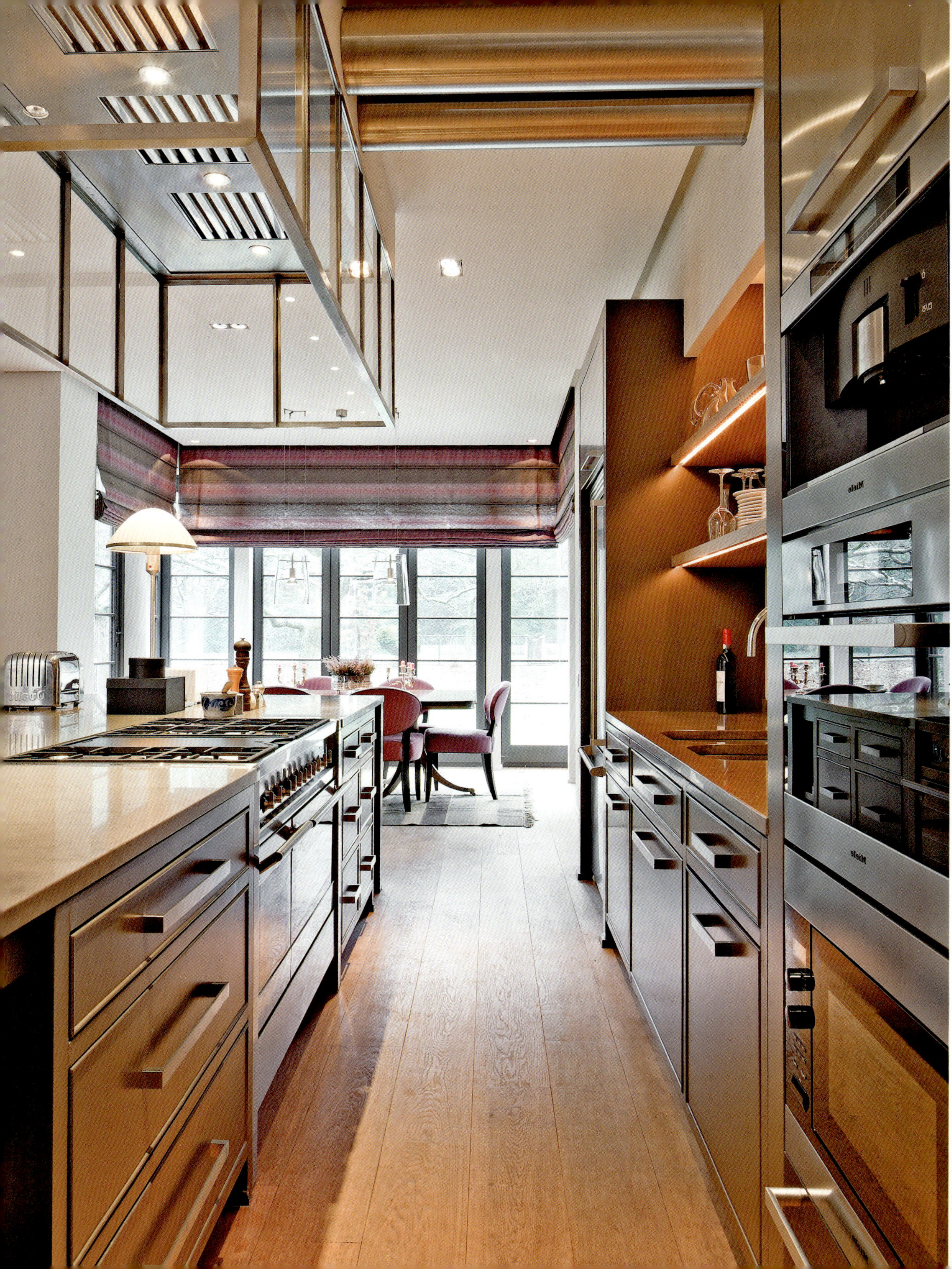

kitchens and dining rooms   cocinas y comedores   cuisines et salles à manger   küchen und esszimmer

By including seeds in glass jars, a ceramics piece, or small lighting contrasts, you will highlight different textures and the overall brightness of the area, creating a more playful and intense character.

Incluir semillas dentro de vasijas de vidrio, alguna figura de cerámica o pequeños remates de iluminación, revelarán texturas y brillos provocando un carácter más lúdico e intenso.

Les vases en verre remplies de graines, une figure en céramique ou de petits compléments d'éclairage, révèlent des textures et des éclats qui provoquent un caractère plus ludique et intense.

Samenkörner in Glasbehältern, irgendeine Karamikfigur oder kleine Abschlüsse in der Beleuchtung, machen Texturen und Glanz sichtbar, was einen verspielteren und intensiveren Charakter provoziert.

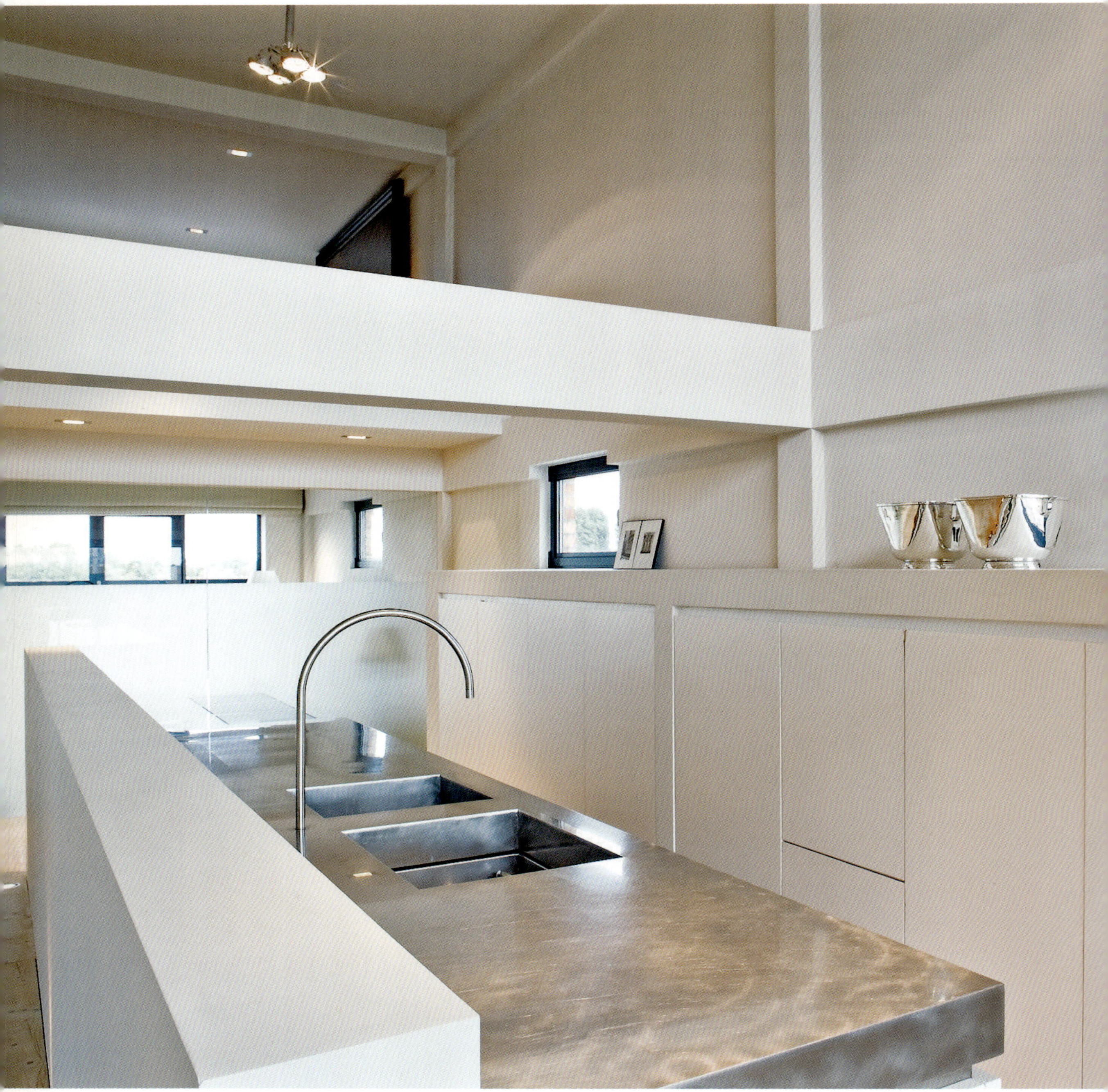

kitchens and dining rooms   cocinas y comedores   cuisines et salles à manger   küchen und esszimmer

WHEN YOU FIND YOURSELF IN FRONT OF A SURFACE that is completely smooth, without folds or recesses, the first feeling that comes to mind is that of total cleanliness. In this scenario, metallic coatings have the advantage over others and are available on the market in a host of very attractive tonal variants. In addition, they require very little maintenance.

ENCONTRARSE FRENTE A UNA SUPERFICIE totalmente lisa, sin pliegues ni recovecos permitirá que la primera sensación que nos llegue a la mente sea la de limpieza total. Los revestimientos metálicos tienen esa ventaja sobre otros y están disponibles en el mercado en un sinfín de variantes tonales muy atractivas y que además requieren bajo mantenimiento para su conservación.

QUAND ON SE TROUVE DEVANT UNE SURFACE totalement lisse, sans plis ni recoins, la première sensation qui nous vient à l'esprit est celle d'une limpidité totale. C'est l'avantage des revêtements métalliques sur les autres, et ils sont disponibles dans le marché avec une multitude de tons très attractifs et qui, deplus, exigent un maintient très bon marché.

SICH GEGENÜBER EINER KOMPLETT GLATTEN oberfläche zu befinden, ohne Falten oder Winkel, lässt uns zuerst an Sauberkeit denken. Die Metallverkleidungen haben anderen gegenüber diesen Vorteil und sind auf dem Markt in einer unendlichen Variante attraktiver Farbtöne erhältlich und benötigen ausserdem nur geringe Pflege zu ihrer Instandhaltung.

ANY BUILDING THAT IS OLD, OR CONTAINS CLASSIC ARCHITECTURAL ELEMENTS, can narrate its historical value through coatings and the exaltation of its style: wood that is cut in a rustic manner merges perfectly with finely embossed stainless steel elements, to which you can add ornamental pieces that have a wealth of textures and dominant contrasts, accentuating the ancient and the contemporary.

TODO EDIFICIO ANTIGUO O CON ELEMENTOS ARQUITECTÓNICOS de carácter clásico pueden narrar su valor histórico a través de los revestimientos y la exaltación de su estilo: la madera tratada de forma rústica se fusiona perfectamente con elementos de acero inoxidable finamente troquelados a los cuales se les puede añadir piezas ornamentales que tengan una riqueza de texturas y contrastes dominantes para acentuar lo antiguo y lo contemporáneo.

TOUS LES BÂTIMENTS CLASSIQUES OU AYANT DES ÉLÉMENTS ARCHITECTONIQUES classiques peuvent raconter leur valeur historique à travers leur revêtements et l'exaltation de leur style : le bois traité de manière rustique s'associe parfaitement avec des éléments en acier inoxydable finement martelés auxquels on peut ajouter des pièces décoratives riches en textures et contrastes dominantes afin d'accentuer ce qui est ancien ou contemporain.

JEDES ALTE GEBÄUDE ODER EINES MIT ARCHITEKTONISCHEN Elementen klassischen Charakters, kann seine Geschichte durch die Verkleidungen und die Übertreibung seines Stils erzählen : das im rustikalen Stil behandelte Holz verschmilzt perfekt mit Elementen aus fein gepägtem rostfreien Stahl, zu denen man Dekorationsstücke hinzufügen kann, die eine Vielfalt an Texturen und dominierenden Kontrasten aufweisen, um das Antike und Zeitgenössische zu betonen.

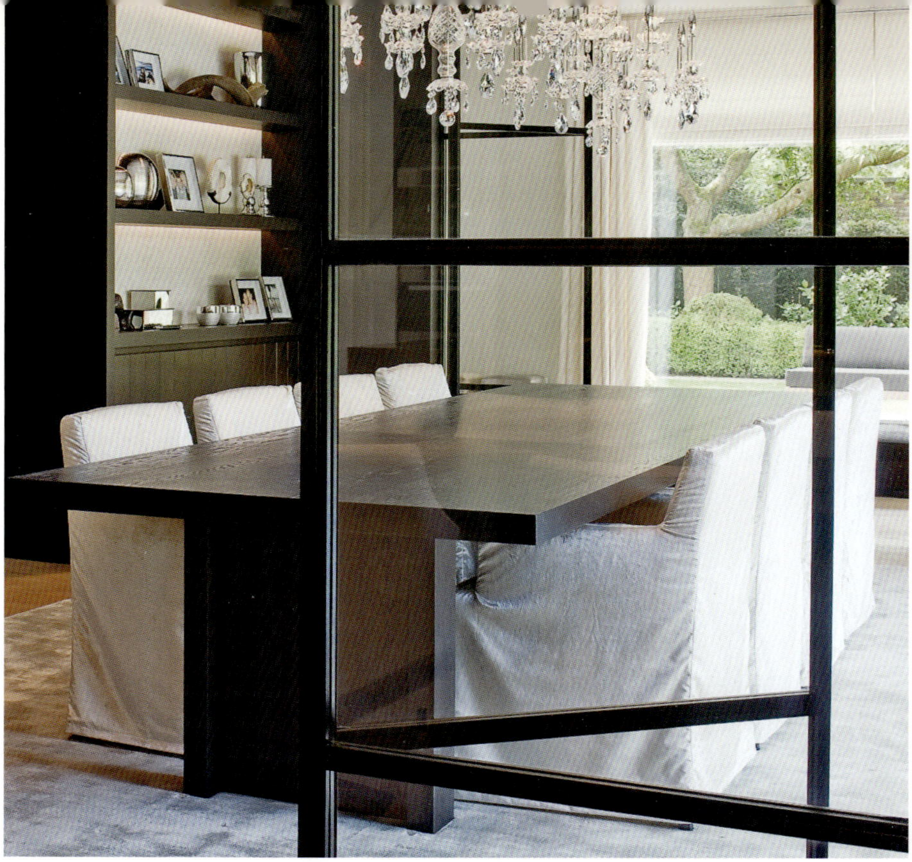

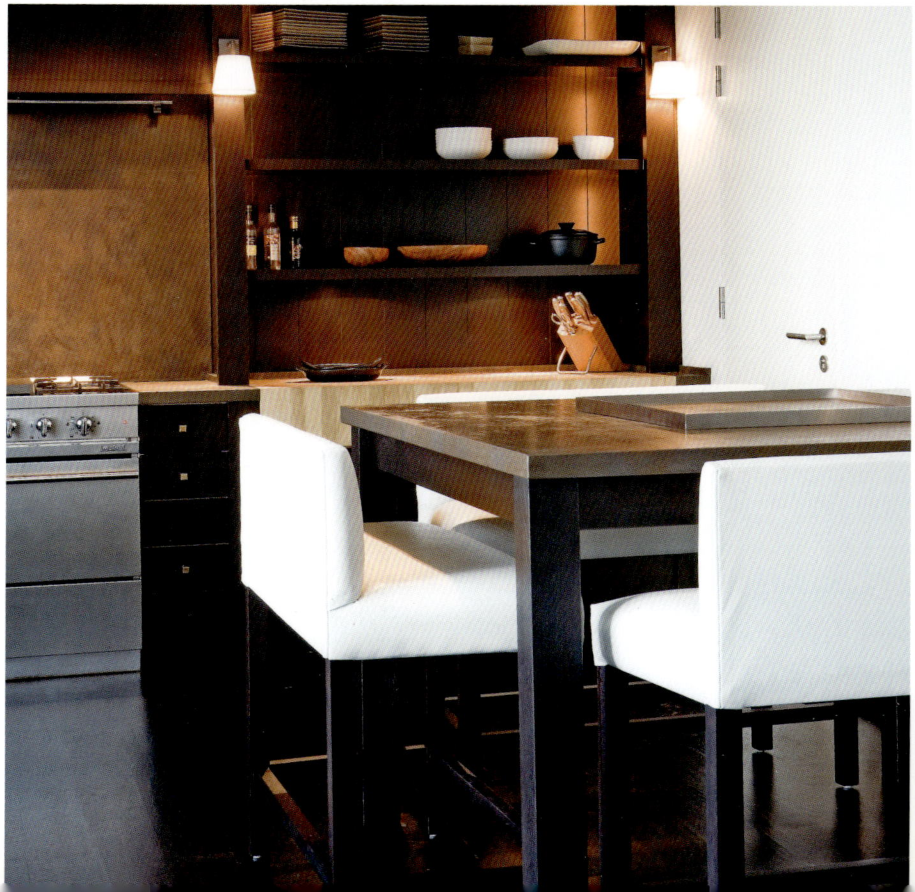

kitchens and dining rooms   cocinas y comedores   cuisines et salles à manger   küchen und esszimmer

textile textil textile textile

TEXTILES MAY CONTAIN different motifs depending on its prints and embroidery, and can sometimes become the protagonists of a particular space when there is an absence of these motifs. It all depends on the concept or intent that you want to permeate to the decoration. Their appearance is of utmost importance sometimes they act as generators of contrasts, and sometimes they help to decrease the amount of existing reflections caused by high gloss surfaces.

LOS TEXTILES POR SÍ MISMOS pueden contener motivos distintos a través de estampados o bordados y a veces pueden convertirse en los protagonistas del espacio con la ausencia de éstos, todo depende del concepto o intención que deseemos impregnar a la decoración. Su apariencia es elemental, en ocasiones actúan como generadores de contrastes o también para disminuir la cantidad de reflejos existentes por superficies de alto brillo.

LES TEXTILES EN EUX-MÊMES PEUVENT avoir des motifs diffé-rents au moyen des impressions ou des broderies, et peuvent souvent devenir les protagonistes de l'espace en leur absence ; tout dépend de la conception ou de l'intention qu'on désire imprégner à la décoration. Leur apparence est élémentaire, puisque souvent ils agissent comme des générateurs de contrastes ou alors pour diminuer la quantité de réflexes des surfaces trop brillantes.

STOFFE AN SICH KÖNNEN unterschiedliche Motive in ihrem Druck oder Stickerei haben und manchmal werden sie, durch das Fehlen von Mustern, zur Hauptattraktion in einem Bereich; all das hängt vom Konzept oder der Absicht ab, die wir der Dekoration aufprägen wollen. Ihre Präsenz ist elementar, manchmal schaffen sie Kontraste oder vermindern auch Spiegelungen durch stark glänzende Oberflächen.

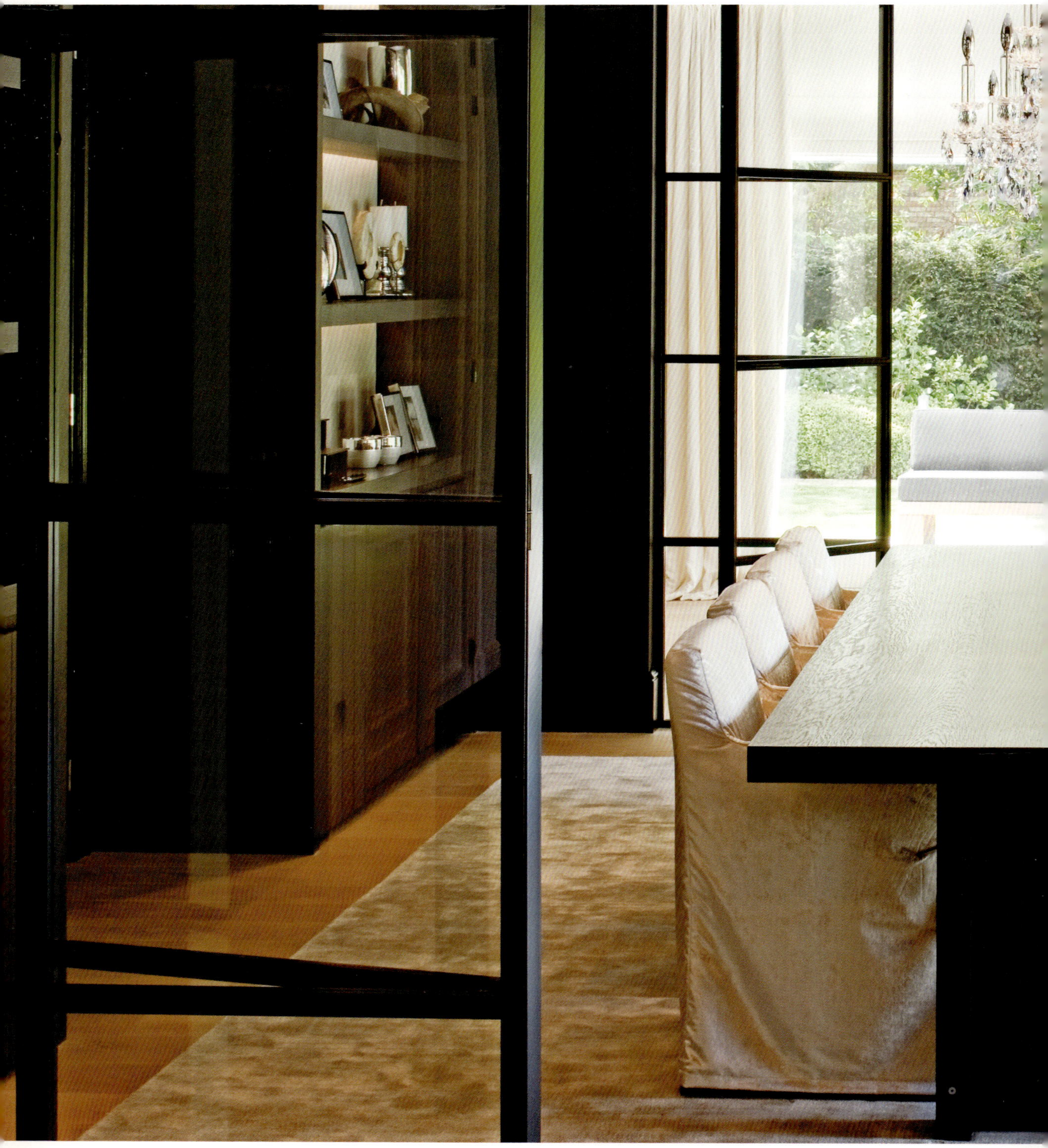

kitchens and dining rooms   cocinas y comedores   cuisines et salles à manger   küchen und esszimmer

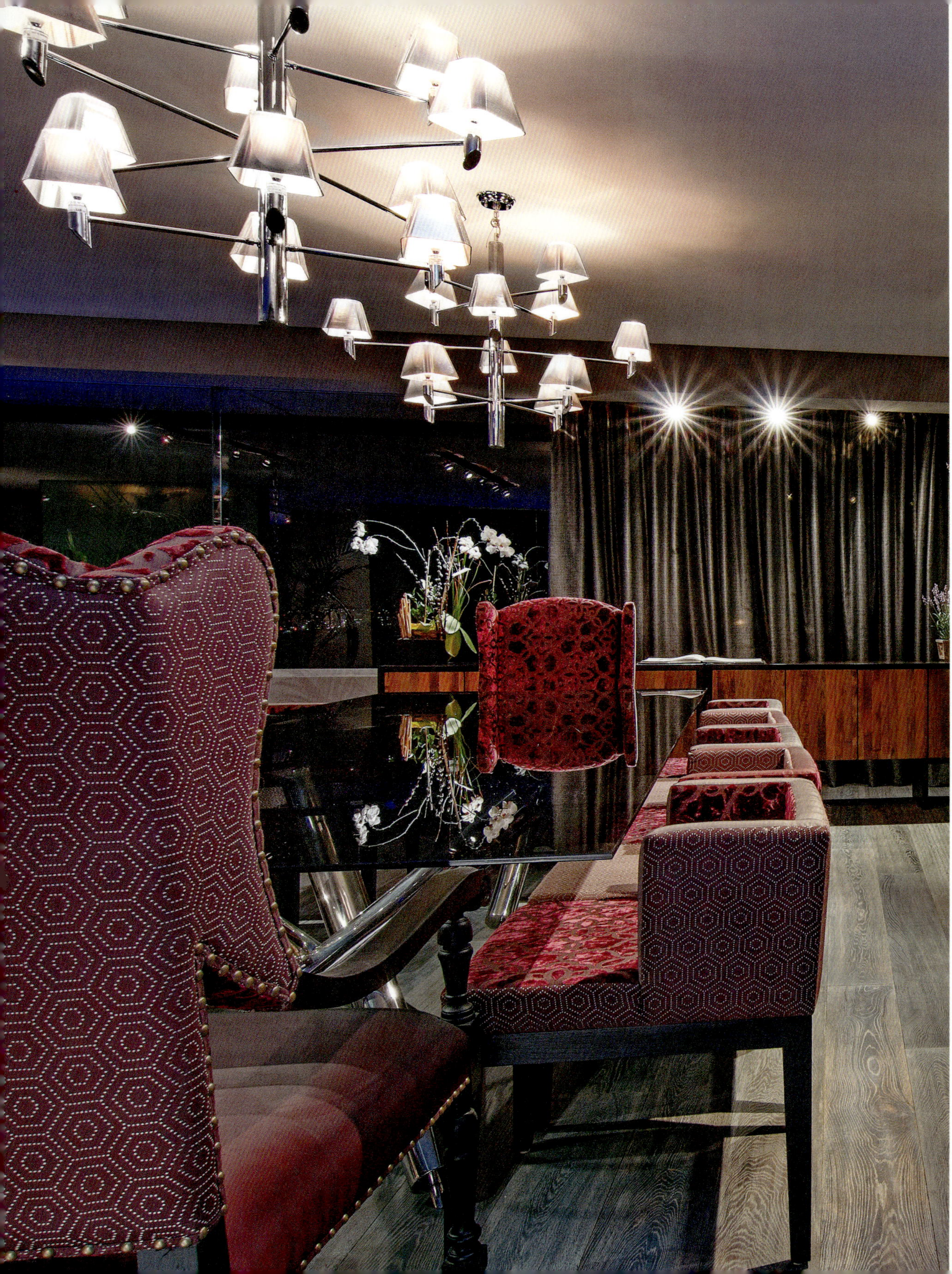

kitchens and dining rooms   cocinas y comedores   cuisines et salles à manger   küchen und esszimmer

When the saturation in patterns and textures is more acute, so is the visual stimulus. Intense colors, in conjunction with the sobriety of the dark tones, favor the compositional balance.

A mayor saturación en los patrones y las texturas mayor estímulo visual. Los colores intensos en conjunto con la sobriedad de los tonos oscuros favorece el equilibrio compositivo.

Plus les schémas et les textures sont saturés, plus grand est le stimulus visuel. Les couleurs vives combinées avec la sobriété des tons foncés favorise l'équilibre de la composition.

Je grösser die Sättigung in den Mustern und Texturen, desto grösser ist der optische Reiz. Intensive Farben in Verbindung mit der Nüchternheit dunkler Farben, kommen dem Gleichgewicht in der Komposition zugute.

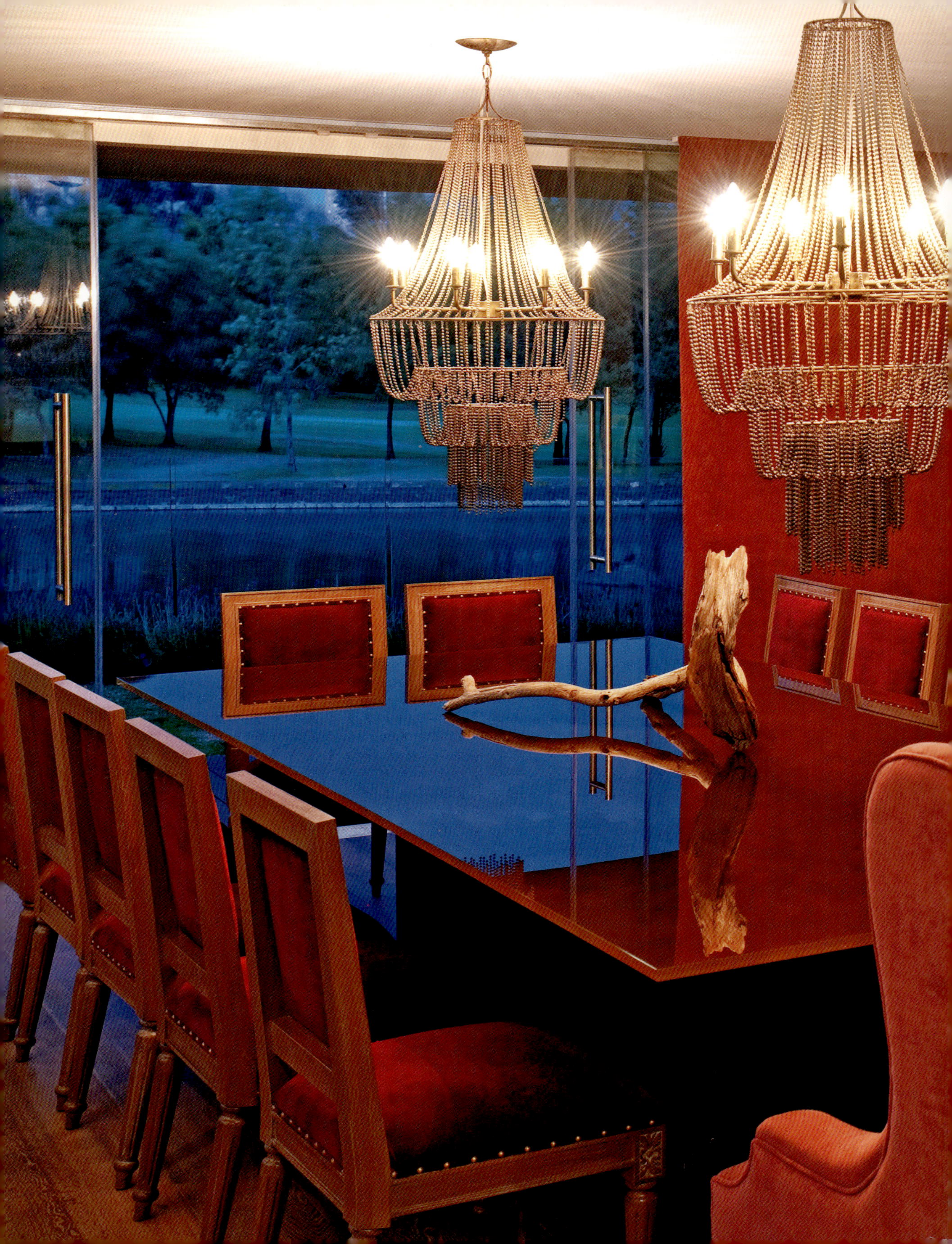

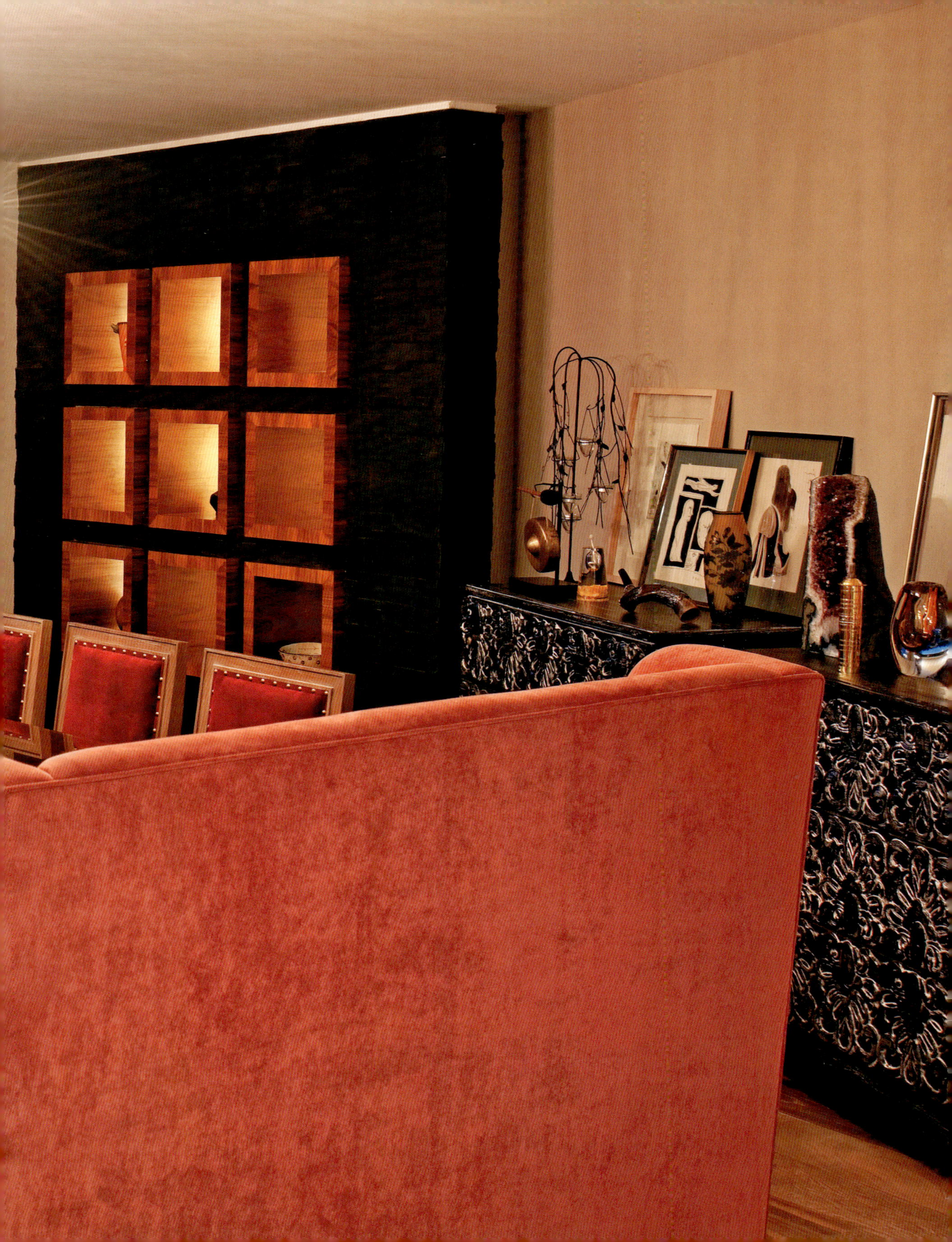

The technique of padding with buttons provides true elegance, with a modern and classic touch, to any furniture, especially when velvet is used.

La técnica del acolchado con botones o capitoné permite dotar de elegancia verdadera con un toque moderno y clásico cualquier tapizado de nuestros muebles sobre todo cuando se usa el terciopelo.

La technique du rembourrage, avec des boutons ou du capitonnage, donne une véritable élégance avec une touche à la fois moderne et classique à toute la tapisserie de nos meubles, surtout quand on utilise le velours.

Die Technik zu polstern, auch mit Knöpfen, erlaubt uns, jedem Bezug unserer Möbel echte Eleganz zu verleihen; mit einer modernen oder klassischen Note, vor allem wenn man Samt benutzt.

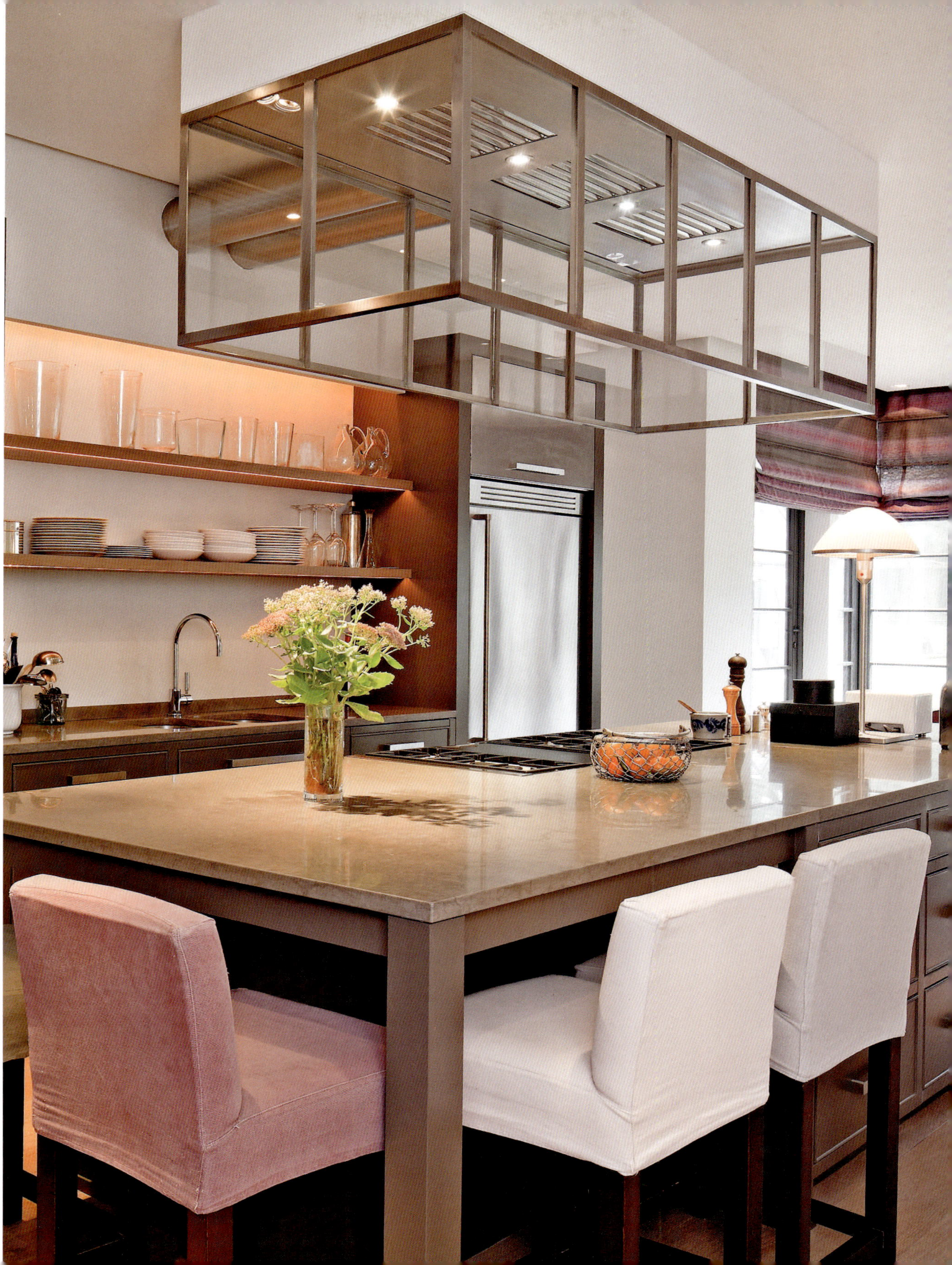

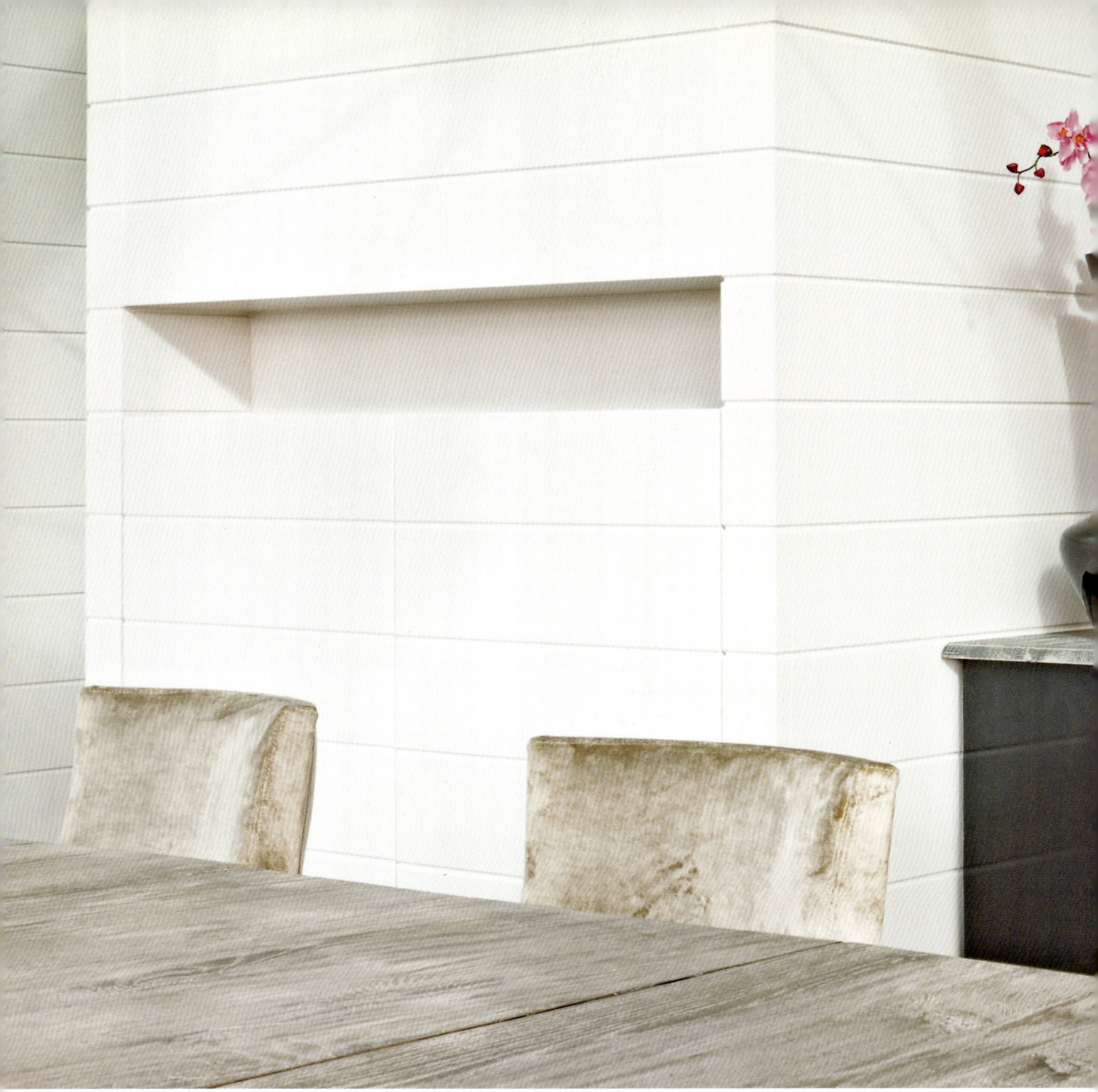

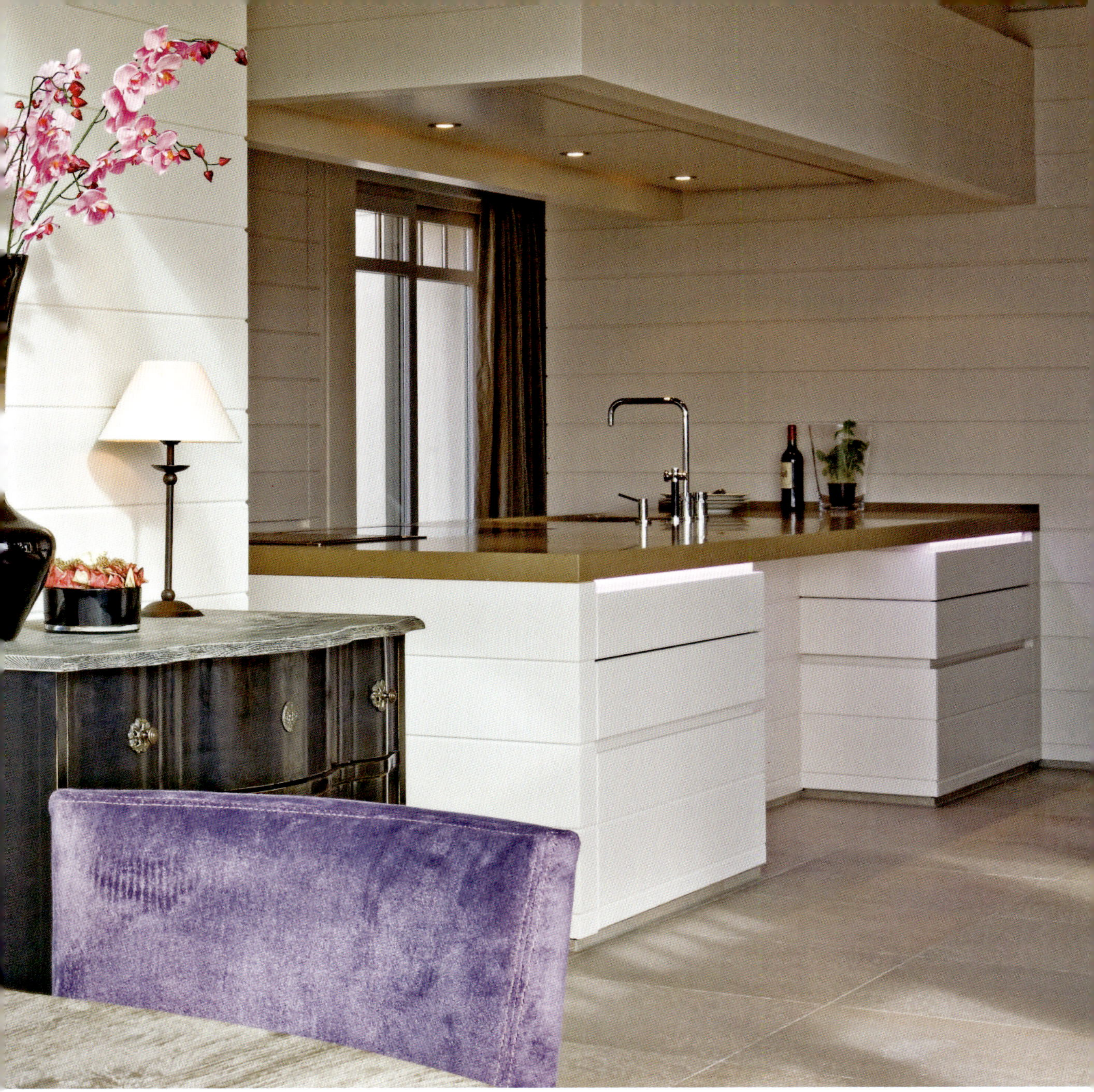

bathrooms and bedrooms
baños y recámaras
salles de bains et chambres à
bäder und schlafzimmer

coucher

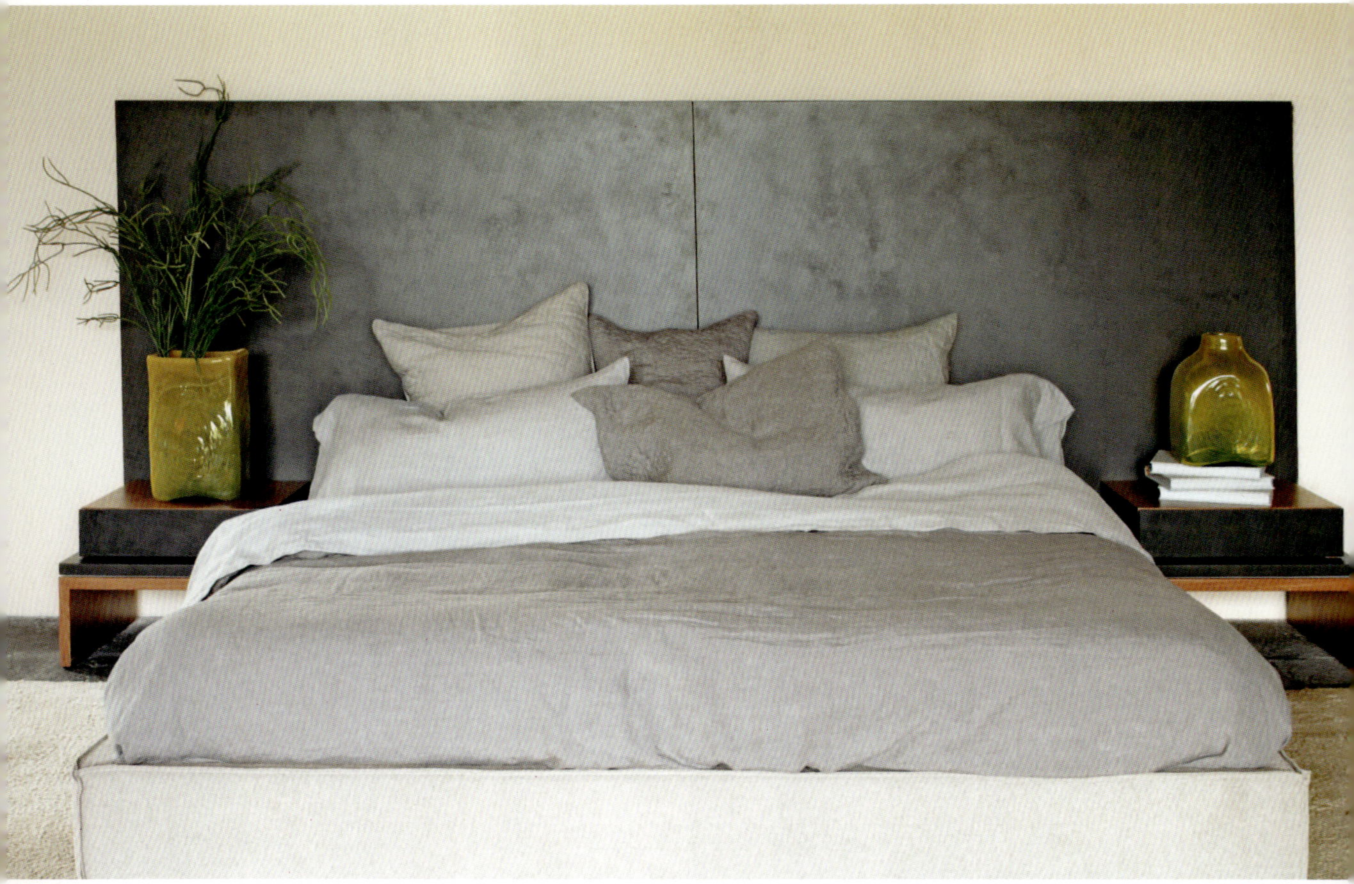

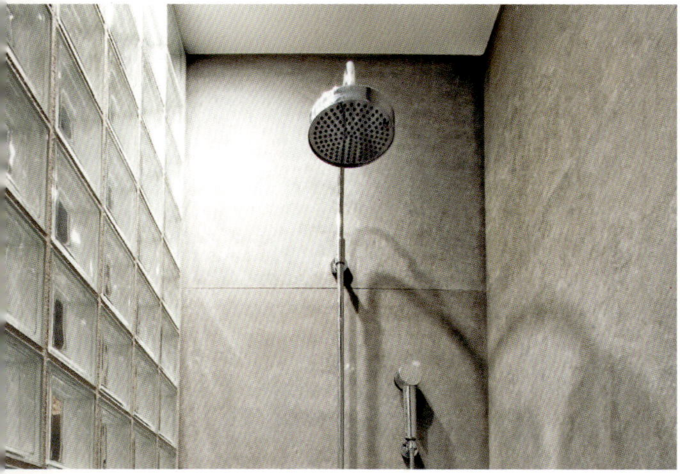

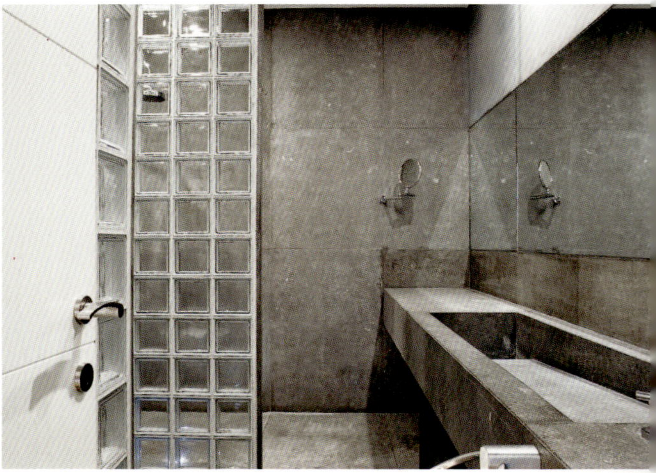

bathrooms and bedrooms   baños y recámaras   salles de bains et chambres à coucher   bäder und schlafzimmer

stone
piedra
pierre
stein

THE TREMENDOUS GEOMETRICAL FORCE of this bedroom and its bathroom comes from the stone that is being used. On one hand, it corresponds to the back of the bed when you install it on the floor and, on the other, it is present on all of the walls and in the bar of the basin. This is an almost sculptural way of working with this material accurately, based on exact modulation of monolithic appearance.

LA CONTUNDENTE FUERZA GEOMÉTRICA de esta recámara y su sala de baño provienen de la piedra utilizada. Por un lado, como correspondencia al respaldo de la cama al instalarlo en el piso y por otro, al emplearlo en todos los muros y la barra del lavabo. Una manera casi escultórica de trabajar con precisión este material teniendo como base modulaciones exactas de apariencia monolítica.

LA FORCE GÉOMÉTRIQUE frappante de cette chambre à coucher et sa salle de bain provient de la pierre qu'on y a utilisée. D'un côté, elle correspond au dossier du lit qui a été installée sur le plancher, et, de l'autre, elle a été utilisée sur tous les murs et le soutien du lavabo. C'est une façon presque sculpturale de travailler ce matériau avec précision ayant comme base les modulations exactes à l'apparence monolithique.

DIE STARKE GEOMETRISCHE Kraft dieses Schlafzimmers und seines Badezimmers geht von dem benutzten Stein aus. Auf der einen Seite als Erwiderung auf die Rückwand des Bettes auf dem Boden und auf der anderen Seite durch die Verwendung auf allen Wänden und der Platte für der Waschbeckenrinne. In dieser fast skulpturhaften Art der Verarbeitung, mit präzisen Formen, bekommt dieses Material ein monolithisches Aussehen.

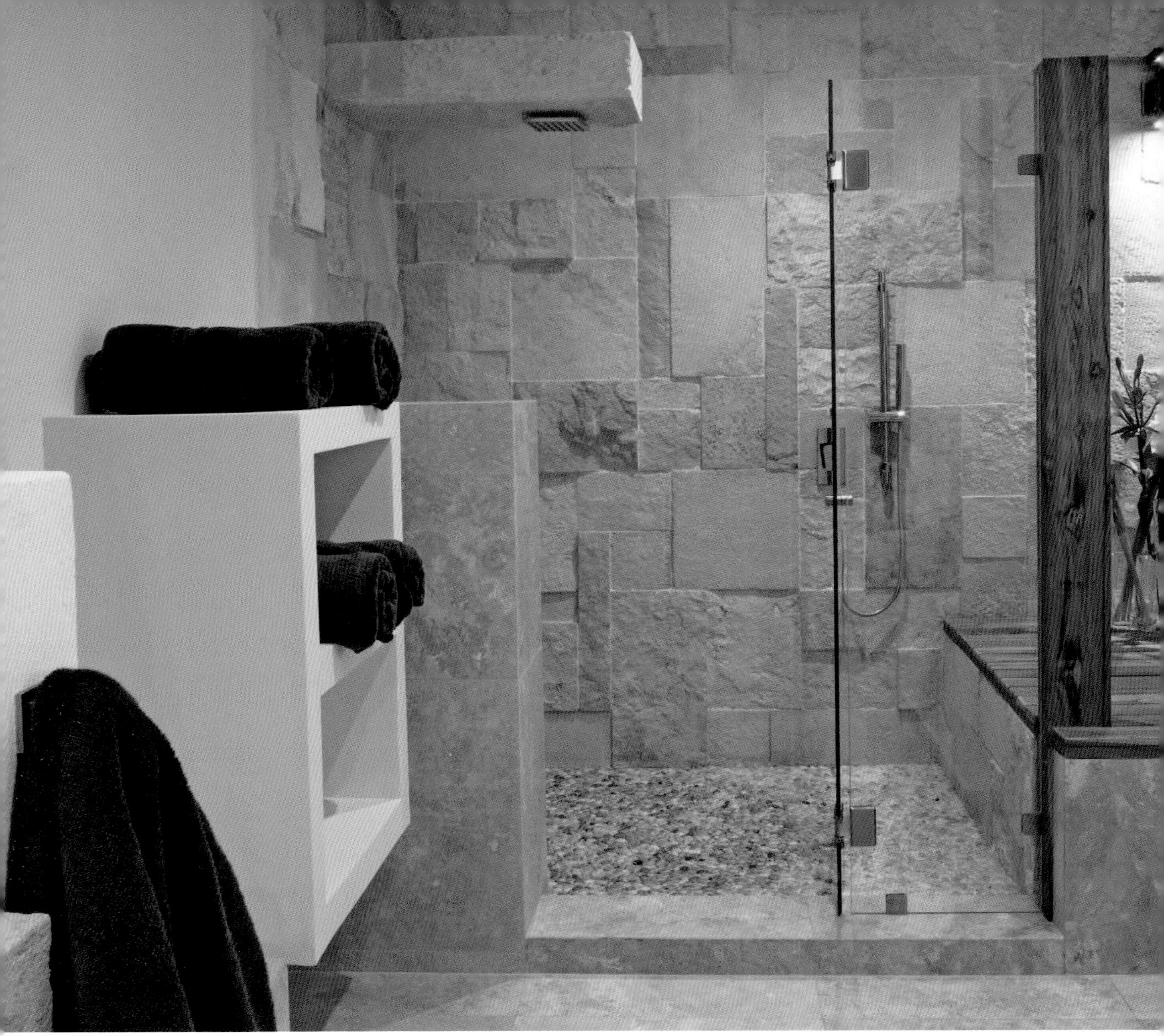

154

bathrooms and bedrooms   baños y recámaras   salles de bains et chambres à coucher   bäder und schlafzimmer

REGARDLESS OF WHERE it is located in our home, the bathroom must always be a refuge filled with beauty, able to satisfy all of our needs for comfort and convenience. The presence of hard textures allows us to obtain an elegant touch and increase our security when stepping on wet or humid areas, as this non-slip area helps to avoid common accidents.

SEA CUAL SEA EL LUGAR donde se en encuentre nuestro hogar, el baño debe ser siempre un refugio colmado de belleza capaz de satisfacer todas nuestras necesidades de comodidad y confort. La presencia de texturas duras permite además de obtener un toque elegante incrementar nuestra seguridad al pisar las zonas húmedas y con ello evitar accidentes comunes al disponer de una zona antiderrapante.

QUELQUE SOIT SA PLACE dans notre maison, la salle de bain doit toujours être un refuge plein de beauté capable de satisfaire tous nos besoins de confort. La présence de textures dures, en créant une zone anti-glissement, en plus d'avoir une touche d'élégance, permet d'augmenter notre sécurité quand nous marchons sur un plancher humide, et donc d'éviter des accidents fréquents.

WO AUCH IMMER unser Haus steht, das Bad sollte immer ein von Schönheit erfüllter Zufluchtsort sein und alle unsere Bedürfnisse nach Annehmlichkeit und Komfort befriedigen. Die Präsenz von harten Texturen erlaubt uns ausserdem eine elegante Note zu erzielen und unsere Sicherheit in den Nasszonen zu erhöhen und damit häufig vorkommende Unfälle mit einem rutschfesten Boden zu vermeiden.

THE CIRCULAR DETAILS on floor ensure that the spatial limits of the bathroom with respect to its function are not diffused. This is a very discreet way of representing how to merge different materials with a good dose of creativity without losing the necessary elegance in an intimate space.

LOS DETALLES CIRCULARES en piso hacen que los límites del espacio o las zonas de un baño con respecto a su función no sean difusos. Esto es una manera muy discreta de representar cómo se fusionan distintos materiales con una buena dosis de creatividad sin perder la elegancia necesaria en un espacio íntimo.

LES DÉTAILS CIRCULAIRES du plancher font que les limites de l'espace ou les zones de la salle de bain marquées par leur fonction ne soient pas diffuses. C'est une façon très discrète de représenter la manière dont se fusionnent divers matériaux avec une bonne dose de créativité, sans perdre l'élégance naturelle, dans un espace intime.

DIE RUNDEN DETAILS auf dem Boden lassen die Grenzen des Bereiches oder der Zonen des Bades hinsichtlich seiner Funktion deutlich werden. Das ist eine sehr unauffällige Art, die zeigt wie unterschiedliche Materialien mit einer guten Dosis Kreativität, ohne die in einem intimen Bereich nötige Eleganz zu verlieren, miteinander verbunden werden können.

Large stones, coupled with bone, create an imperfection that is pleasant; through its presence one recognizes the craftsmanship and the human warmth of the architectural construction.

Piedras de gran tamaño careadas y juntadas a hueso demuestran una imperfección que resulta grata, en ella se reconoce el trabajo artesanal y la calidez humana de la construcción arquitectónica.

De grandes pierres taillées sur une seule face et jointes sans mortier montrent une imperfection qui est agréable, car on y reconnaît le travail artisanal et la chaleur humaine de la construction architecturale.

Steine grossen Ausmasses, die direkt Stein auf Stein miteinander verbunden sind, zeigen eine angenehm wirkende Unvollkommenheit, in ihr erkennt man die künstlerische Arbeit und die menschliche Qualität in der Architektur.

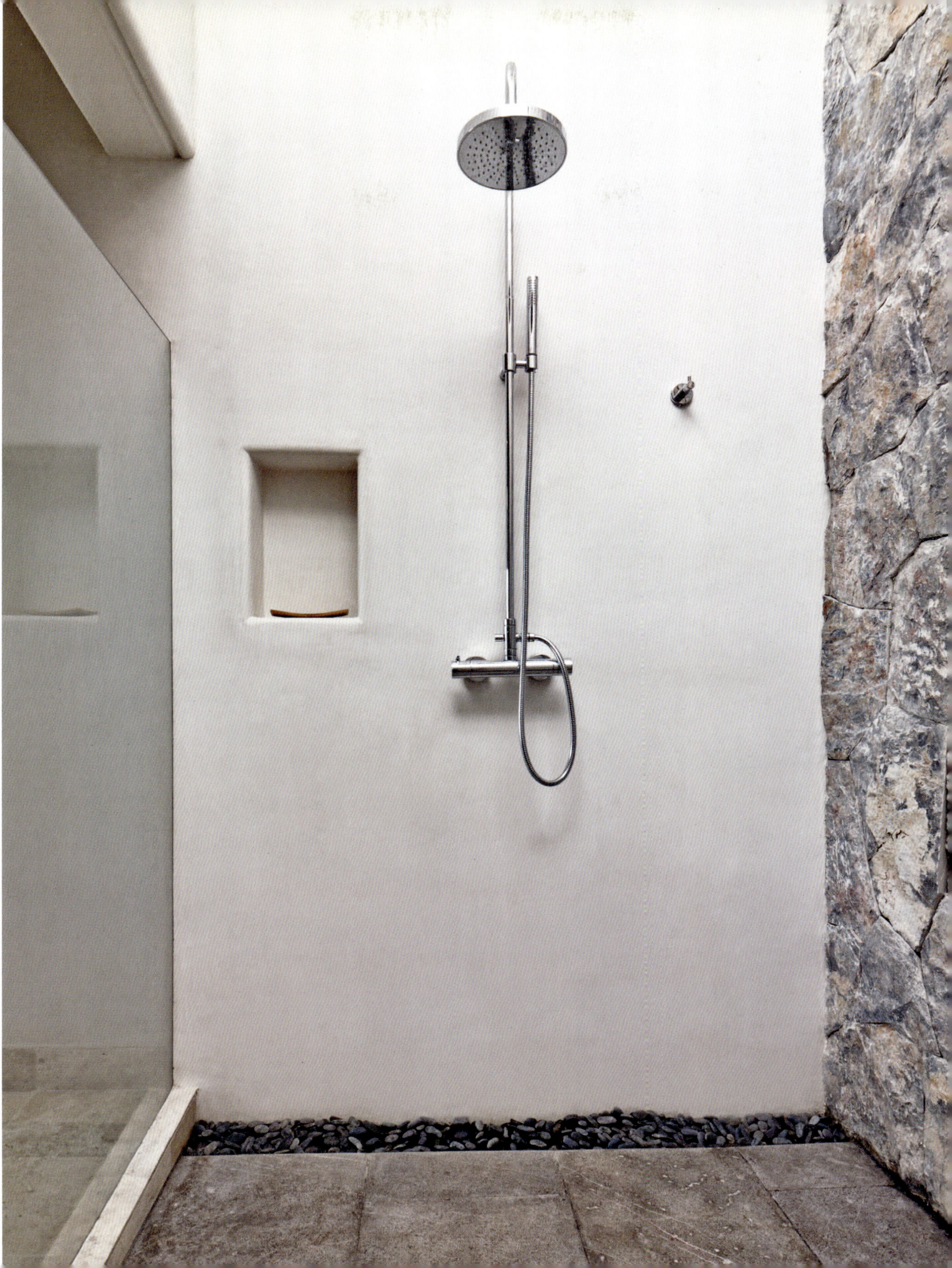

STONE HAS BEEN used as a building material for centuries, and therefore its presence is strongly linked to our sense of permanence, tradition or solidity with a particular place. The monochromatic duality of the design is an unmistakable symbol of elegance, and hence its presence conveys energy and does not have a bleak or cold appearance.

HISTÓRICAMENTE LA PIEDRA se ha empleado como material de construcción desde hace siglos y por ello su presencia nos vincula fuertemente a nuestro sentido de permanencia, tradición o solidez con el espacio. La dualidad monocromática del diseño es símbolo inequívoco de elegancia, de ahí que su presencia trasmita energía sin caer en una apariencia desoladora o fría.

bathrooms and bedrooms   baños y recámaras   salles de bains et chambres à coucher   bäder und schlafzimmer

HISTORIQUEMENT, LA PIERRE a été employée comme matériau de construction depuis des siècles, et c'est pour cela que sa présence nous relie fortement à notre sens de permanence, tradition et solidité avec l'espace. La dualité monochrome du design est un symbole indéniable d'élégance, de là qu'elle transmette de l'énergie, sans pour cela avoir une apparence désolée ou froide.

IN DER GESCHICHTE WIRD STEIN seit Jahrhunderten als Baumaterial verwendet, wodurch seine Präsenz stark mit unserem Sinn für Beständigkeit, Tradition und Halt verknüpft ist. Die farbliche Dualität des Designs ist ein unfehlbares Symbol für Eleganz, wodurch sie Energie ausstrahlt, ohne einen trostlosen oder kalten Eindruck zu machen.

marble
mármol
marbre
marmor

AN UNDERSTANDING OF LIGHT allows us to employ it to highlight the most important qualities of our bathroom environment. As marble is a reflective surface, there are occasions in which the combination of daylight with artificial light will help us to obtain a greater spatial range, as well as generate different atmospheres throughout the day because of the absence of shadows and color variations that occur on a daily basis.

ENTENDER LA LUZ nos permitirá emplearla a conveniencia para resaltar las cualidades más importantes de nuestro ambiente de baño. Siendo el mármol una superficie reflejante, hay ocasiones en que la combinación de luz diurna con luz artificial, nos ayudará c obtener una mayor amplitud espacial así como generar diferentes atmósferas a lo largo del día por la ausencia de sombras o las variaciones de color que se producirán cotidianamente.

COMPRENDRE LA LUMIÈRE nous permettra de l'employer à bon escient pour souligner les qualités les plus importantes de notre ambiance de salle de bain. Étant donné que le marbre est une surface réfléchissante, dans certains cas en combinant la lumière du jour avec la lumière artificielle nous pouvons obtenir une plus grande amplitude spatiale, ainsi que différentes atmosphères le long de la journée par l'absence des ombres ou des variations de couleurs qui se produiraient tous les jours.

DIE WIRKUNG DES LICHTS zu verstehen erlaubt uns, es nach unseren Wünschen einzusetzen, um im Ambiente des Bades die wichtigsten Eigenschaften hervorzuheben. Da Marmor eine spiegelnde Oberfläche hat, gibt es Situationen, in denen die Kombination aus Tageslicht und künstlicher Beleuchtung grössere räumliche Weite erzeugt, sowie, durch das Fehlen von Schatten und jeden Tag neu entstehende Farbvarianten, verschiedene Atmosphären im Verlauf des Tages schafft.

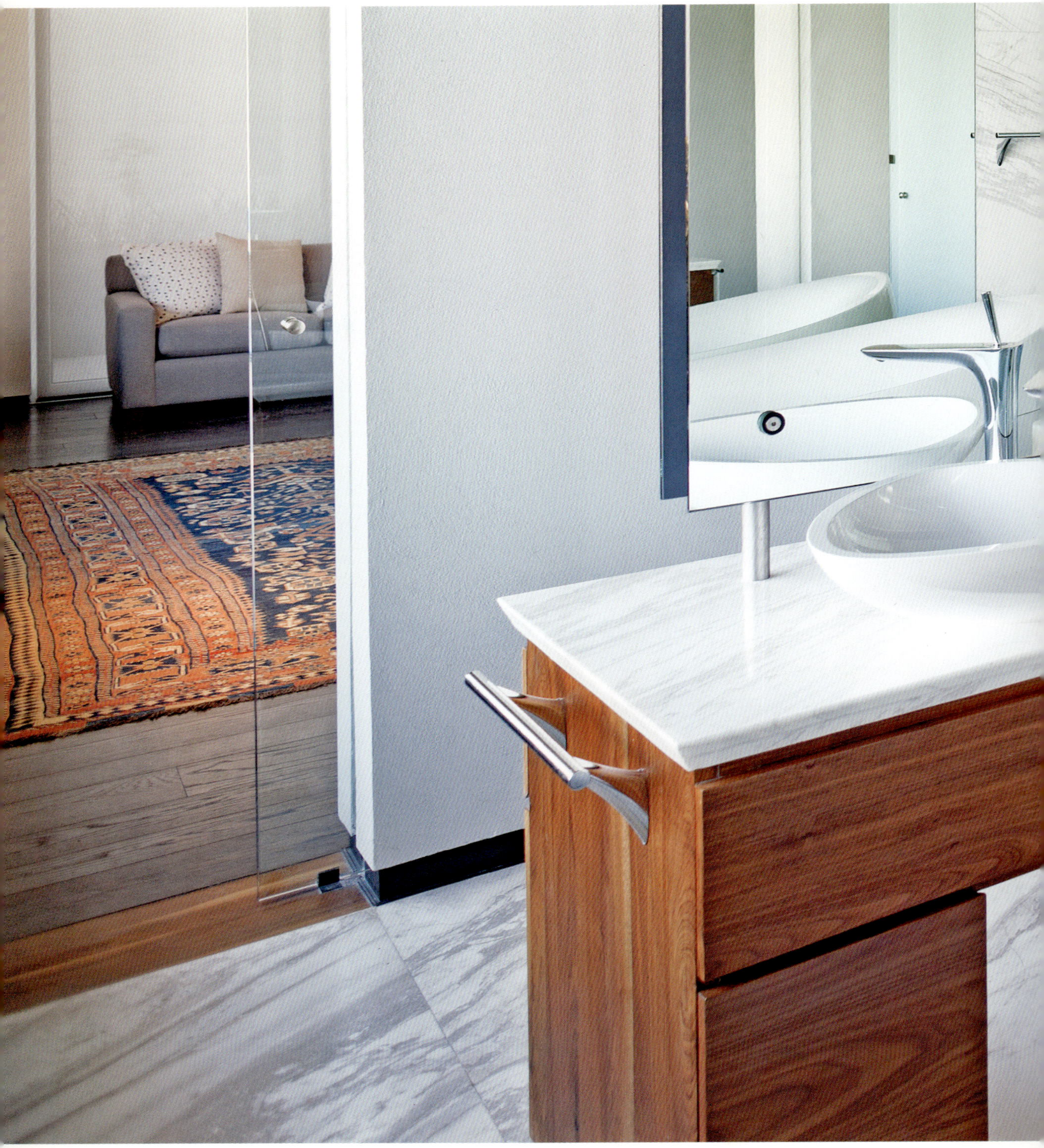

bathrooms and bedrooms   baños y recámaras   salles de bains et chambres à coucher   bäder und schlafzimmer

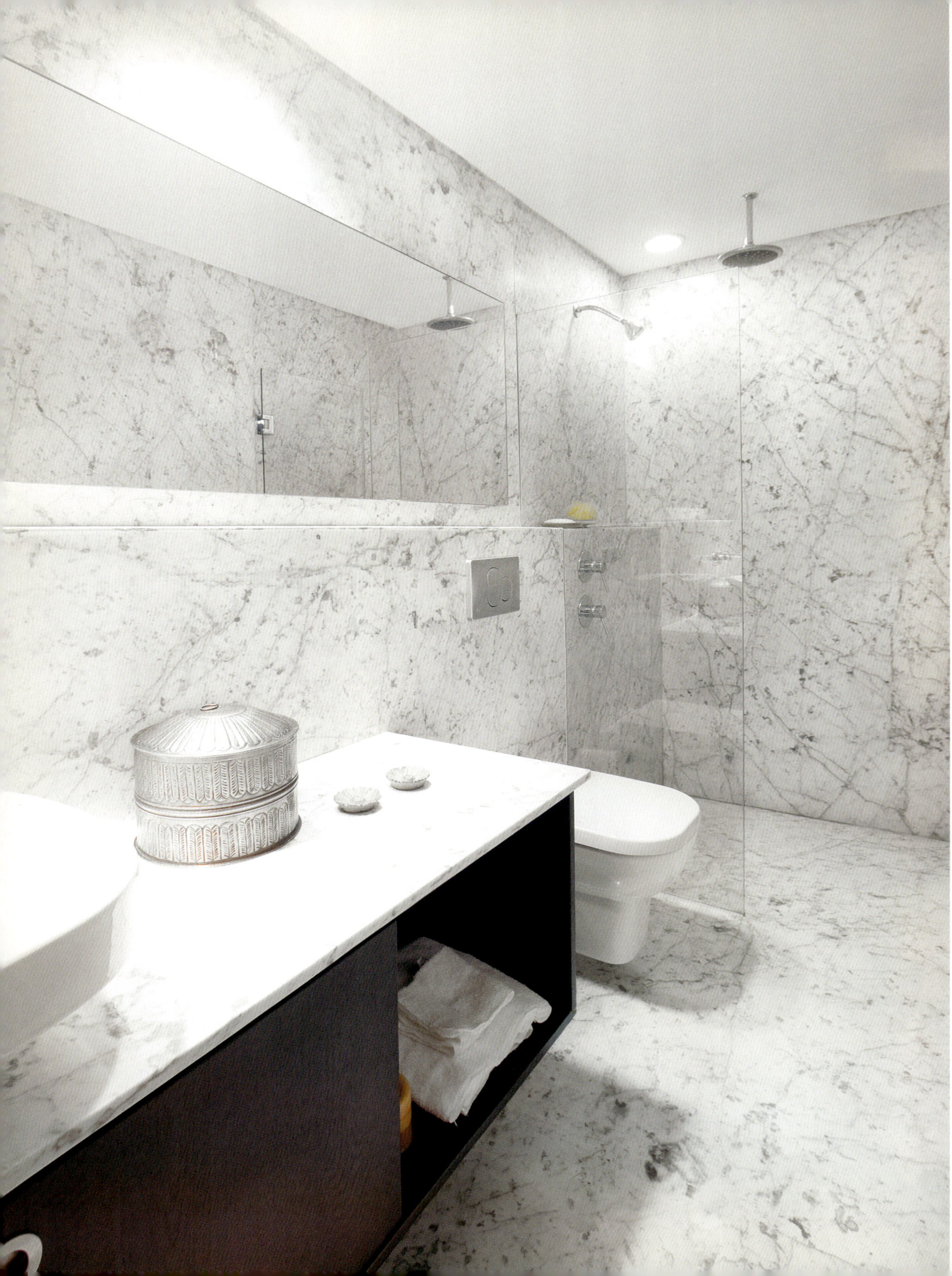

bathrooms and bedrooms   baños y recámaras   salles de bains et chambres à coucher   bäder und schlafzimmer

THE THASSOS FIORITO WHITE MARBLE has a series of very seductive vegetable-like patterns. This feature should be preserved, and hence should be used in large pieces that allow you to appreciate it without unions, to perceive it as a perfect canvas that covers everything, from the floor to the ceiling.

EL MÁRMOL BLANCO THASSOS FIORITO cuenta con una serie de patrones de similitud vegetal muy seductores. Esta característica debe procurar ser conservada y por ello, frecuentemente se instala en piezas de gran tamaño que permitan apreciarla sin uniones para percibirla como un lienzo perfecto que cubra desde el piso hasta el plafón.

LE MARBRE BLANC THASSOS FIORITO possède une série de dessins de similitude végétale très charmants. Il faut essayer de conserver cette caractéristique, et c'est pour cela qu'on l'installe souvent en pièces de grande taille qui permettent de l'apprécier sans unions comme, une toile parfaite qui couvre du plancher au plafond.

DER WEISSE MARMOR THASSOS FIORITO weist eine Reihesehr verführerischer pflanzenähnlicher Muster auf. Diese Eigenschaft sollte bewahrt werden und daher wird er oft in grossen Stücken verwendet, die es erlauben ihn ohne Schnittstellen zu würdigen, um ihn wie eine perfekte, vom Boden bis zur Decke reichende, Leinwand zu empfinden.

There is nothing more provocative and bold than to contrast the peculiar appearance of marble with the finesse of a white bath tub or a coating on the floor with a soft texture. The result is clearly noteworthy and can be enhanced with wooden pieces that go with the remaining furniture.

No hay nada más provocativo y audaz que contrastar la peculiar apariencia del mármol con la fineza de una tina de baño en color blanco o un recubrimiento en piso con una tenue textura. El resultado es contundentemente llamativo y puede integrar algunos detalles en madera propios de la cancelería o el mobiliario fijo.

Il n'y a rien de plus provoquant et audacieux que le contraste entre l'apparence spéciale du marbre avec la finesse d'une baignoire blanche ou un plancher avec un revêtement avec une texture douce. Le résultat est frappant et peut intégrer certains détails en bois propres des châssis ou du mobilier fixe.

Es gibt nichts provozierenderes und kühneres als das besondere Aussehen des Marmos mit der Finesse einer weissen Badewanne oder einem Bodenbelag mit einer sanften Textur in Kontrast zu stellen. Das Ergebnis ist schlichtweg aufsehenerregend und kann durch einige Details beim Holz der Fenster und Türen oder den Möbeln ergänzt werden.

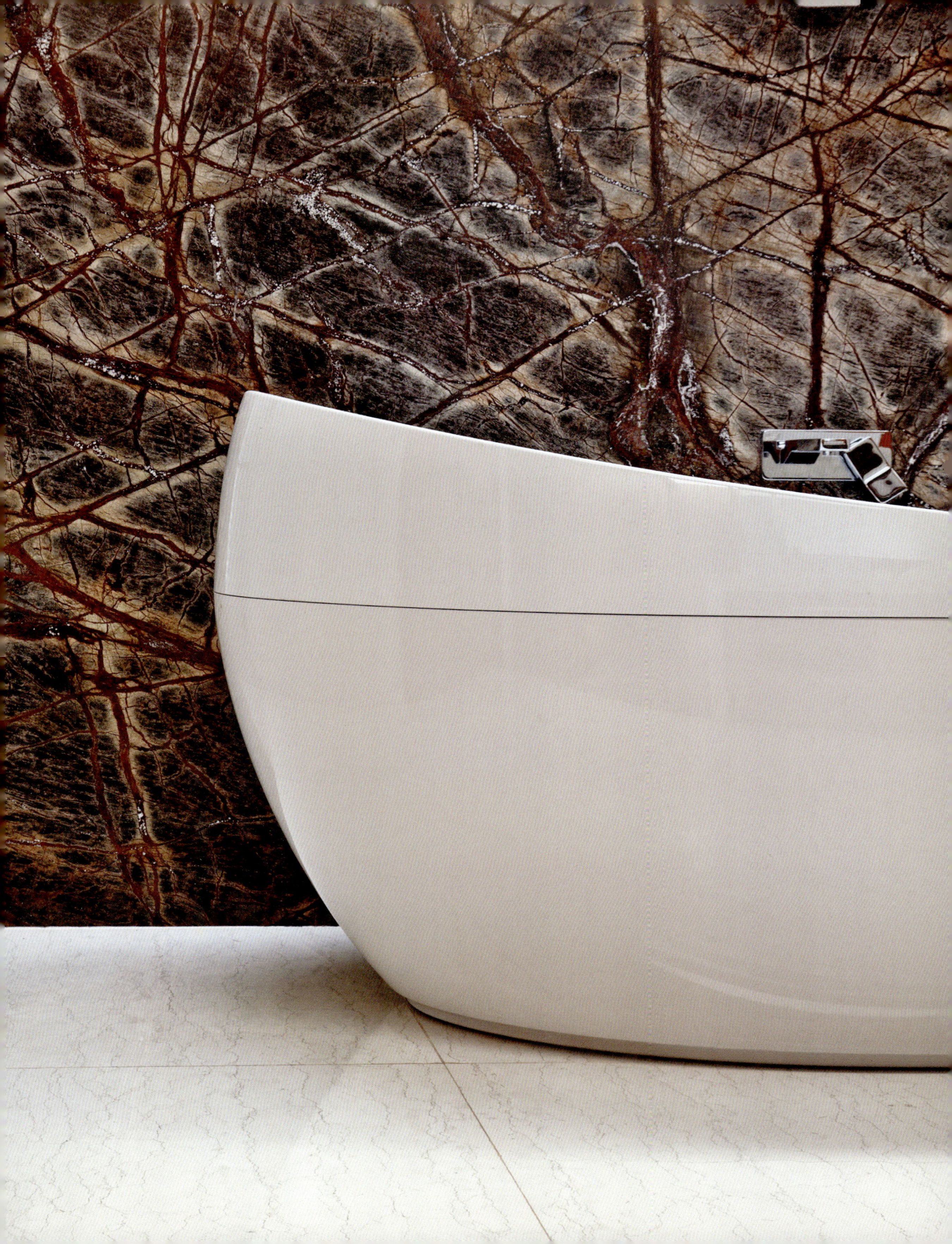

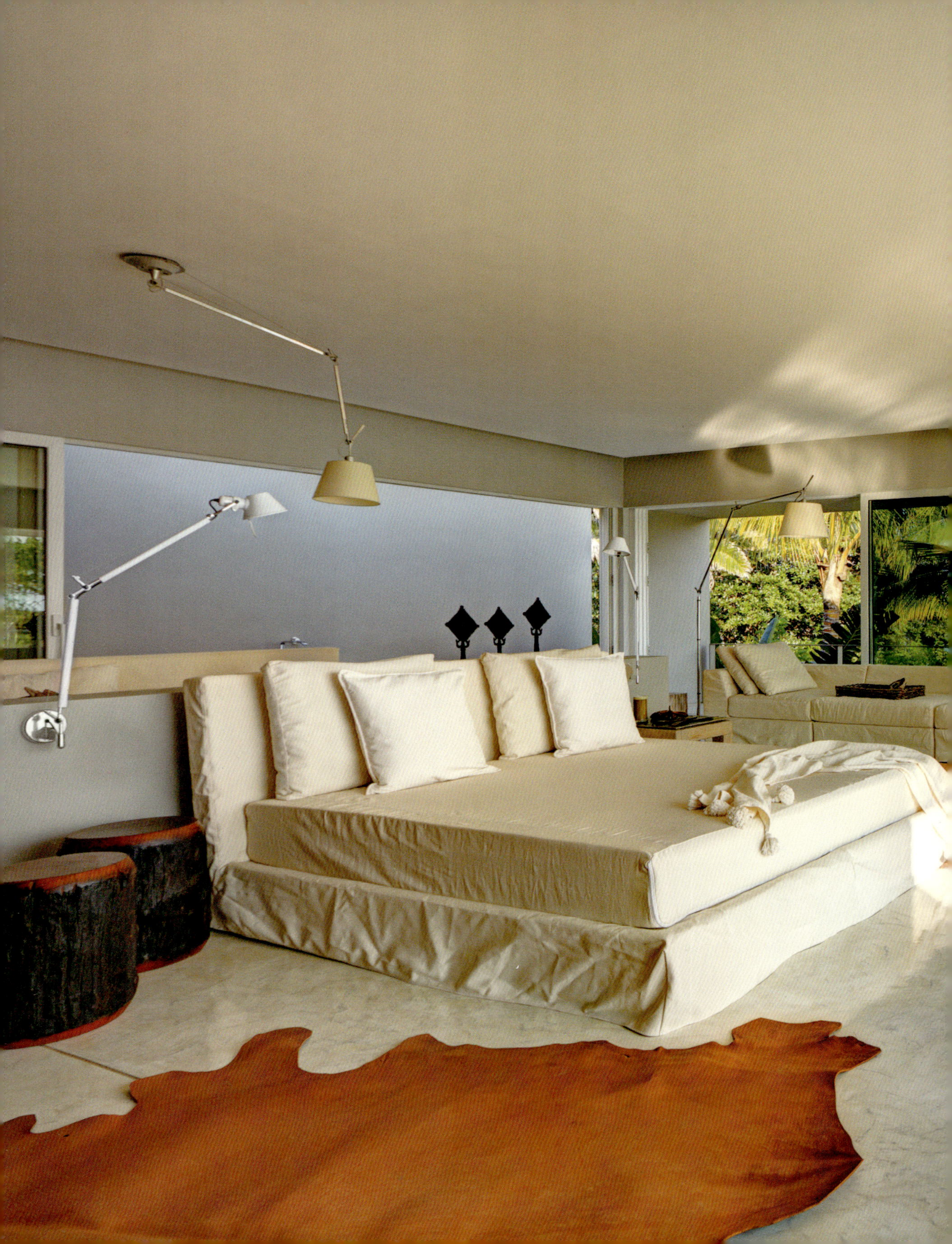

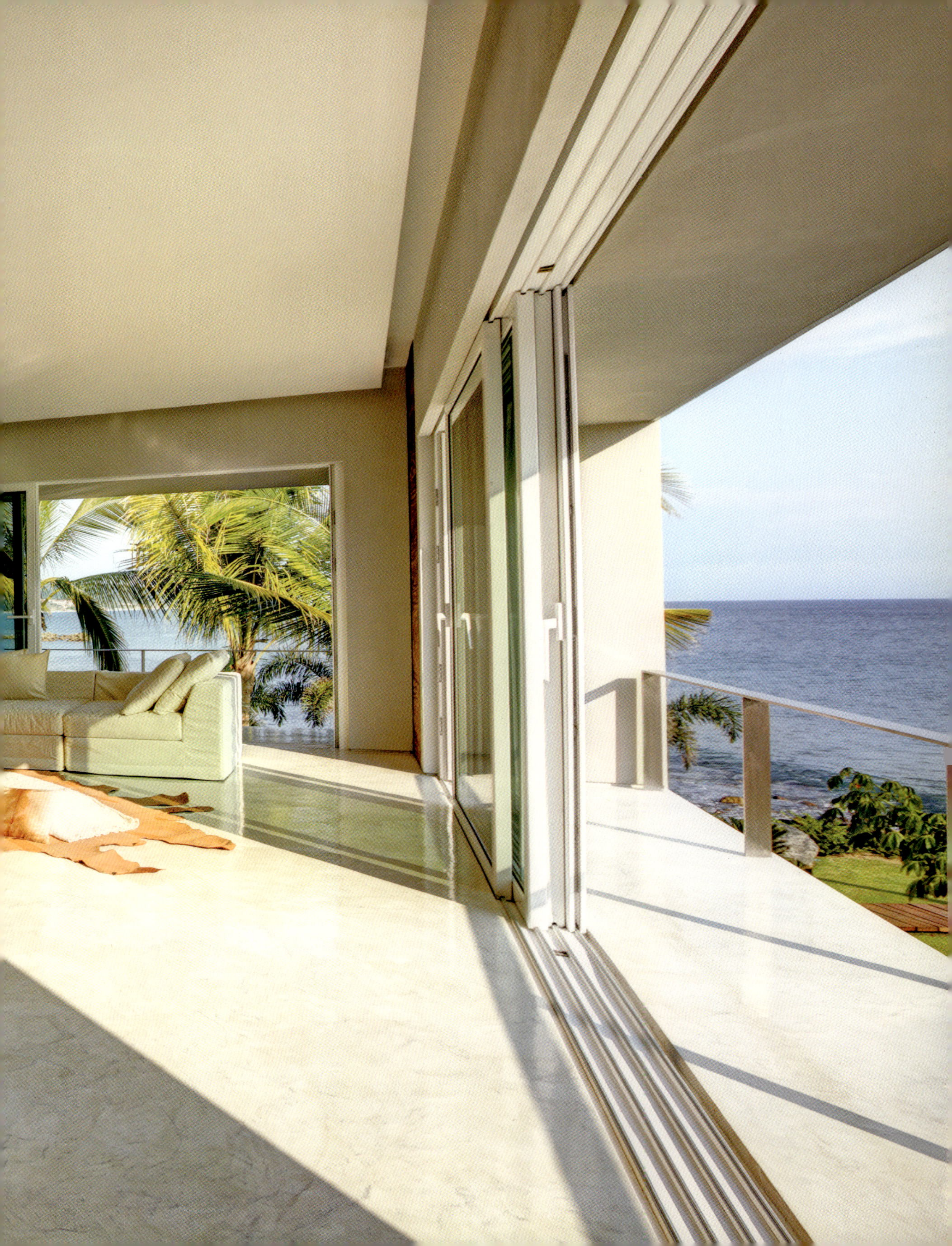

Floating mirrors, faucets, and fittings set the personality of this space: its elegant design allows all the colors and shapes to harmonize, creating a holistic comfort that pleases the eye and the touch.

Los espejos flotados, así como los accesorios y la grifería configuran en gran medida la personalidad de este espacio: su diseño elegante permite que todos los colores y formas armonicen dando como resultado un confort holístico que consiente primero a la mirada y después a nuestro tacto.

bathrooms and bedrooms   baños y recámaras   salles de bains et chambres à coucher   bäder und schlafzimmer

Les miroirs sans cadre, ainsi que les accessoires et la robinetterie, forment en grande partie la personnalité de cet espace : grâce à leur design élégant, les couleurs et les formes sont en harmonie, ce qui donne comme résultat un confort holistique qui gâte d'abord le regard et après le toucher.

Die zu schweben scheinende Spiegel, sowie Assessoires und die Armaturen formen hauptsächlich die Persönlichkeit dieses Bereiches: sein elegantes Design lässt alle Farben und Formen miteinander harmonieren; das Ergebnis ist ein holistischer Komfort, der zuerst das Auge und dann den Tastsinn anspricht.

174

bathrooms and bedrooms   baños y recámaras   salles de bains et chambres à coucher   bäder und schlafzimmer

BEIGE OR CREAM COLORS are able to convey serenity and elegance when used in areas that do not have excessive ornamental elements. Thanks to its small variations in color and texture, they relate very well with dark wood and fabrics. It is an excellent natural light enhancer, and this creates a unique atmosphere.

EL COLOR BEIGE O CREMA es capaz de trasmitir serenidad y elegancia cuando se emplea en espacios que no poseen excesivos elementos ornamentales. Gracias a sus pequeñas variaciones de color y textura se relaciona muy bien con las maderas oscuras o los tejidos de mimbre. Es excelente reflejante de la luz natural, condición que favorece la generación de una atmósfera tersa muy singular.

LA COULEUR BEIGE OU CRÈME peut transmettre sérénité et élégance dans les espaces n'ayant pas un excès d'éléments d'ornement. Grâce à ses petites variations de couleur ou texture, il s'entend bien avec les bois foncés ou l'osier tissé. Il est excellent pour refléter la lumière naturelle, ce qui favorise une ambiance lisse fort singulière.

DIE FARBEN BEIGE ODER CREME vermitteln Ruhe und Eleganz wenn sie in nicht mit zu vielen dekorativen Stücken ausgestatteten Bereichen angewendet werden. Dank der leichten Varianten in der Farbe und in der Textur gehen sie eine gute Verbindung mit dem dunklen Holz und dem Weidengeflecht ein. Sie reflektieren hervorragend das natürliche Licht, eine Eigenschaft die einer einzigartigen sauberen Atmosphäre zugute kommt.

A SMALL VARIATION on the floor or on the wall base using black and gold marble can be the perfect setting to give prominence to a bath tub when it is dominating the space with a central position. Their plots serve as reference to determine the colors to be used in walls or floors.

UNA PEQUEÑA VARIANTE en el piso o el zoclo con Mármol *Black and Gold* puede ser el marco perfecto para darle protagonismo a una tina de baño cuando ésta se encuentra dominando el espacio con una posición central. Sus tramas nos pueden servir de referencia para determinar los colores a emplear en muros o pisos.

UNE PETITE VARIANTE dans le plancher ou le socle en marbre Black et Gold peuvent former le cadre parfait pour mettre en relief une baignoire qui domine l'espace par sa position centrale. Ses trames peuvent nous servir de référence pour définir les couleurs à employer sur les murs ou les planchers.

EINE LEICHTE VARIANTE am Boden oder der Fussleisten in schwarzem oder goldenem Marmor kann ein perfekter Rahmen sein, um die Badewanne, wenn sie den Bereich mit einer zentralen Lage beherrscht, zur Hauptattraktion zu machen.

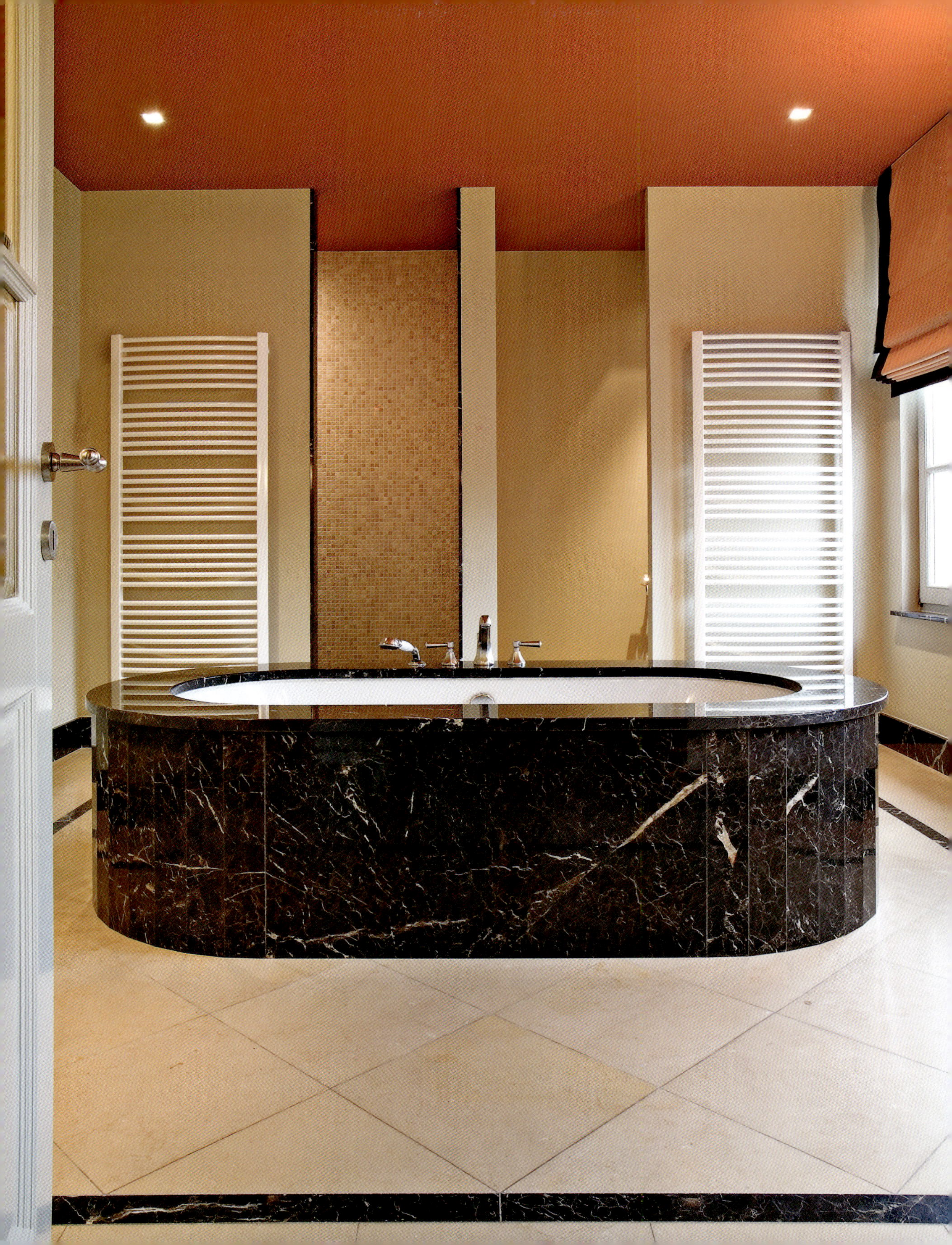

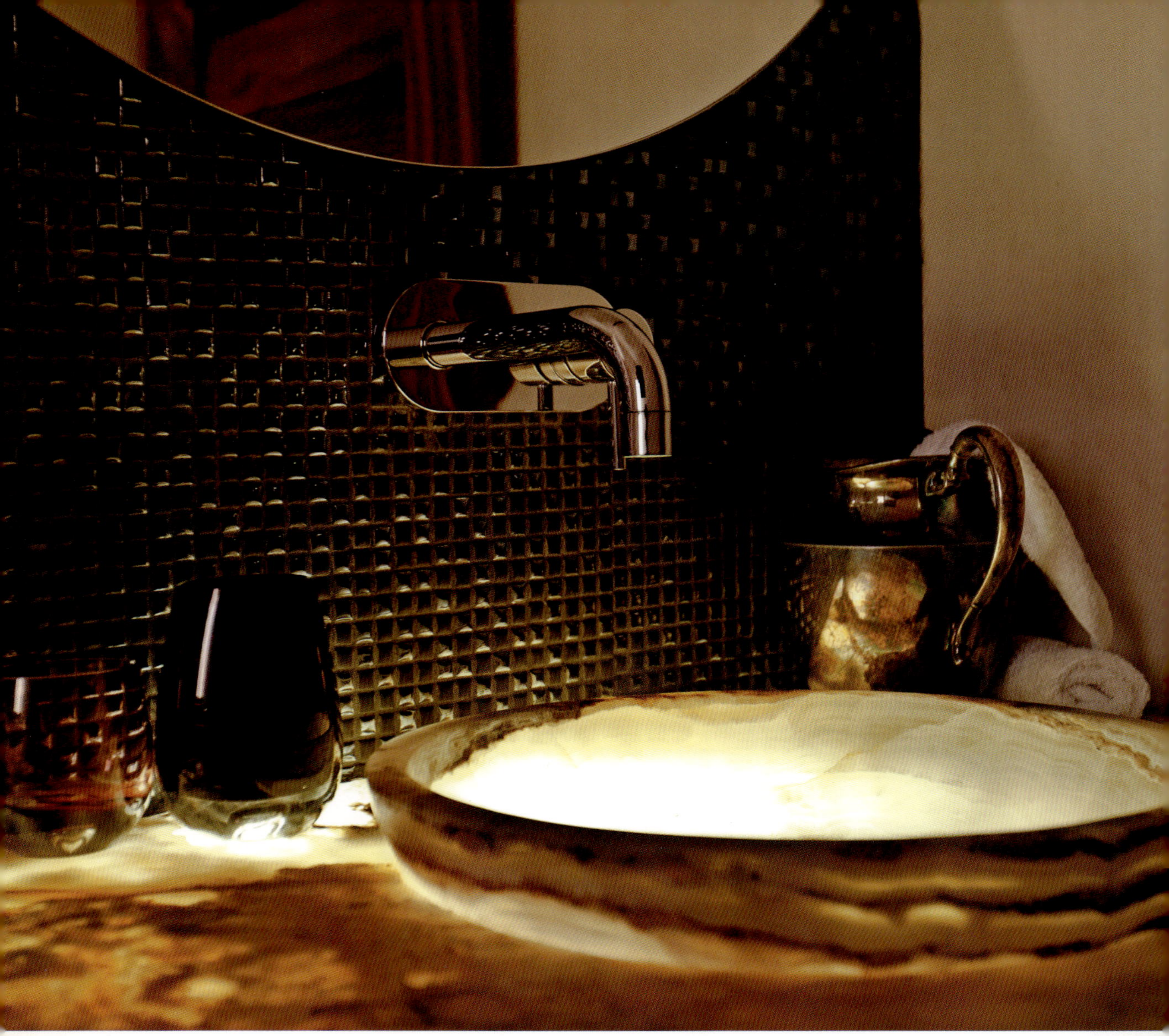

BECAUSE ONYX is a translucent material, lighting acts as the trigger to appreciate its presence and to produce a very characteristic amber color, capable of radiating warmth to the whole area. Because custom parts can be designed, there are practically no limits for its use in covers, basins or lamps in bathrooms or bedrooms. Its aesthetic is enhanced when it is combined with a coating that is modulated in black, such as the Venetian mosaic.

EL ÓNIX al ser un material traslúcido permite que la iluminación sea el detonante para apreciar sus vetas y producir un color ámbar muy característico, capaz de irradiar su calidez hacia todo el espacio. Gracias a que se pueden diseñar piezas a la medida prácticamente no existen límites para emplearlo en cubiertas, lavabos o lámparas en baños o recámaras. Su estética resalta cuando se conjuga con un recubrimiento modulado en color negro como el mosaico veneciano.

L'ONYX étant un matér au translucide, il permet que l'éclairage soit l'élément décisif pour apprécier ses veines et produire une couleur ambre très carectéristique, capable d'irradier sa chaleur vers tout l'espace. Puisqu'on peut concevoir des pièces sur mesure, il n'y a pratiquement pas de limites pour son utilisation pour des couvertures, ces lavabos ou des lampes dans les salles de bain ou les chambres à coucher. Ses qualités esthétiques se détachent quand on le combine avec un revêtement en couleur noire, comme la mosaïque.

BEIM ONYX, da es ein lichtdurchlässiges Material ist, kann man durch die Beleuchtung seine Maserung bewundern und eine sehr charakteristische Bernsteinfarbe produzieren, die ihre Wärme an den ganzen Bereich ausstrahlen kann. Dank der Möglichkeit Stücke nach Mass fertigen zu lassen, gibt es praktisch keine Einschränkungen um ihn auf Abdeckungen, Waschbecken oder Lampen in Bädern oder Schlafzimmern zu verwenden. Seine Ästhetk wird noch betont, wenn man ihn mit einer Wandverkleidung in schwarzer Farbe, wie dem venezianischen Mosaik, kombiniert.

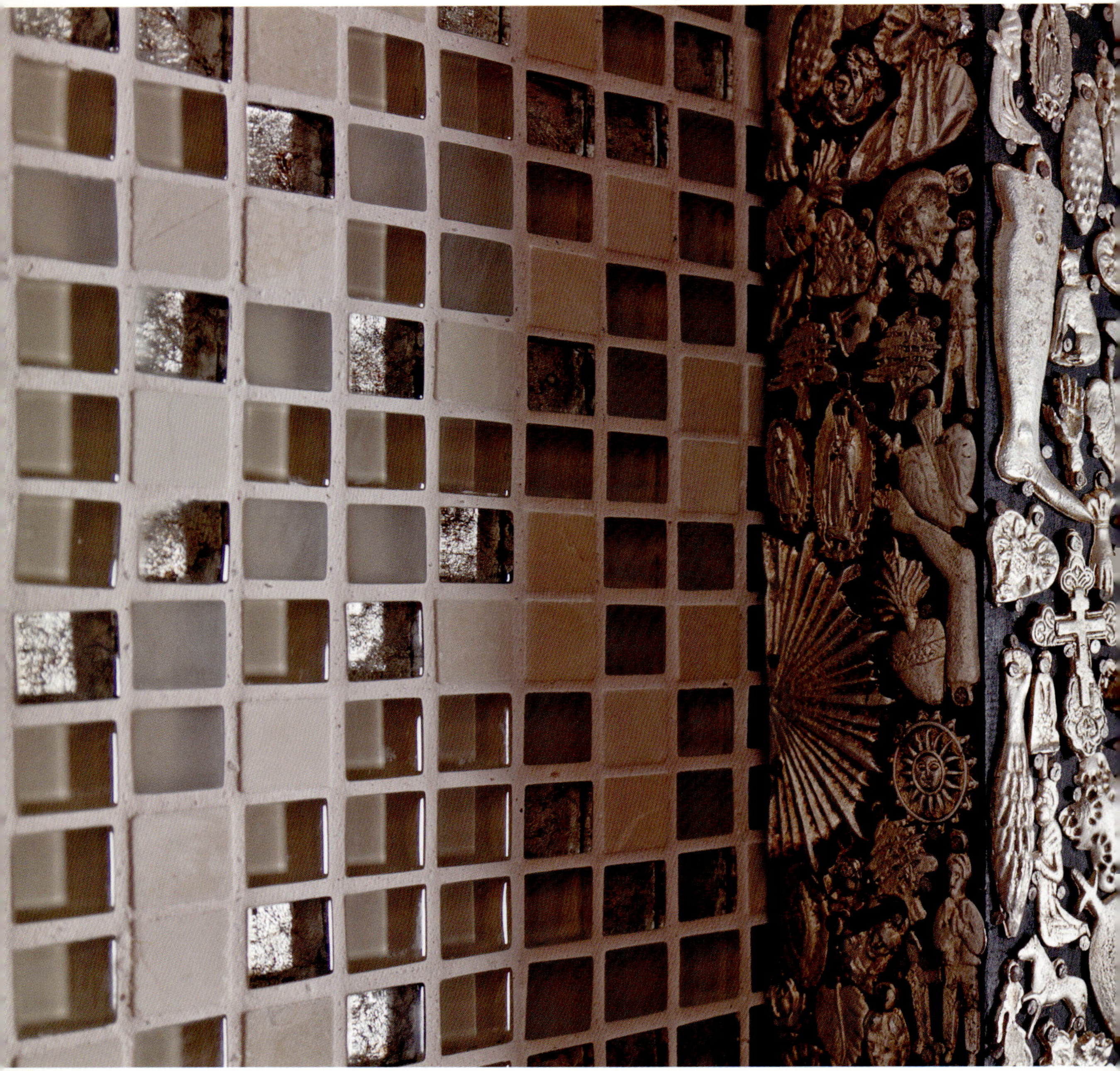

metal
metal
métal
metall

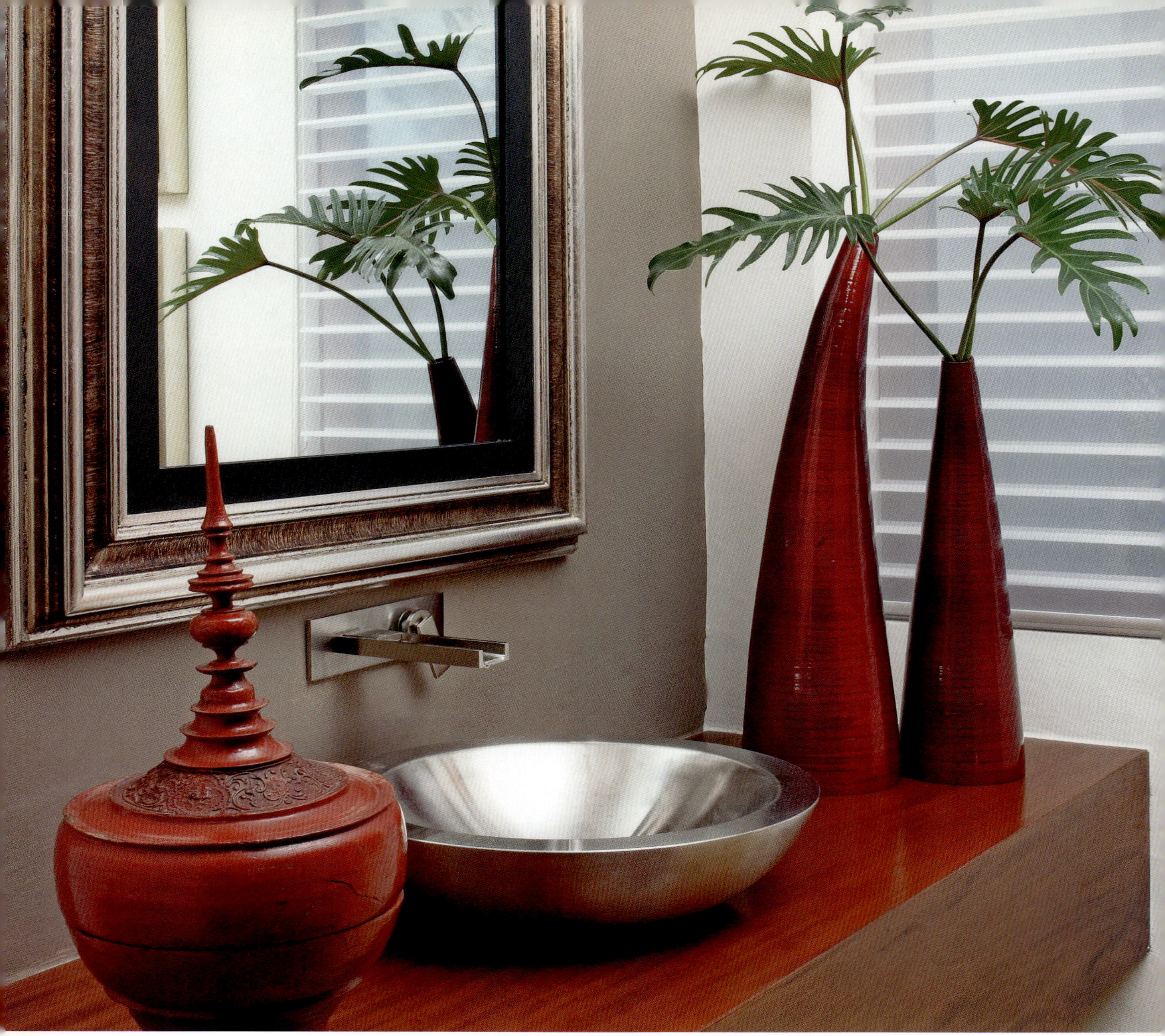

STAINLESS STEEL lasts for a long time and its neutral color is incredibly versatile for contemporary or classic environments, this depends on the saturation of the texture. This material is an excellent choice thanks to its resistance to stains and rusts, and is incredibly easy to clean. It looks great when the intention is to highlight the sink.

EL ACERO INOXIDABLE ofrece una larga duración y su color neutral es increíblemente versátil para ambientes contemporáneos o clásicos, esto depende en gran medida de la saturación de textura que presente. Este material es una excelente opción gracias a su resistencia a las manchas, la corrosión y su increíblemente facilidad de limpiar. Luce muy bien cuando de lavabos de sobreponer se trata.

L'ACIER INOXYDABLE offre une longue vie et sa couleur neutre est incroyablement versatile pour les ambiances contemporaines ou classiques. Ceci dépend en grande partie de la saturation de sa texture. Ce matériau est une excellente option grâce à sa résistance aux taches, à la corrosion et le fait qu'il est incroyablement facile à nettoyer. Il a un excellent aspect quand il s'agit de lavabos à superposer.

ROSTFREIER STAHL BIETET EINE lange Haltbarkeit und seine neutrale Farbe ist unglaublich vielseitig für ein zeitgenössisches oder klassisches Ambiente, das hängt zum Grossteil von der Sättigung der Texturen in ihnen ab. Dieses Material ist, dank seiner Resistenz gegen Flecken, Oxidation und seiner unglaublich leichten Reinigung, eine hervorragende Option. Zum Beispiel sieht er als ein aufgesetztes Waschbecken sehr gut aus.

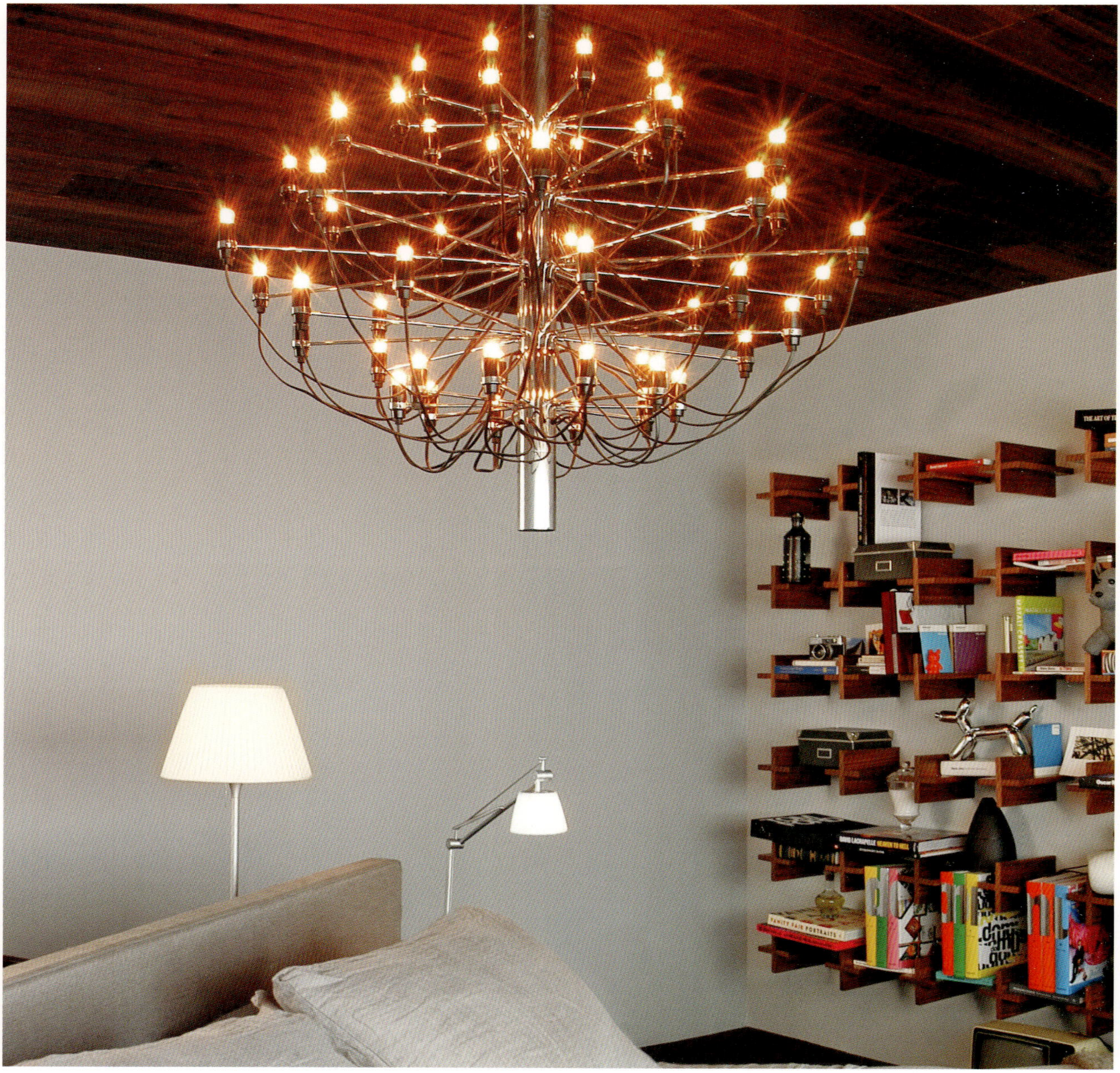

bathrooms and bedrooms   baños y recámaras   salles de bains et chambres à coucher   bäder und schlafzimmer

textile textil textile textile

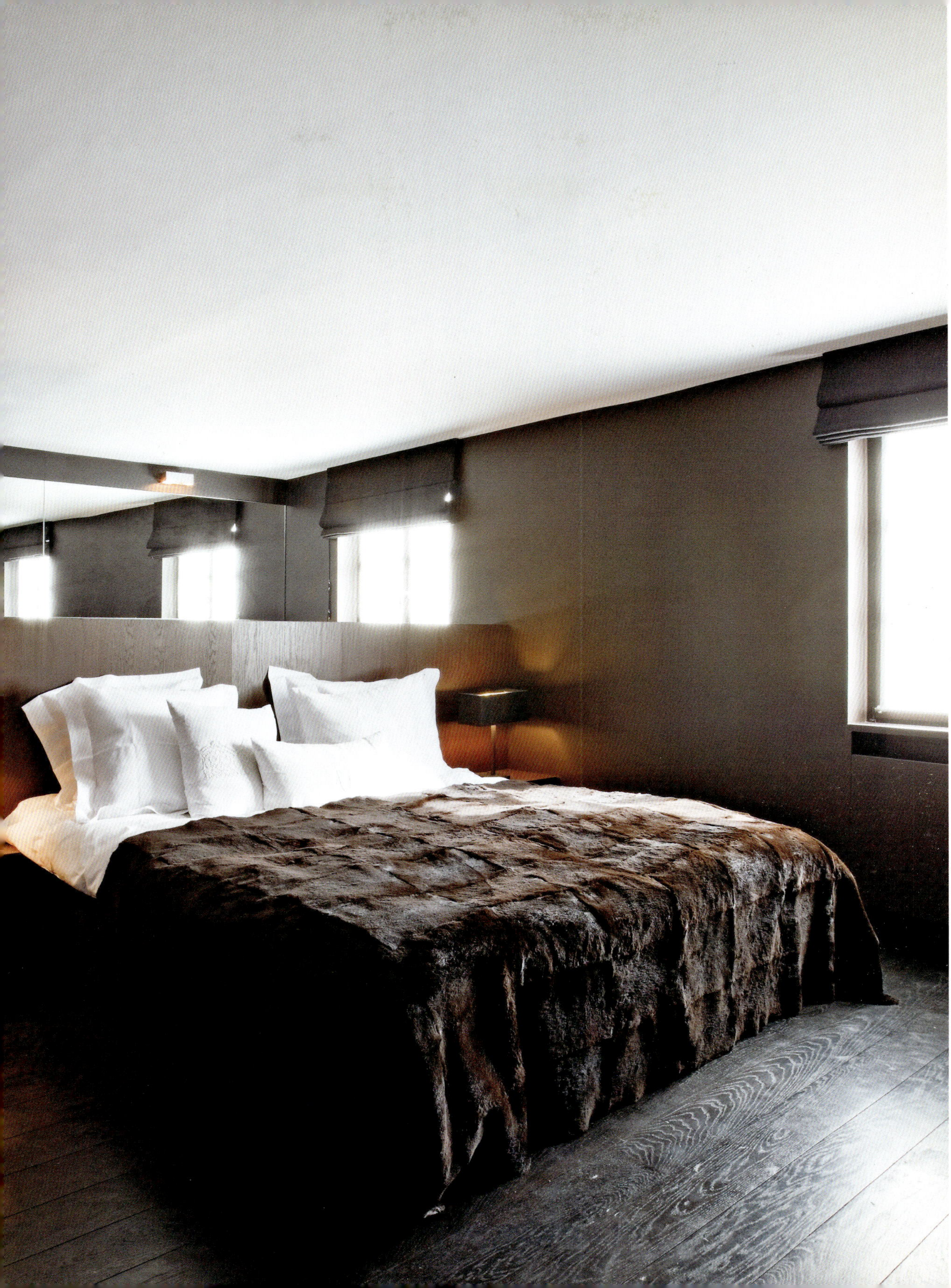

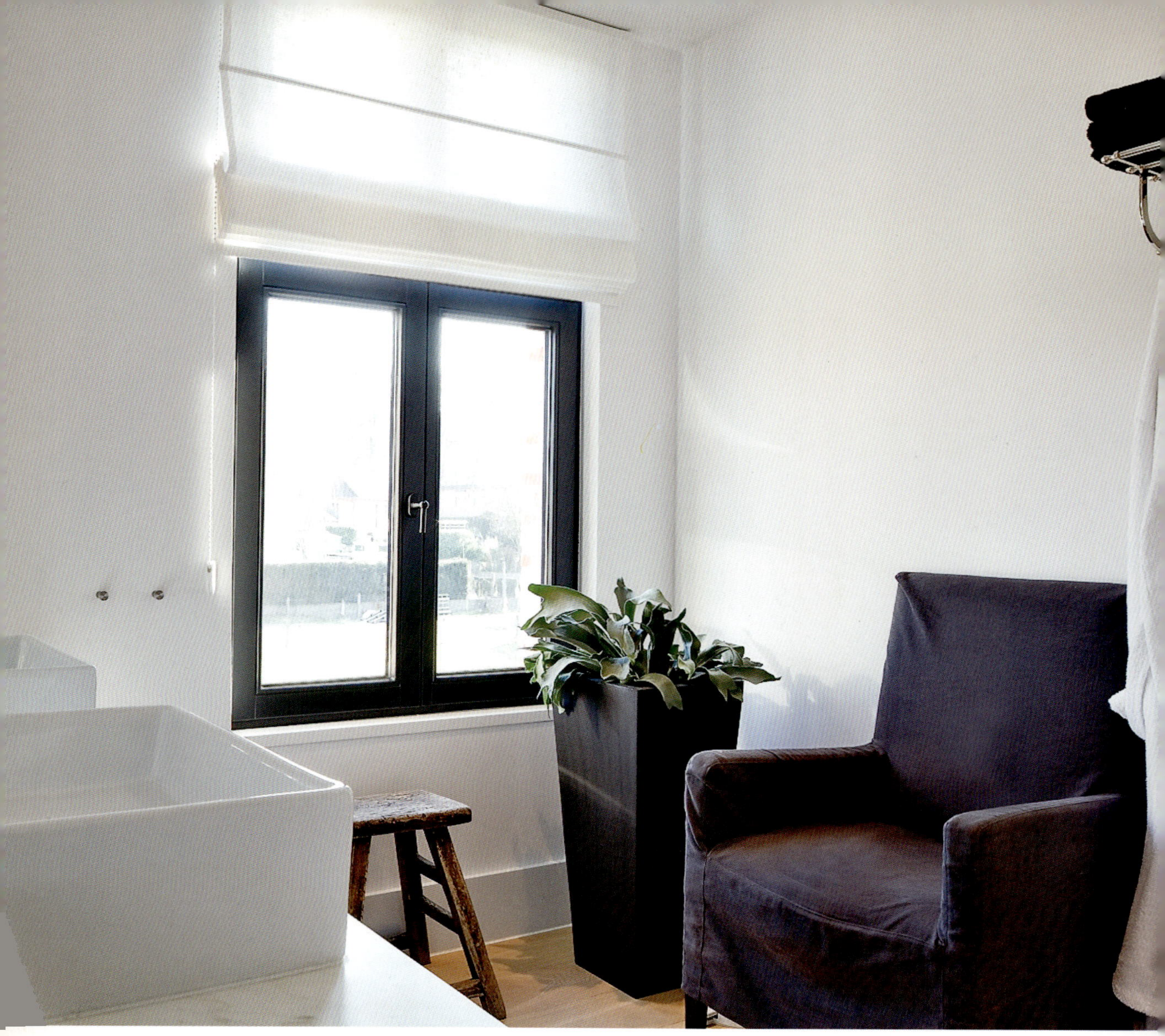

TEXTILES ARE AN IMPORTANT part of human history. Nature and technology have given us the necessary tools to obtain raw materials such as natural fibers, dyes, and other materials, all of which have been linked to the world of trends and fashion. It is not surprising that their selection depends on these aspects, especially when it comes to bedrooms and bathrooms.

LOS TEXTILES FORMAN PARTE IMPORTANTE de la historia del ser humano, la naturaleza y la tecnología le han brindado las herramientas necesarias para proveerle de materias primas como las fibras naturales, colorantes y otros más que se han vinculado al mundo de la moda y las tendencias. No sorprende que su selección dependa de estos aspectos, sobre todo cuando de dormitorios y cuartos de baño se trata.

LES TEXTILES FORMENT UNE PARTIE IMPORTANTE de l'histoire de l'humanité. La nature et la technologie lui ont fourni les outils nécessaires pour avoir des matières premières, telles que les fibres naturelles, les colorants et d'autres qui ont été associés au monde de la mode et des tendances. Il n'est pas surprenant que leur choix dépende de ces aspects, surtout quand il s'agit de chambres à coucher ou de salles de bain.

STOFFE BILDEN EINEN WICHTIGEN Teil der Geschichte der Menschheit, Natur und Technik liefern das nötige Werkzeug, um uns mit Rohstoffen wie Naturfasern, Farbstoffen und anderem zu versorgen, das mit der Welt der Mode und Trends verbunden ist. Es ist nicht überraschend, dass ihre Wahl von diesen Aspekten abhängt, vor allem wenn es um Schlafzimmer und Bäder geht.

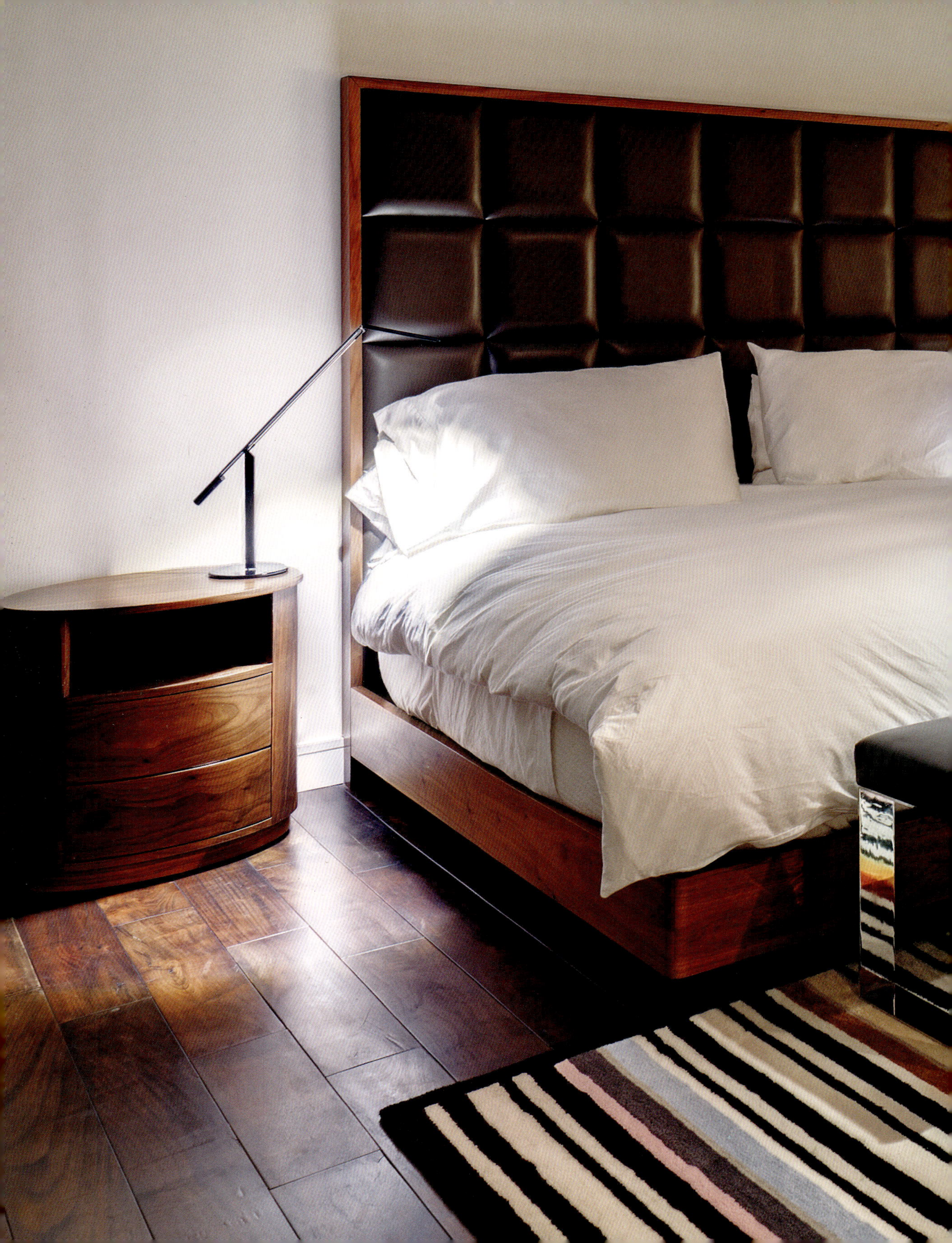

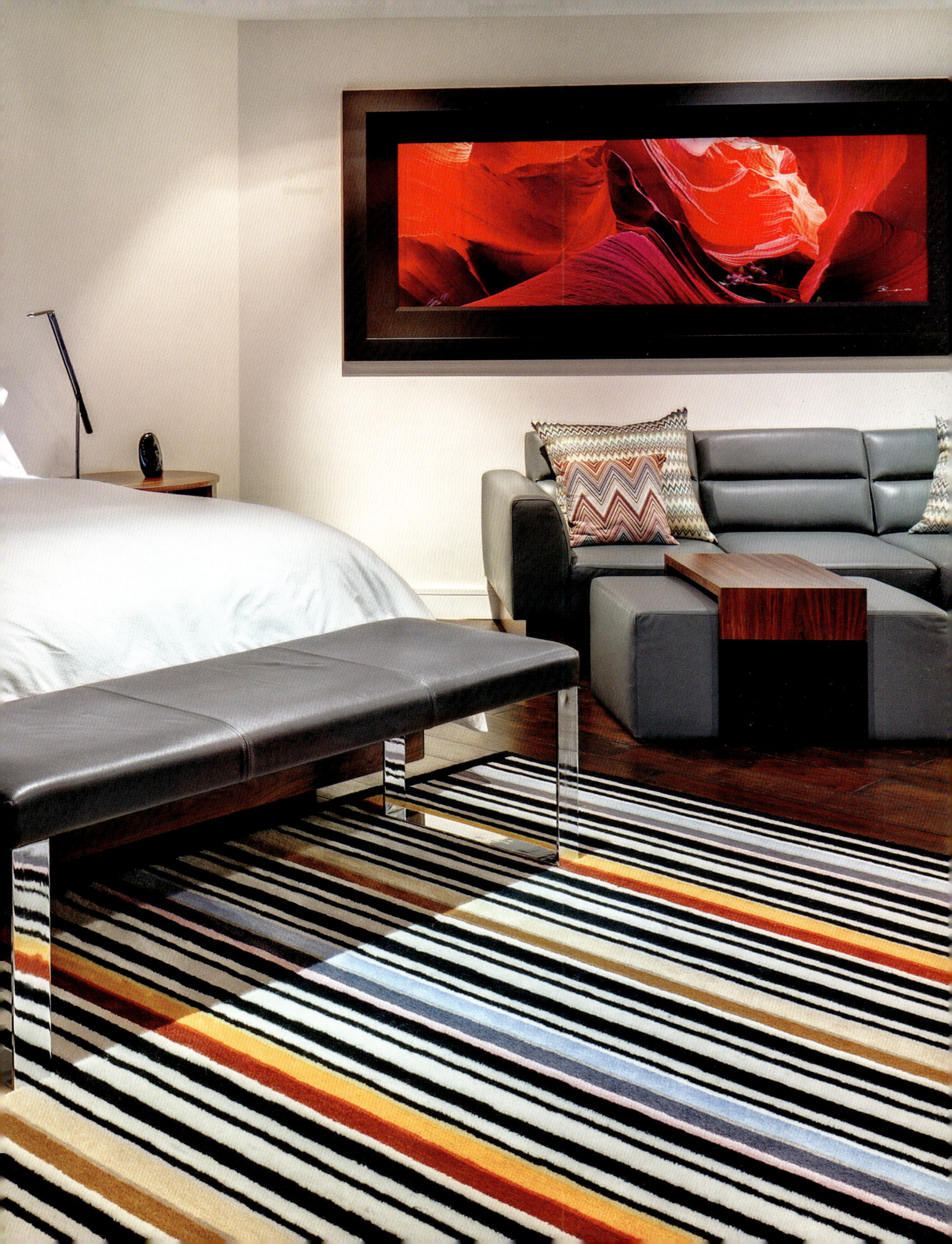

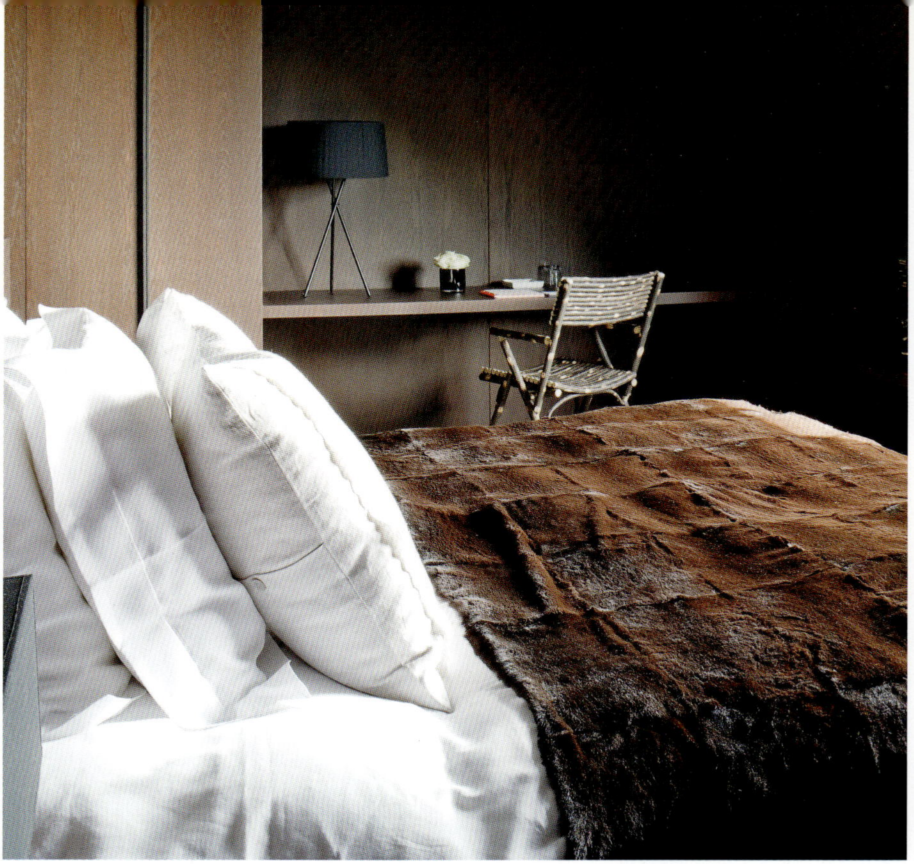

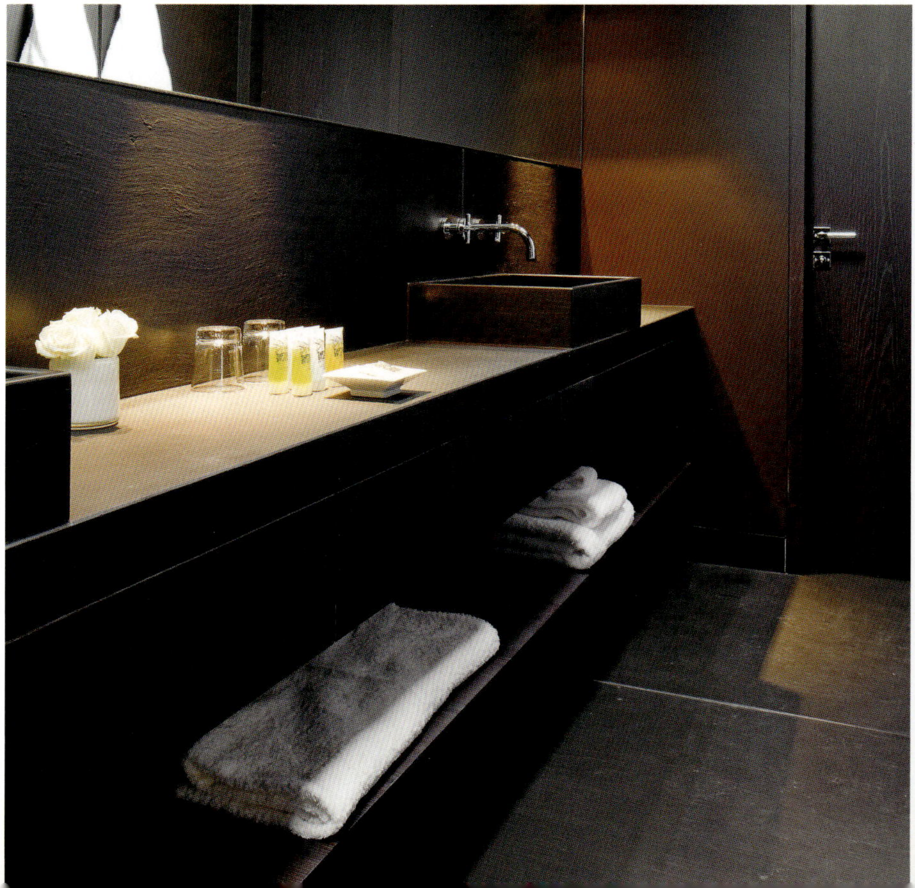

bathrooms and bedrooms   baños y recámaras   salles de bains et chambres à coucher   bäder und schlafzimmer

IT IS IMPORTANT TO INCLUDE a healthy dose of imagination, sensitivity and audacity when customizing our spaces and integrating them with the architectural design, the dominant colors and the textures that we want to incorporate. Natural fibers are divided into three different groups, and all of them can be very elegant: animals, vegetables and minerals. Moreover, there are manufactured fibers, which are divided into two groups: artificial and synthetic. In all cases they must be very smooth to the touch.

ES IMPORTANTE INCLUIR una buena dosis de imaginación, sensibilidad y audacia para personalizar nuestros espacios e integrarlos con el diseño arquitectónico, los colores dominantes y las texturas a incorporar. Las fibras naturales se encuentran en tres grupos que pueden ser muy elegantes: animales, vegetales y minerales, además de otra clasificación que son aquellas manufacturadas que se encuentran en dos grupos: artificiales y sintéticas. En todos los casos deben ser muy tersas al tacto.

IL EST IMPORTANT D'INCLURE une bonne dose d'imagination, de sensibilité et d'audace pour personnaliser nos espaces et les intégrer au design architectural, les couleurs dominantes et les textures à incorporer. Les fibres naturelles appartiennent à trois groupes qui peuvent être très élégants : animal, végétal et minéral. Celles qui sont fabriquées se classent en deux groupes : artificielles et synthétiques. Dans tous les cas, elles doivent être très lisses au toucher.

ES IST WICHTIG bei der persönlichen Gestaltung unserer Bereiche eine gute Dosis Vorstellungskraft, Sensibilität und Kühnheit zu zeigen und sie in das architektonische Design, die vorherrschenden Farben und die Texturen zu integrieren wünschen. Natürliche Fasern lassen sich in drei sehr elegante Gruppen unterteilen: Tiere, Pflanzen und Mineralien, abgesehen von einer anderen Einteilung die sich auf hergestellte Fasern bezieht und in zwei Gruppen unterteilt wird: künstliche und synthetische. In jedem Fall sollten sie sich angenehm anfühlen.

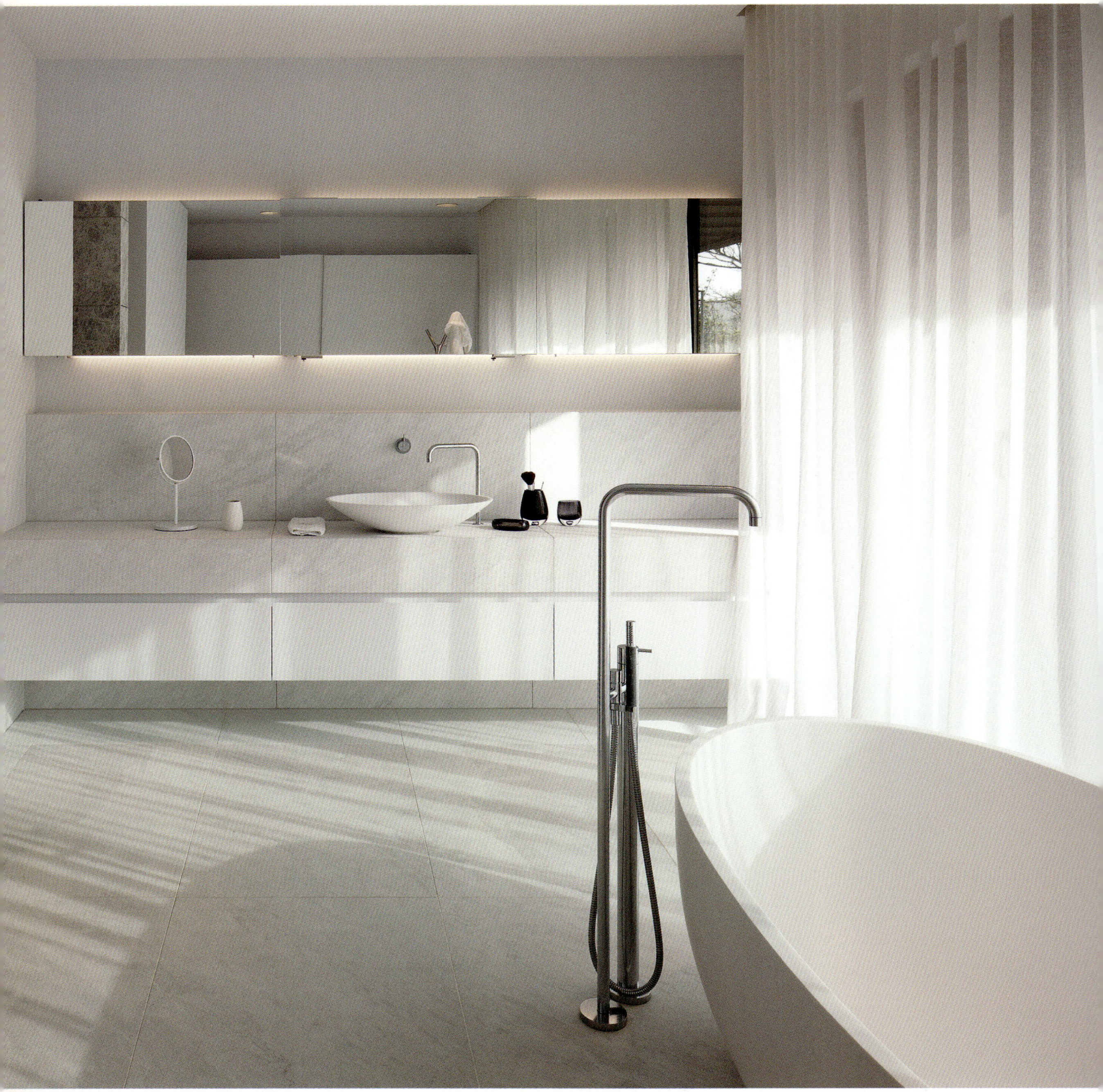

bathrooms and bedrooms   baños y recámaras   salles de bains et chambres à coucher   bäder und schlafzimmer

THE USE OF A FABRIC must be aesthetically pleasant, create comfort, enhance those elements that give us pleasure, and give maximum functionality to the sought design. In this case, the space is too bright and can be uncomfortable to look at. Hence, the selection of semi-transparent fabrics is ideal for creating a kind of filter that will radiate a feeling of freshness and spatial depth.

EL USO DE UN TEXTIL debe ser agradable, crear comodidad, hacer lucir aquellos elementos que nos proporcionan gusto y principalmente dar funcionalidad máxima al diseño. En este caso, el espacio resulta demasiado luminoso y puede ser incómodo a la mirada, de ahí que la selección de telas semi-transparentes sea ideal para crear una especie de filtro que irradiará una sensación de frescura y profundidad espacial.

UN TEXTILE doit être agréable, créer du confort, faire ressortir les éléments qui nous font plaisir et, principalement, donner une fonctionnalité maximale au design. Dans ce cas, l'espace est trop lumineux et peut gêner la vue ; de là le choix de tissus semi transparents, idéal pour créer une espèce de filtre qui dégagera une sensation de fraicheur et de profondeur spatiale.

DIE NUTZUNG EINES STOFFES sollte angenehm sein, Bequemlichkeit schaffen, die Elemente, die uns Wohlgefallen verursachen, herausstellen und dem Design zum grösstmöglichen Erfolg verhelfen. In diesem Fall, ist der Bereich zu hell und das kann unangenehm für die Augen sein; daher ist die Wahl lichtdurchlässiger Stoffe ideal, um eine Art Filter zu schaffen, der ein Gefühl der Frische und räumlicher Tiefe ausstrahlt.

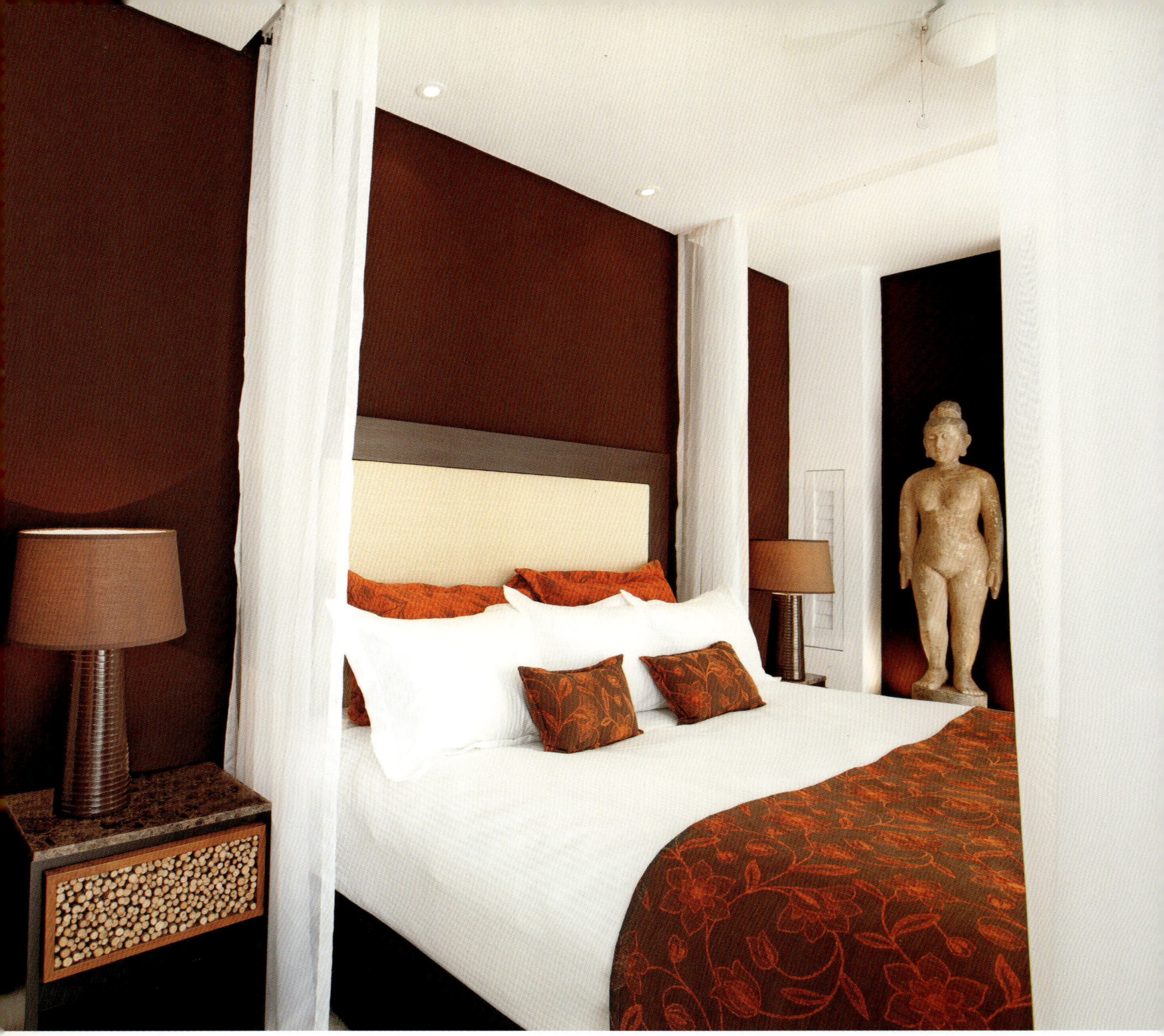

NOWADAYS the use of textiles is a basic tool in the decoration of interiors for residential areas. Bedrooms and bathrooms have a particular language that can be embellished with an adequate presence of a small, but highly expressive selection of textures in intense colors. It will all depend on the size, which prints or fabrics are more suited with the features of some of the decorative objects, their specific use, our needs, and our budget.

EN LA ACTUALIDAD la utilización de textiles es una herramienta básica en la decoración para áreas residenciales. Los dormitorios y los baños poseen un lenguaje particular que puede ser embellecido con la presencia de éstos y una selección pequeña pero muy expresiva de texturas en colores intensos. Dependerá del tamaño, los estampados o tejidos que mejor se conecten con las características de objetos algunos decorativos, así como su uso específico, nuestras necesidades e inclusive nuestro presupuesto.

DE NOS JOURS, l'utilisation des textiles est un outil élémentaire dans la décoration d'intérieurs pour les zones résidentielles. Les chambres à coucher et les salles de bain possèdent un langage particulier qui peut être embelli avec une présence appropriée de tissus et un choix restreint mais très expressif de textures aux couleurs intenses. Cela va dépendre de la taille, les imprimés ou les tissus qui se conjuguent le mieux avec les caractéristiques des objets, certains étant décoratifs et d'autres ayant un usage spécifique, de nos besoins, et même de notre budget.

HEUTZUTAGE ist die Nutzung von Stoffen ein Grundwerkzeug in der Dekoration von Innenräumen in Wohnbereichen. Schlafzimmer und Bäder haben einen besonderen Ausdruck, der duch eine angemessene Nutzung von ihnen und einer kleinen aber ausdrucksstarken Auswahl an Texturen in intensiven Farben, verschönert werden kann. Welche Drucke oder Stoffe am besten mit einigen Dekorationsobjekten kombinieren, hängt von ihre spezifischen Nutzung, unseren Bedürfnisse und auch unserem Budget ab.

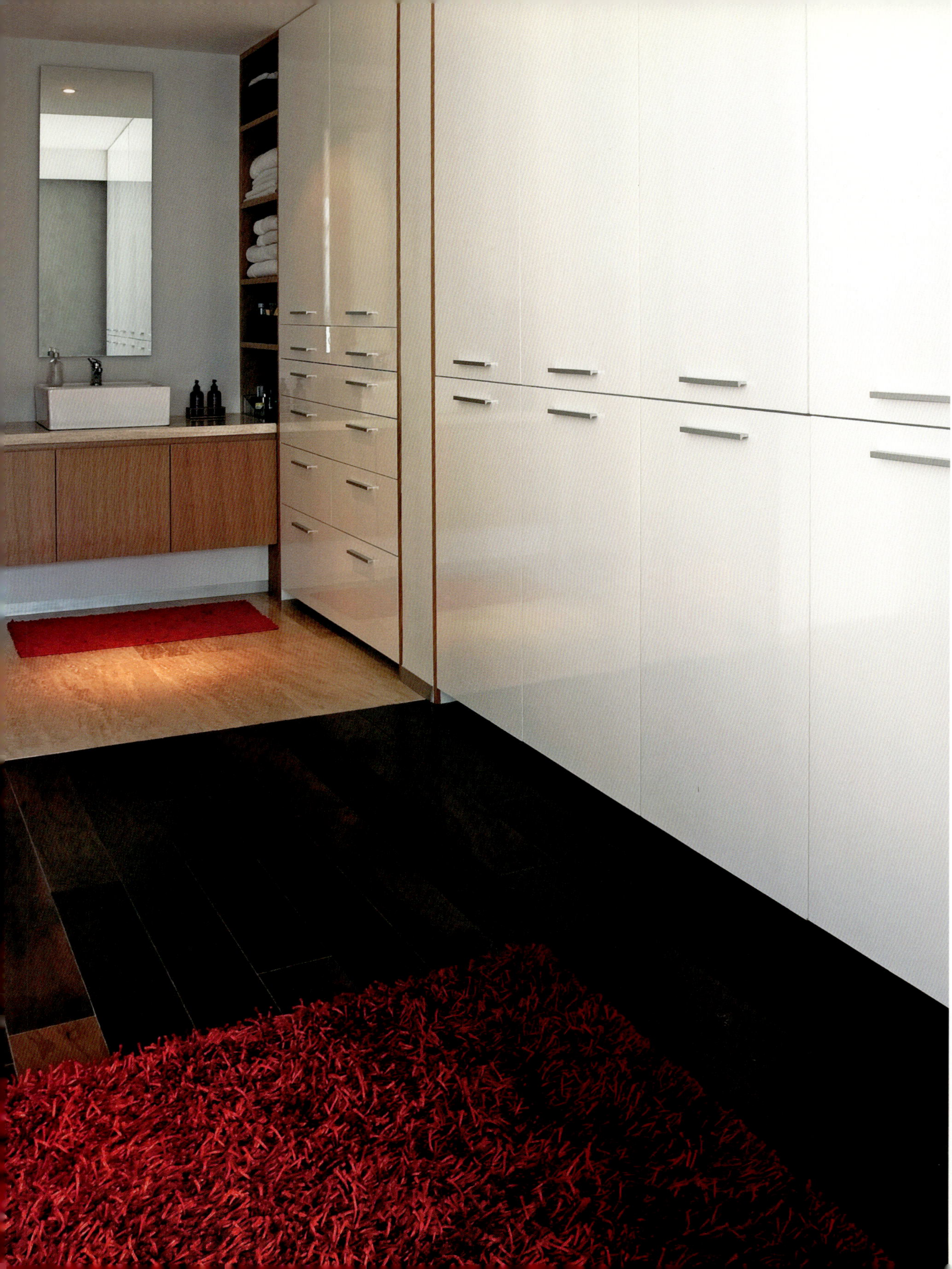

bathrooms and bedrooms   baños y recámaras   salles de bains et chambres à coucher   bäder und schlafzimmer

The textures that are revealed by the use of rugs balance the sobriety of the architectural design when it has a minimalist character. They are transformed into accents of color that have great personality.

Las texturas que revelan los tapetes equilibran la sobriedad del diseño arquitectónico cuando éste posee un carácter minimalista. Se convierten en acentos de color con gran personalidad.

Les textures révélées para les tapis équilibrent la sobriété du design architectural quand celui-ci a un caractère minimaliste. Elles se transforment en accents de couleur ayant une grande personnalité.

Die Textur der Teppiche gleicht die Nüchternheit des architektonischen Designs mit minimalistischem Charakter aus. Sie werden zu Farbakzenter mit starker Persönlichkeit.

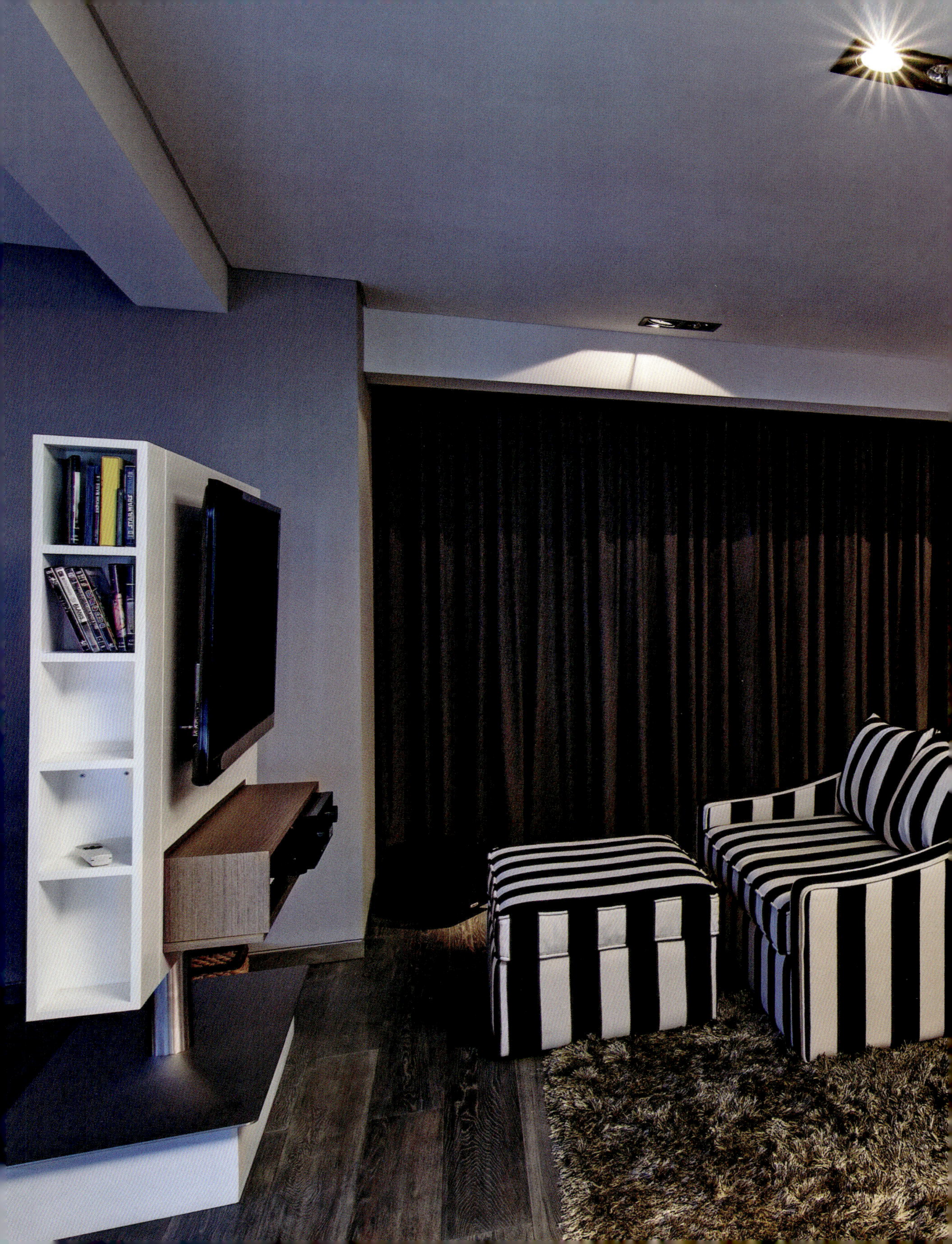

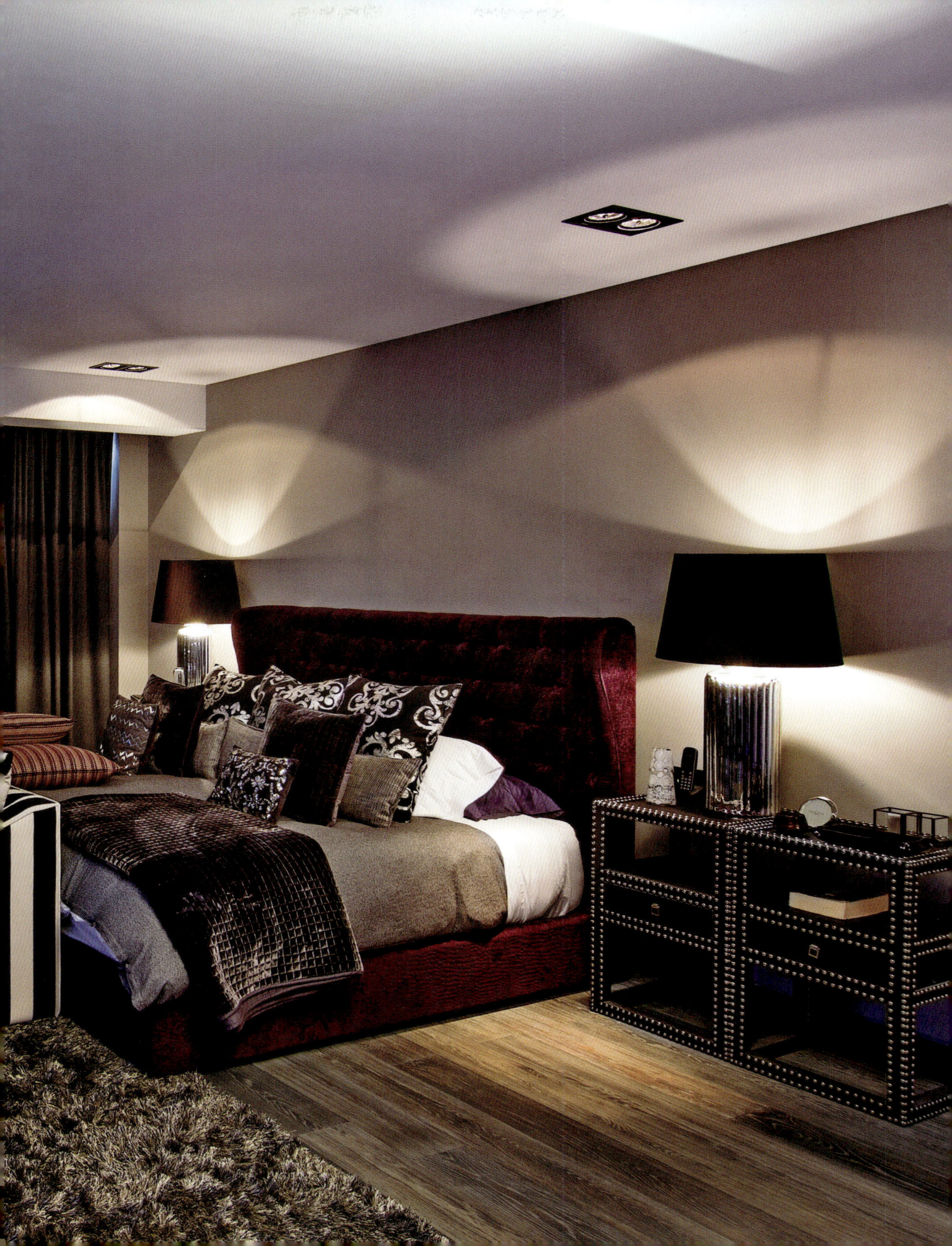

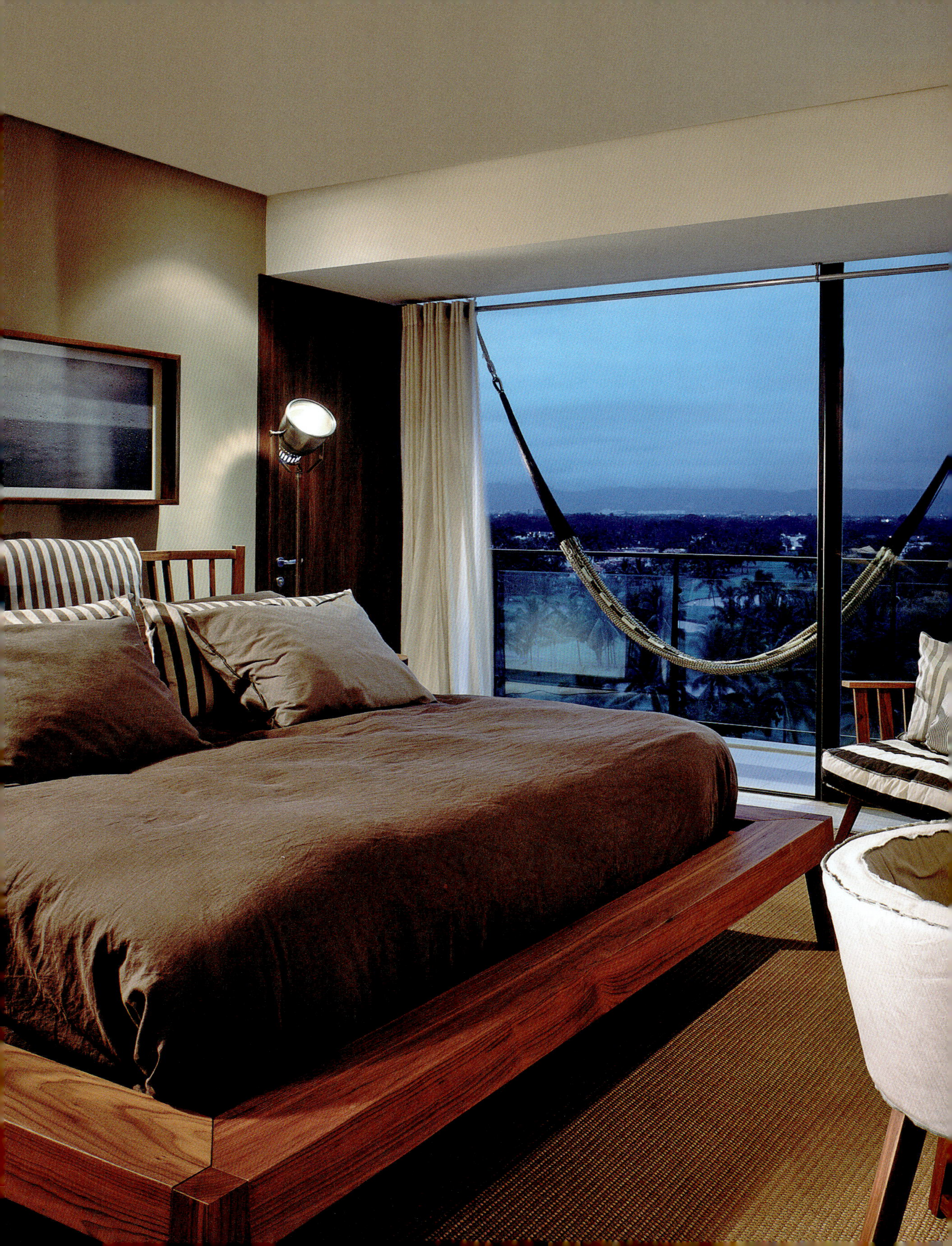

The combination of light and dark colors can create a very pleasant visual experience, as it merges subtlety with different items such as curtains, tapestries, covers for chairs, quilts, cushions, etc.

La combinación entre colores oscuros y claros puede marcar un ritmo visual muy agradable que logra relacionarse con sutileza entre distintos elementos como son las cortinas, tapices, fundas para sillas, edredones, cojines, etc.

La combinaison entre les couleurs foncées et les couleurs claires peut marquer un rythme visuel très agréable qui se conjugue subtilement avec les divers éléments, tels que les rideaux, les teintures, les tissus qui recouvrent les chaises, les duvets, les coussins, etc.

Die Kombination von dunklen und hellen Farben kann einen sehr angenehmen optischen Rhythmus vorgeben, der subtil die verschiedenen Elemente, wie Vorhänge, Teppiche, Stuhlbezüge, Bettdecken, Kissen, usw. miteinander in Bezug setzt.

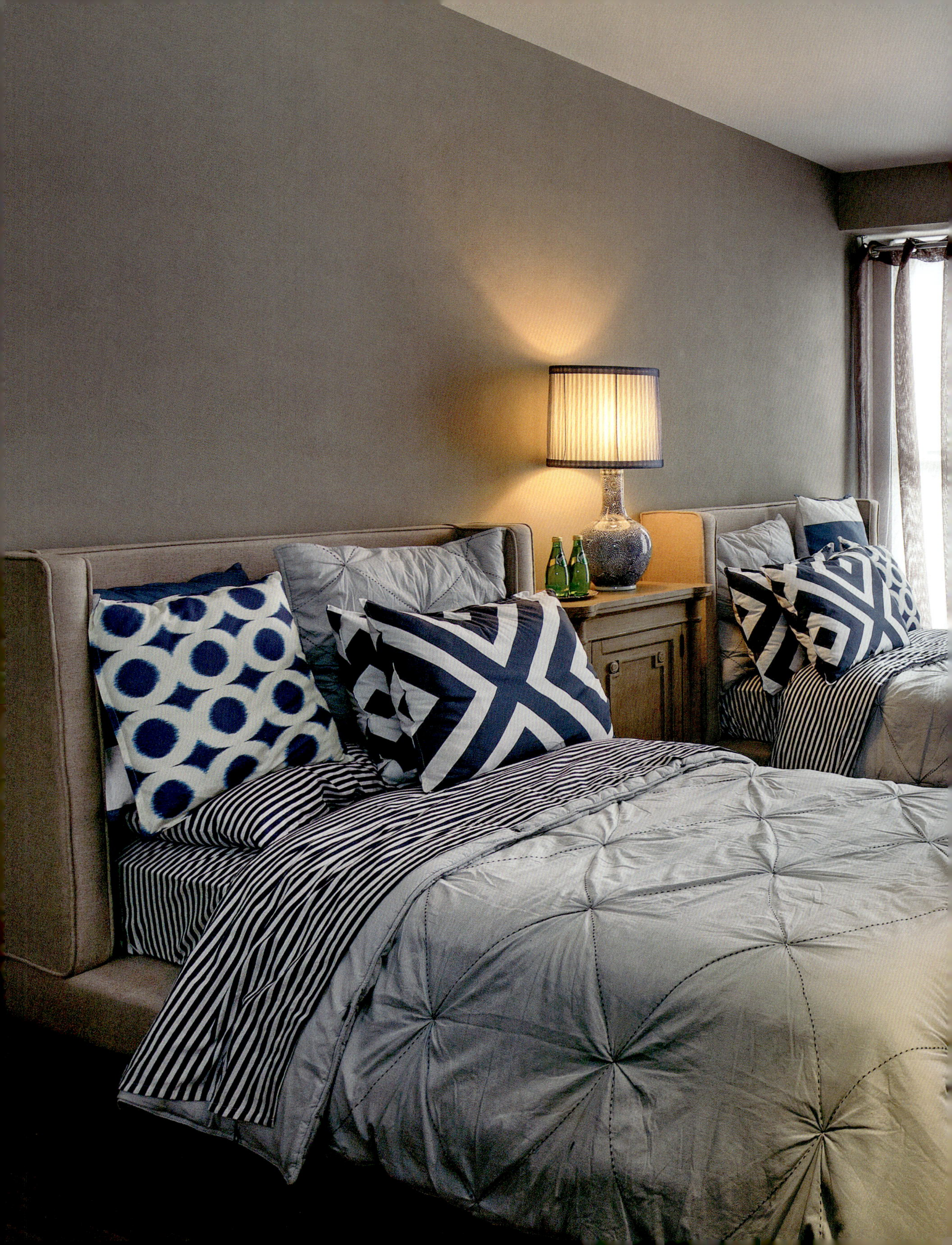

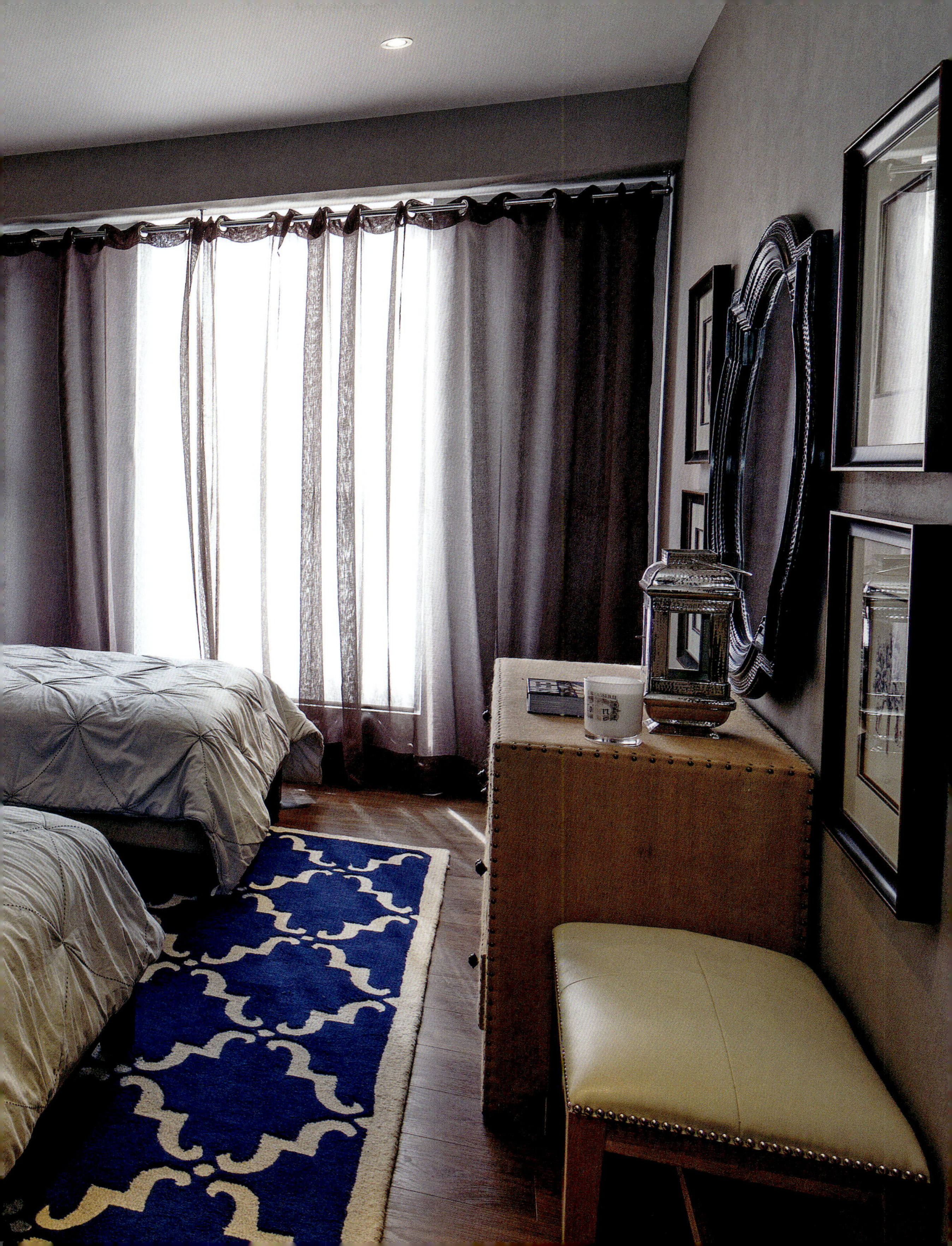

We must be aware that while our wardrobe outlines our personality, the coatings of the surfaces outline the area itself, making it warmer and often more intimate and cozy, as in this case.

Debemos tener claro que de la misma manera en como nuestro vestuario esboza nuestra personalidad, el recubrimiento de superficies viste nuestro espacio interior haciéndolo abrigador y en muchas ocasiones más íntimo o acogedor como en este caso.

Nous devons comprendre clairement que, de la même façon que nos vêtements montrent notre personnalité, le revêtement de nos surfaces habille notre espace intérieur le faisant chaleureux, et souvent plus intime ou accueillant, comme dans ce cas.

Wir sollten uns darüber im Klaren sein, dass genauso wie unsere Kleidung unsere Persönlichkeit ausdrückt, die Oberflächen dies in unserem Haus machen, indem sie es wohnlich und in vielen Fällen intimer oder behaglicher werden lassen, wie in diesem Beispiel.

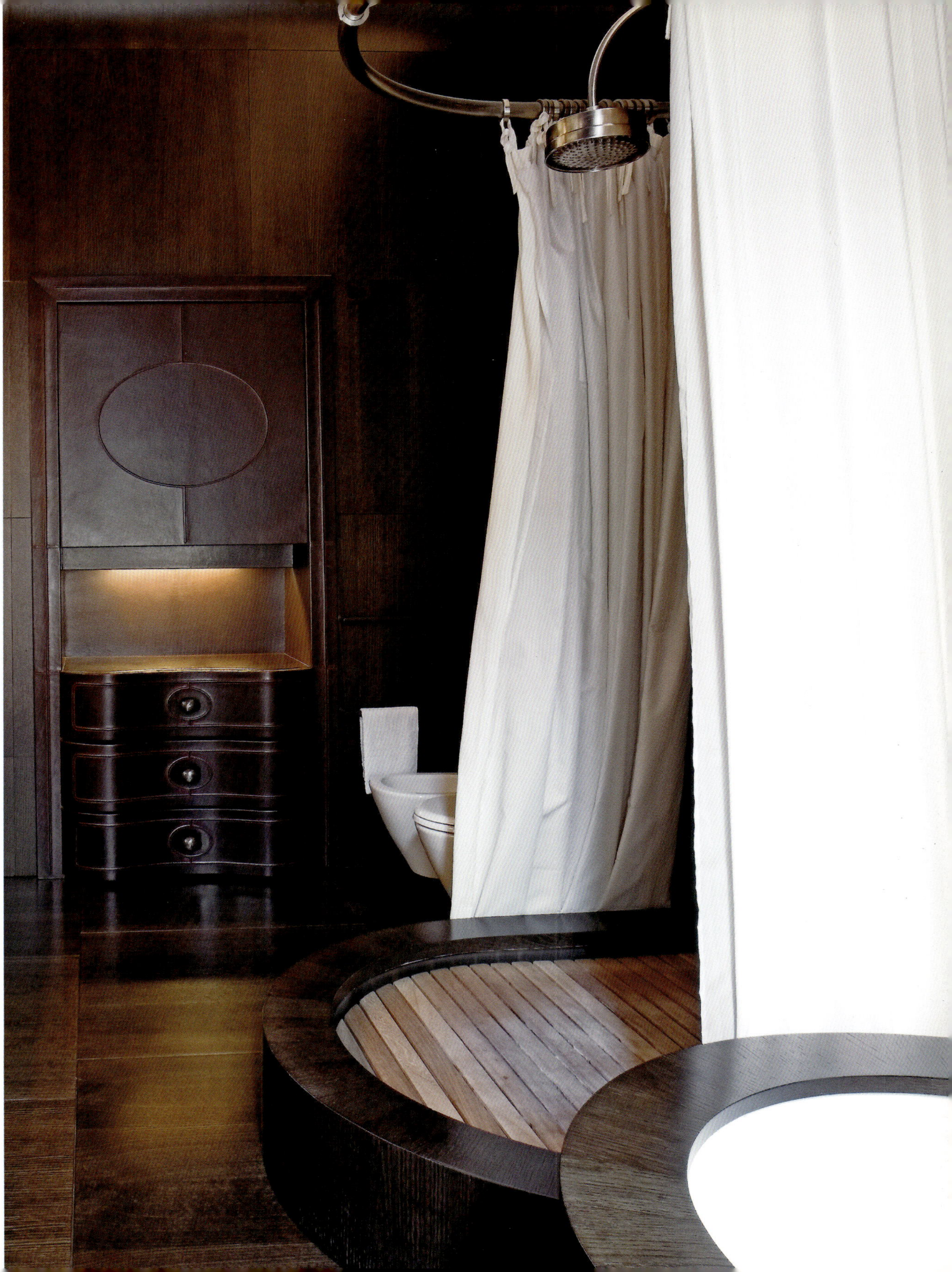

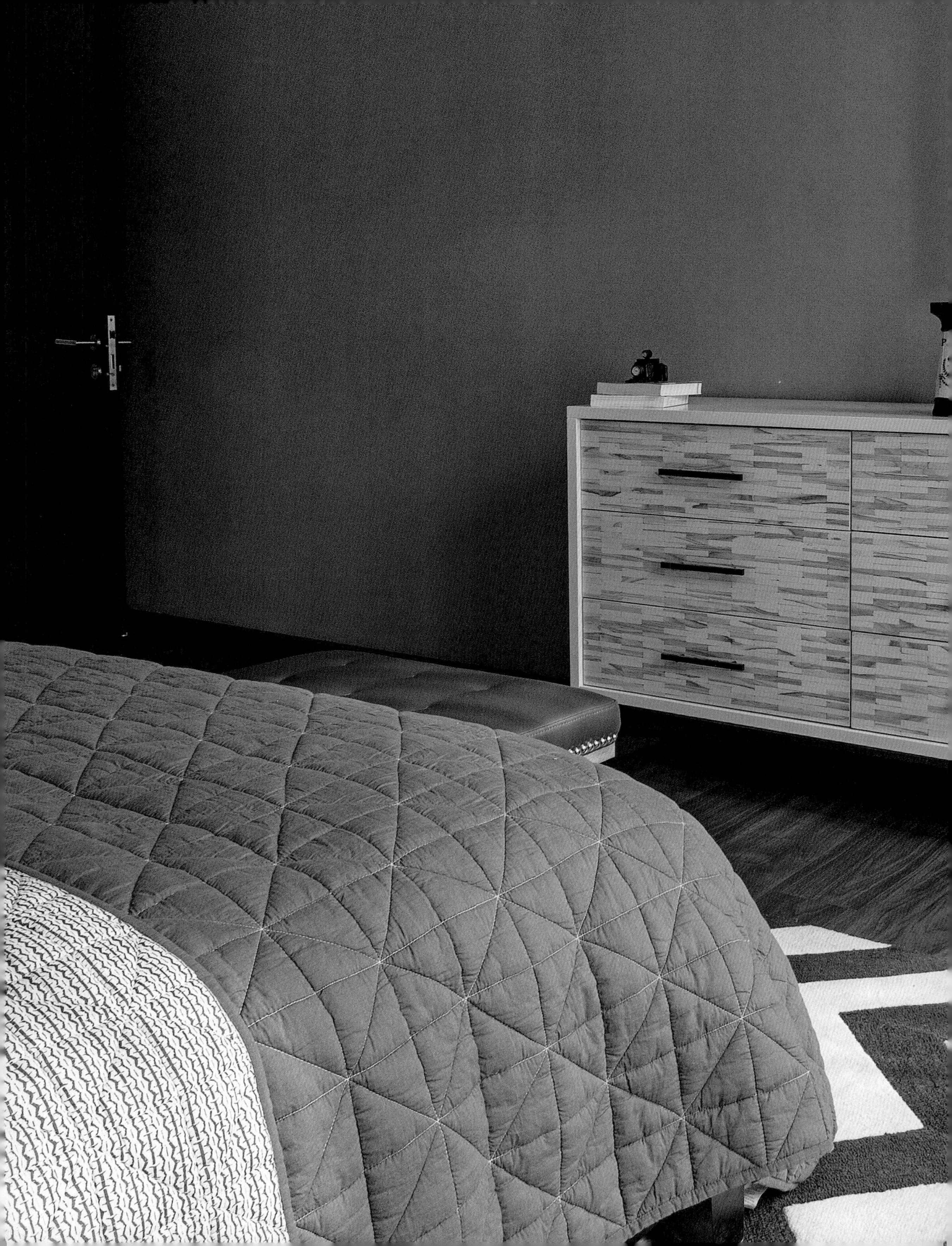

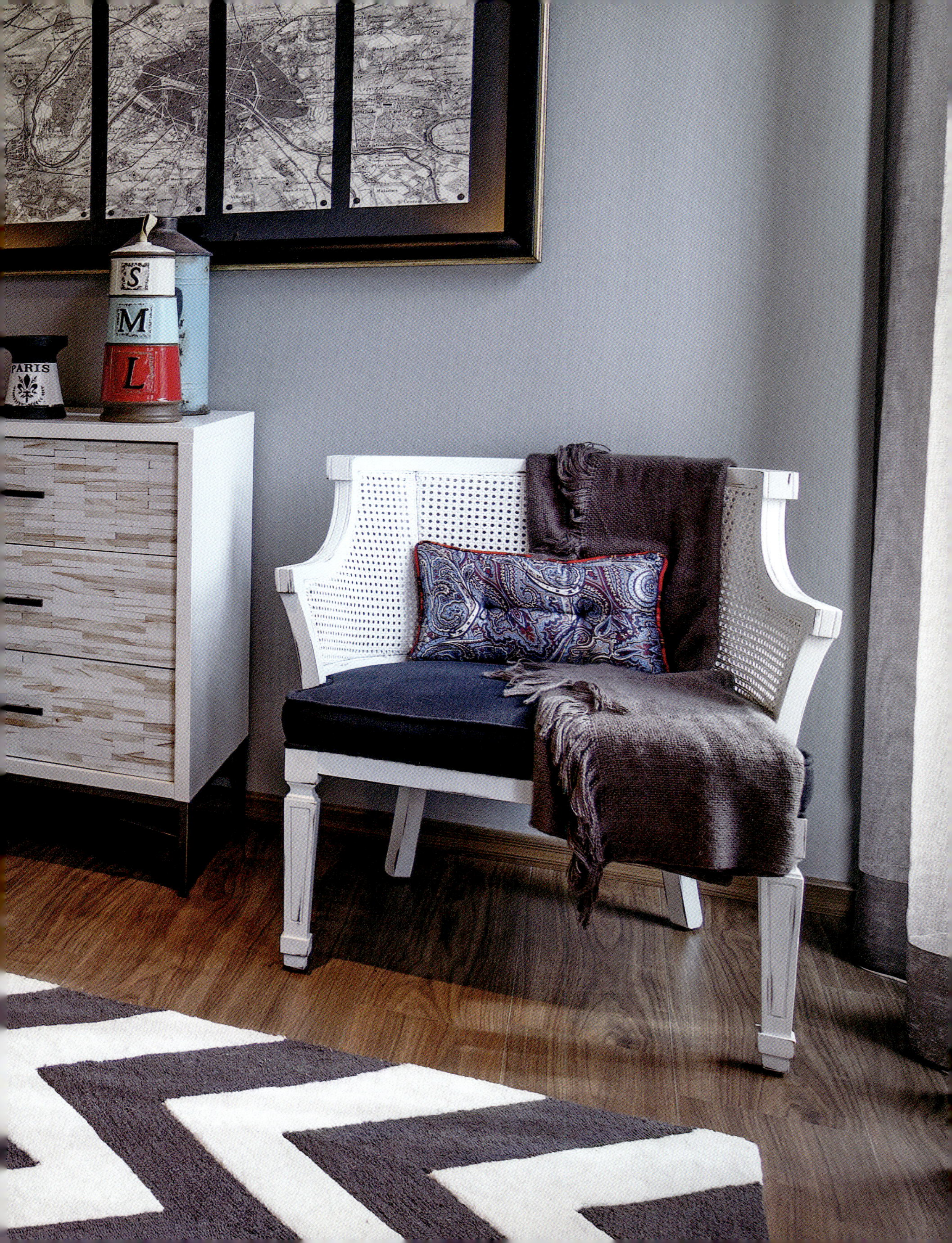
S
M
L
PARIS

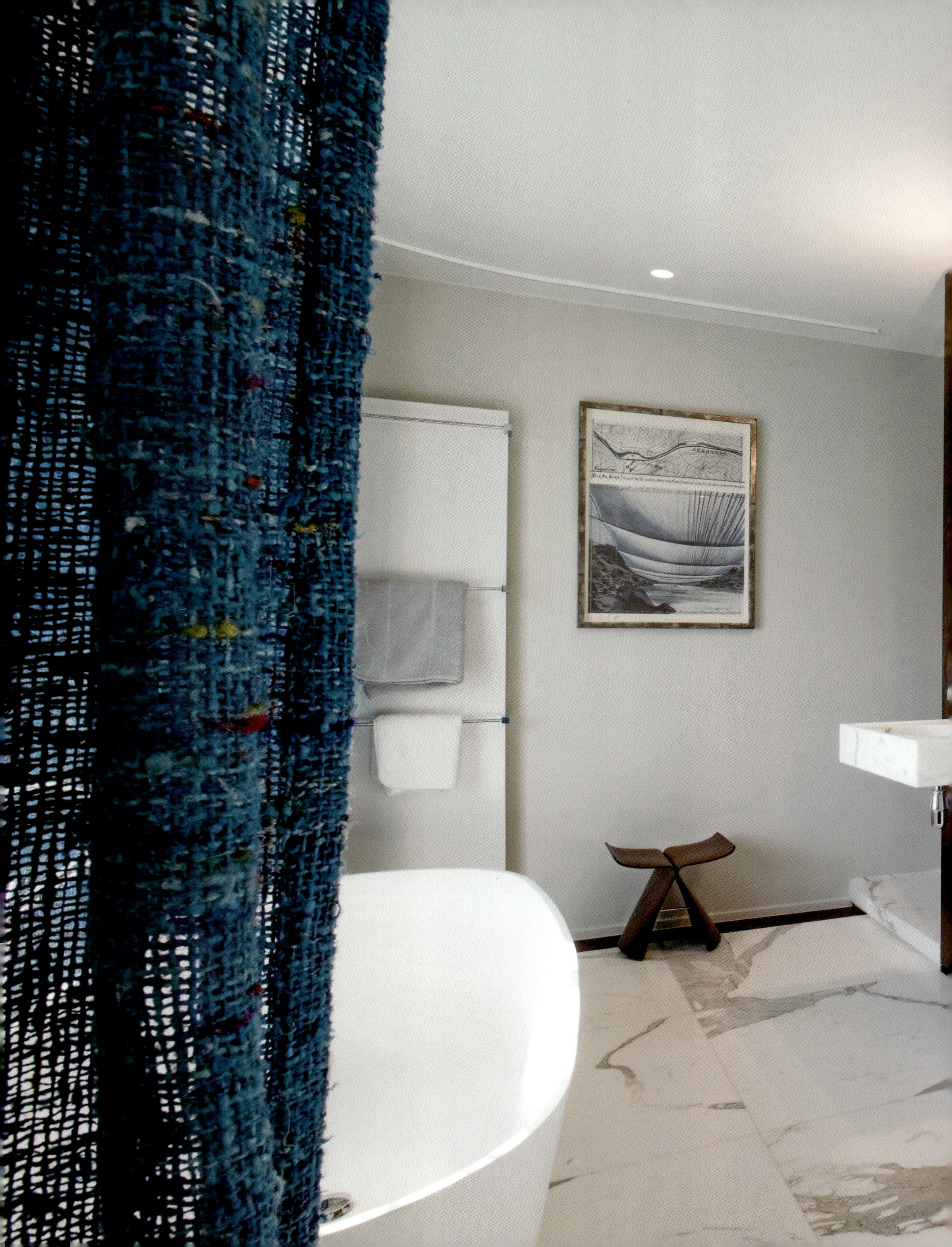

Appearance is as important as the feeling to the touch, and this is why natural fiber textiles and their great versatility are very suitable for decoration, producing visually cozy contrasts.

La apariencia es tan importante como la sensación al tacto, por ello los textiles de fibras naturales y su gran versatilidad se adaptan con facilidad a la decoración, mimetizándose o produciendo contrastes visualmente acogedores.

L'apparence est aussi importante que la sensation au toucher, et c'est pour cela que les textiles en fibres naturelles et leur grande versatilité s'adaptent facilement à la décoration, en imitant ou produisant des contrastes visuellement accueillants.

Das Aussehen ist genauso wichtig wie das Gefühl beim Anfassen, daher die Naturfasern und ihre grosse Vielfalt, die sich leicht an die Dekoration anpasst, sie nachahmt oder behagliche optische Kontraste produziert.

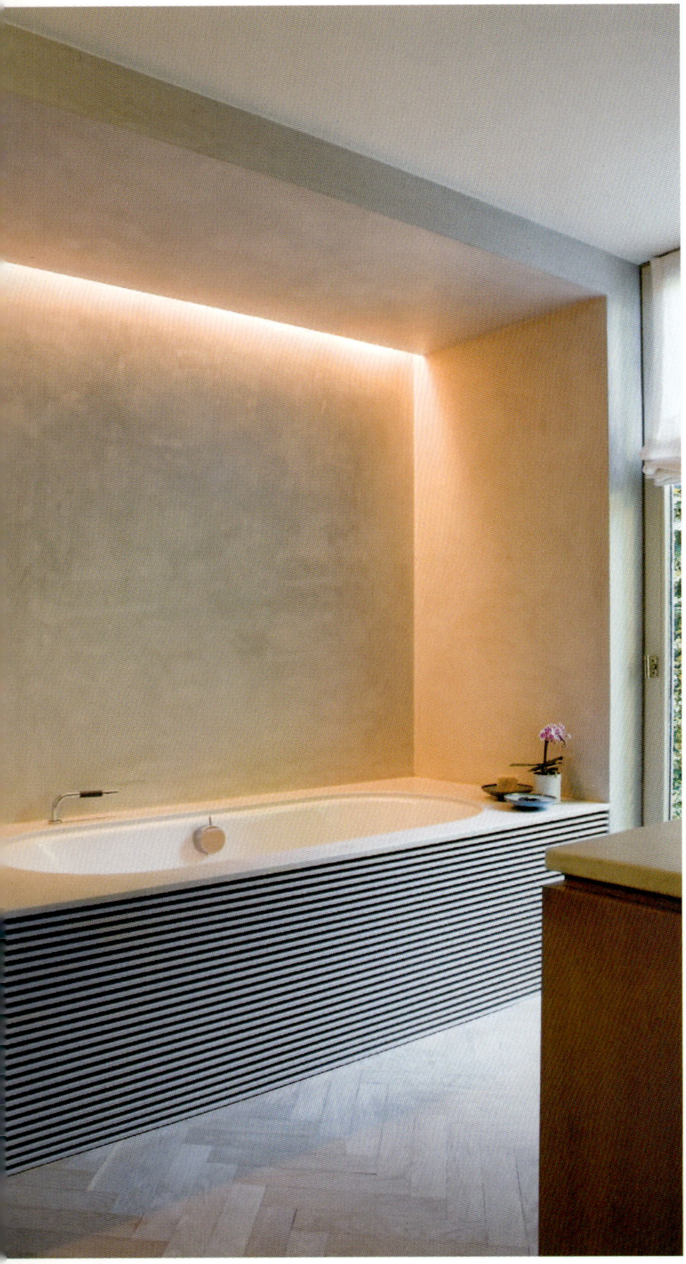

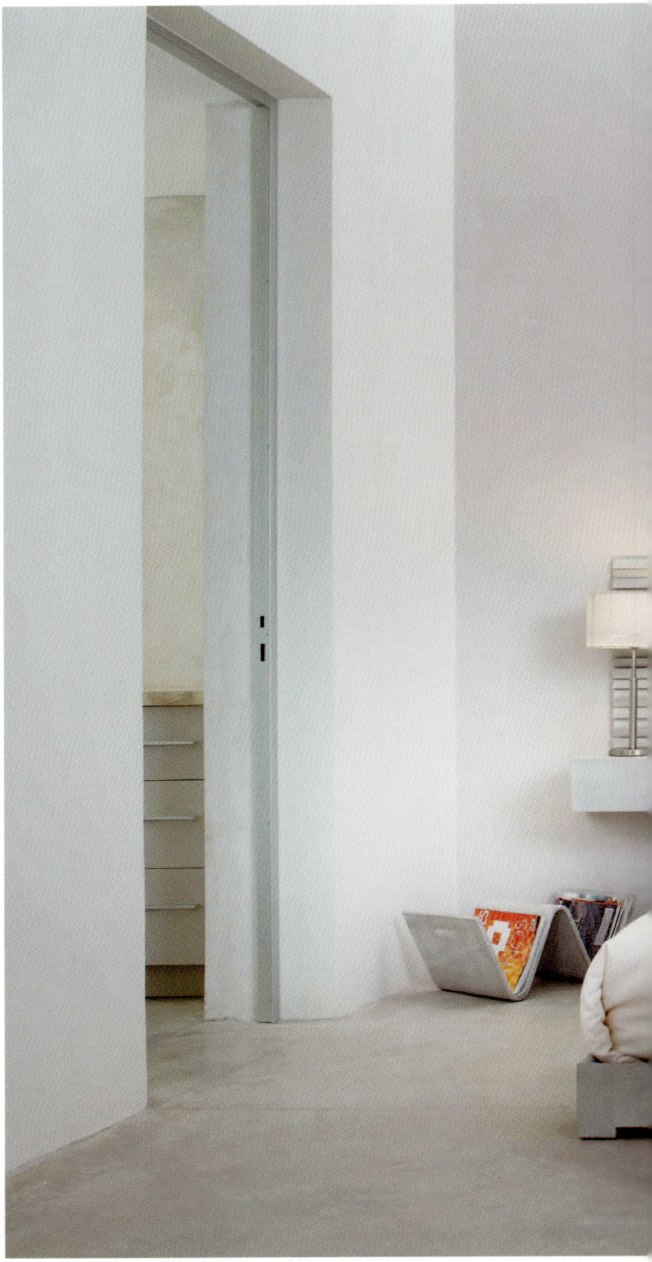

bathrooms and bedrooms   baños y recámaras   salles de bains et chambres à coucher   bäder und schlafzimmer

THE DIFFERENT TREATMENTS to which fabrics are subjected to within the scope of industrial or handicraft realms provide us with a wide range of options for use in bedrooms or bathrooms: walls, furniture, or accessories can become powerful canvases with seductive shapes that create a comforting and fun space without undermining good taste.

LOS DIFERENTES TRATAMIENTOS a los que son sometidas las telas dentro del ámbito industrial o artesanal, nos brindan un amplio rango de opciones para usarlos en dormitorios o salas de baño: muros, muebles o accesorios pueden convertirse en potentes lienzos de color con formas seductoras que organicen un espacio reconfortante y divertido sin menosprecio a la distinción o el buen gusto.

LES DIFFÉRENTS TRAITEMENTS auxquels on soumet les tissus, qu'ils soient artisanaux ou industriels, nous apportent une vaste gamme d'options pour les chambres à coucher ou les salles de bain : les murs, les meubles ou les accessoires peuvent se transformer en de puissantes toiles de couleur aux formes séductrices qui organisent un espace réconfortant et amusant, sans laisser de côté la distinction et le bon goût.

DIE VERSCHIEDENEN BEHANDLUNGEN, denen Stoffe bei der industriellen oder kunsthandwerklichen Herstellung ausgesetzt sind, ermöglichen uns eine Breite Auswahl an Möglichkeiten für die Nutzung in Schlafzimmern oder Bädern: Wände, Möbel oder Assessoirs können sich in machtvolle farbige Leinwände mit verführerischen Formen verwandeln, die einen Kraft gebenden und spassigen Bereich schaffen, ohne Vornehmheit und den guten Geschmack zu verlieren.

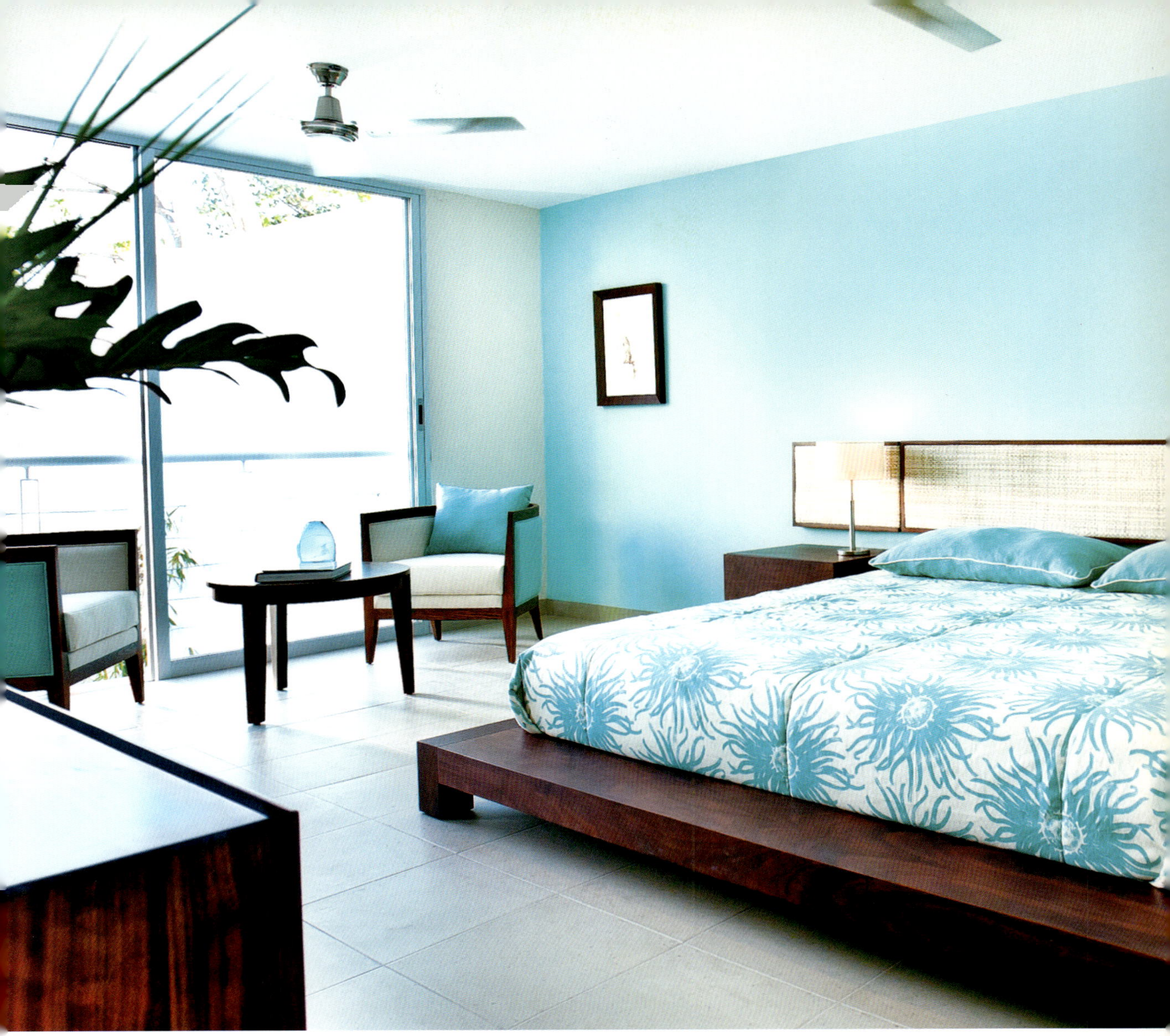

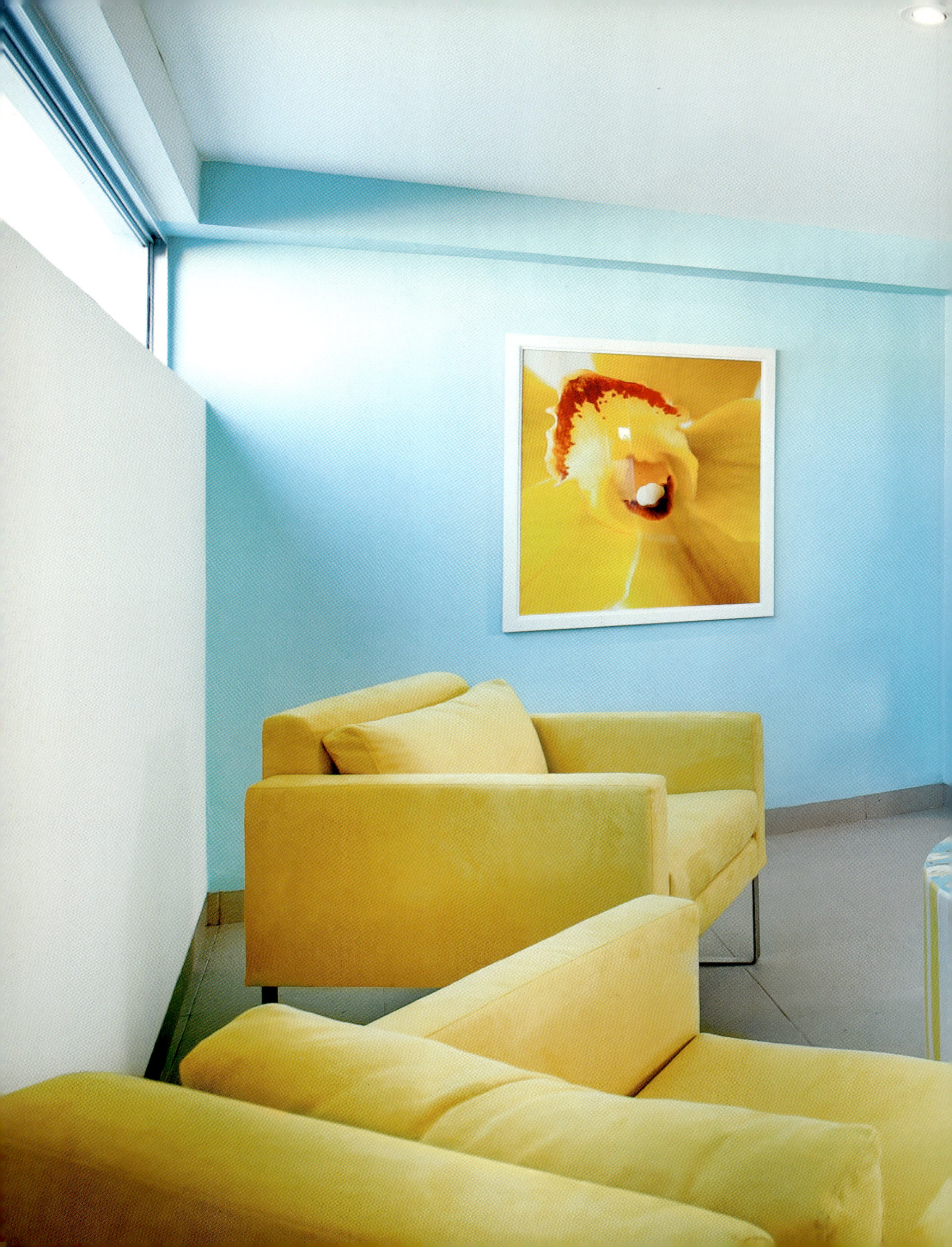

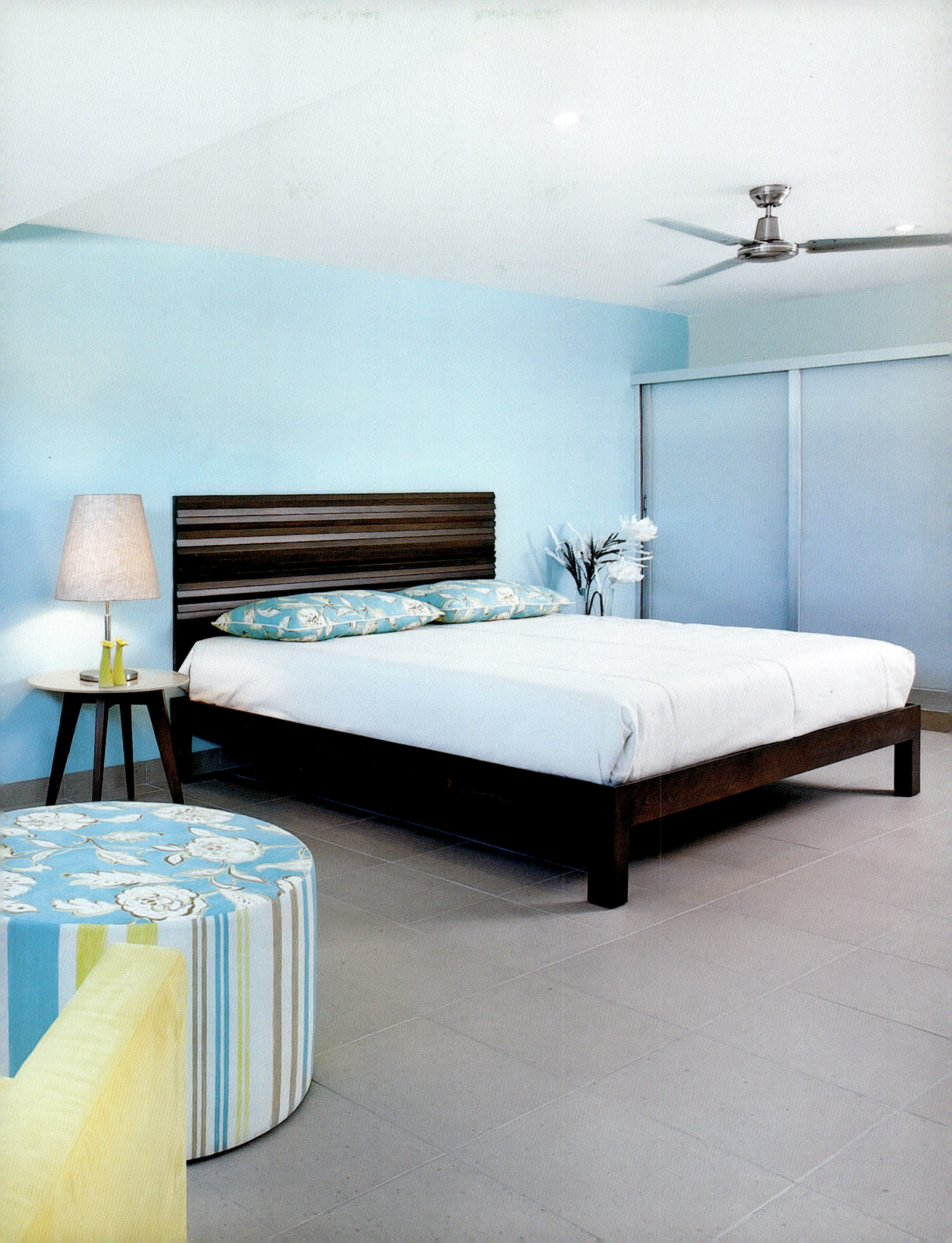

halls · vestíbulos
vestibules · lobbys

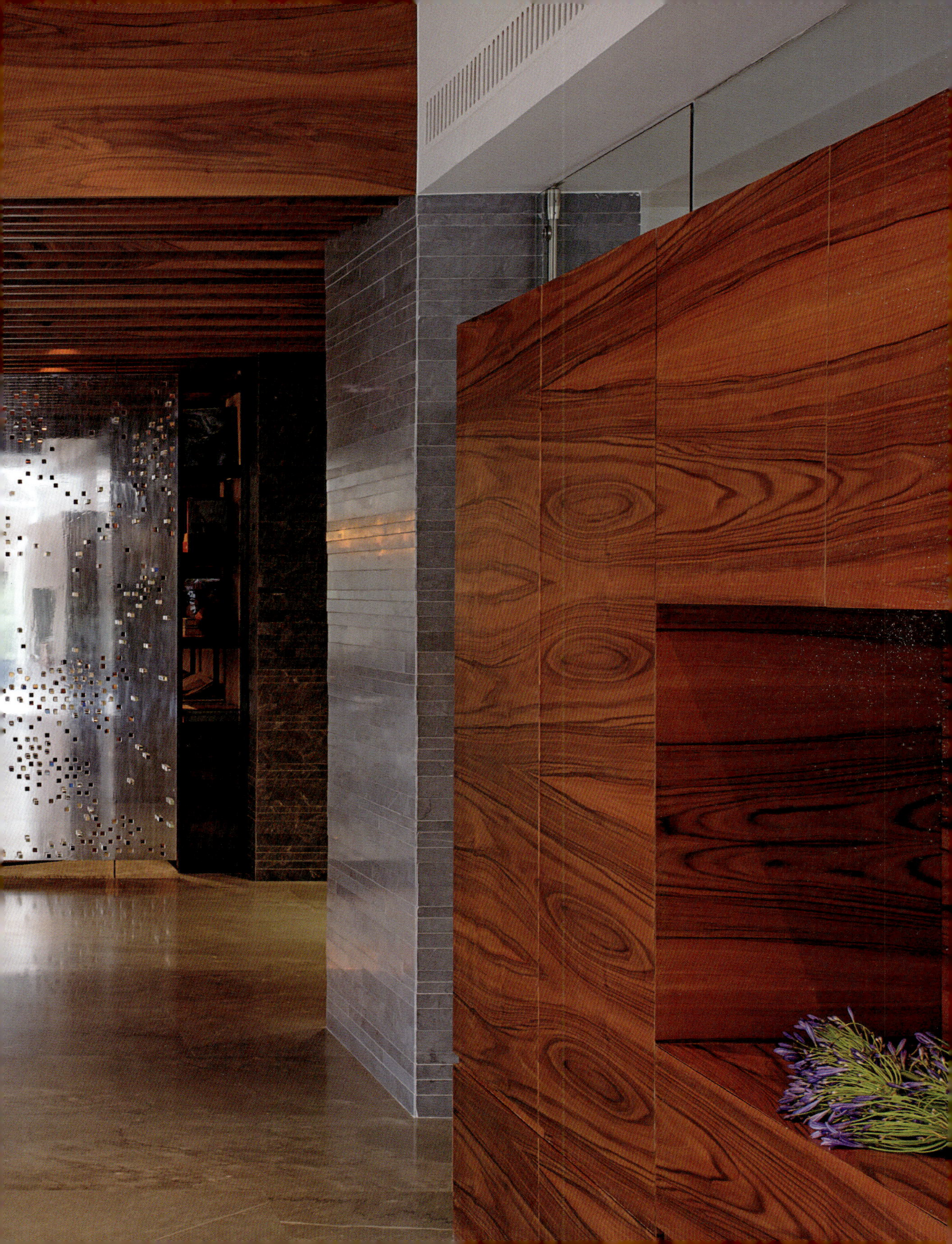

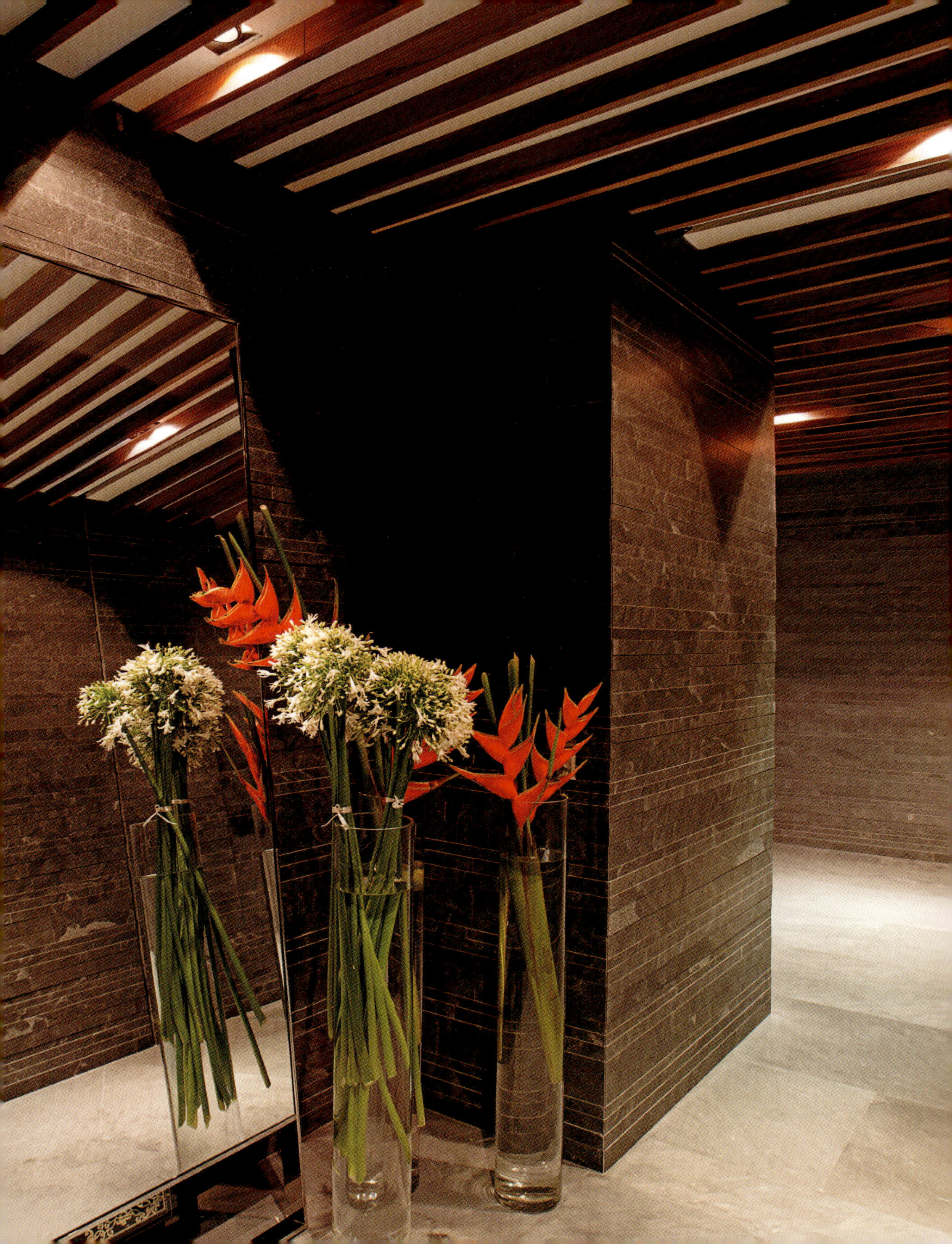

halls vestíbulos vestibules lobbys

MUCH OF OUR EVERYDAY movements within an architectural space are simplified when we transit from one room to another or from the outside to the inside through a common area. This area of transition or connection is the lobby, a functional space of high aesthetic value that concentrates constant traffic. Stone, being a very resistant material, serves to highlight the virtues of the geometry, the lighting, and the atmosphere of the hall.

GRAN PARTE DE LA COTIDIANIDAD de nuestros movimientos dentro de un espacio arquitectónico se simplifican en ir de una habitación a otra o del exterior al interior cuando se trata de un espacio común. Ese sitio de transición o conexión es el vestíbulo, un espacio funcional de alto valor estético que concentra un tránsito constante, motivo por el cual la piedra además de ser un material idóneo por su resistencia sirve para resaltar las virtudes de la geometría, la iluminación o la ambientación.

UNE GRANDE PARTIE DE NOS MOUVEMENTS quotidiens dans un espace architectural se simplifient en allant d'une pièce à l'autre ou de l'extérieur vers l'intérieur quand il s'agit d'un espace commun. Cet endroit de transition ou de connexion est le vestibule, un espace fonctionnel de grande valeur esthétique qui concentre un passage constant ; c'est pourquoi la pierre n'est pas seulement un matériau parfait par sa résistance, mais elle sert aussi à rehausser les vertus de la géométrie, l'éclairage ou l'ambiance.

EIN GROSSTEIL UNSERER TÄGLICHEN BEWEGUNGEN in einem Haus bestehen schlicht aus dem Gehen von einem Raum in den Anderen oder, in einem gemeinschaftlichen Bereich, von Draussen nach Drinnen. Der Ort des Übergangs oder der Verbindung ist die Lobby, ein funktioneller Bereich mit hohem ästhetischem Wert, in dem sich stetige Bewegung konzentriert, wodurch Stein, davon abgesehen, dass es durch seine Widerstandskraft eine ideales Material ist, dazu dient die Kraft der Geometrie, der Beleuchtung oder der Dekoration zu betonen.

stone
piedra
pierre
stein

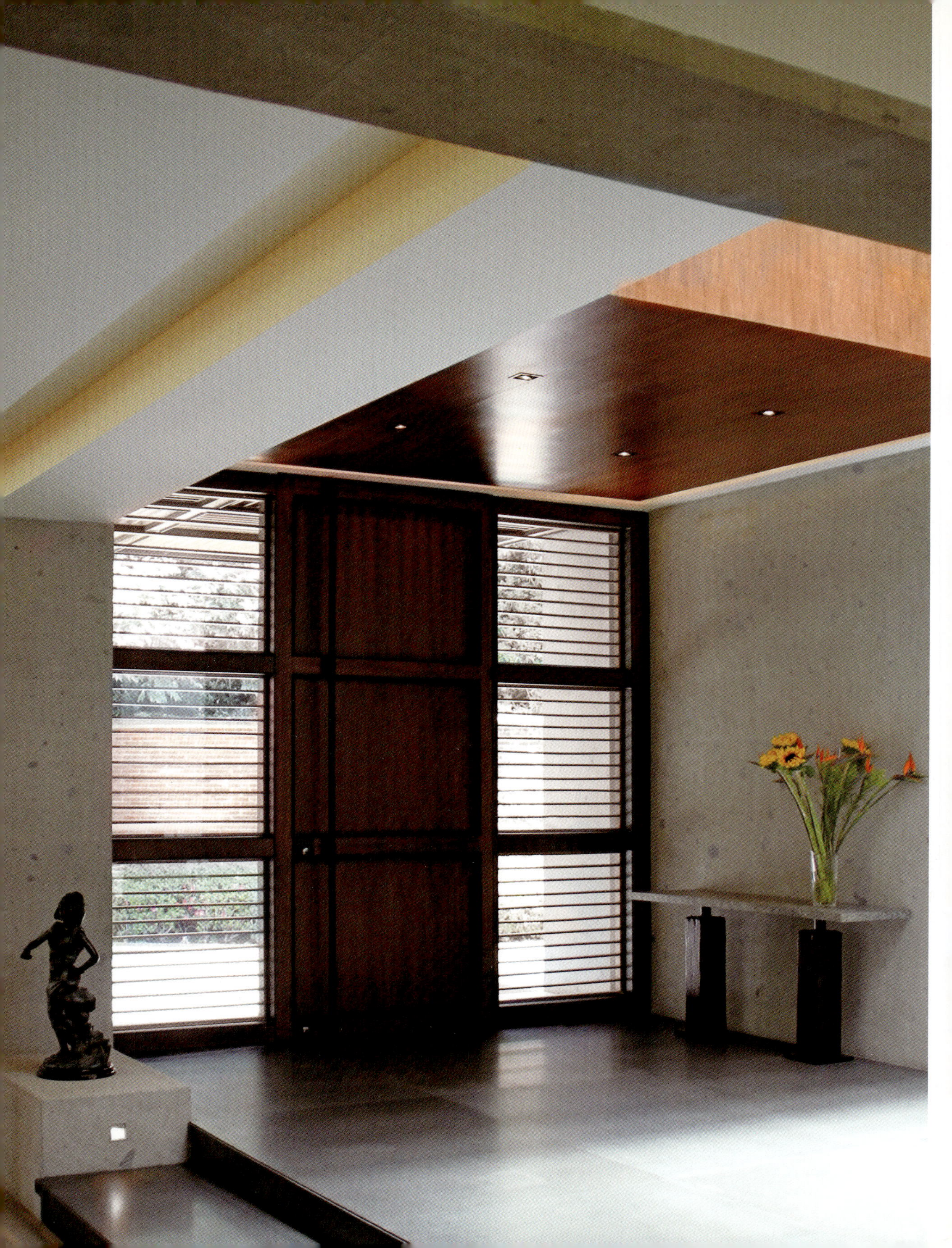

halls   vestíbulos   vestibules   lobbys

The treatment of the textures can configure a kind of stone mat that offers a feeling of openness to the threshold and at the same time directs us naturally while we are moving along.

El tratamiento de texturas puede configurar una especie de tapete pétreo que ofrezca una sensación de apertura ante el umbral y que nos dirija de forma natural en nuestro recorrido.

Le traitement ces textures peut configurer une espèce de tapis de pierre qui donne une sensation d'ouverture devant le seuil qui nous guide de façon naturelle dans notre parcours.

Die Verarbeitung der Texturen kann eine Art Teppich aus Stein entstehen lassen, der den Eindruck einer Öffnung zur Türschwelle hin vermittelt und uns auf natürliche Weise den Weg weist.

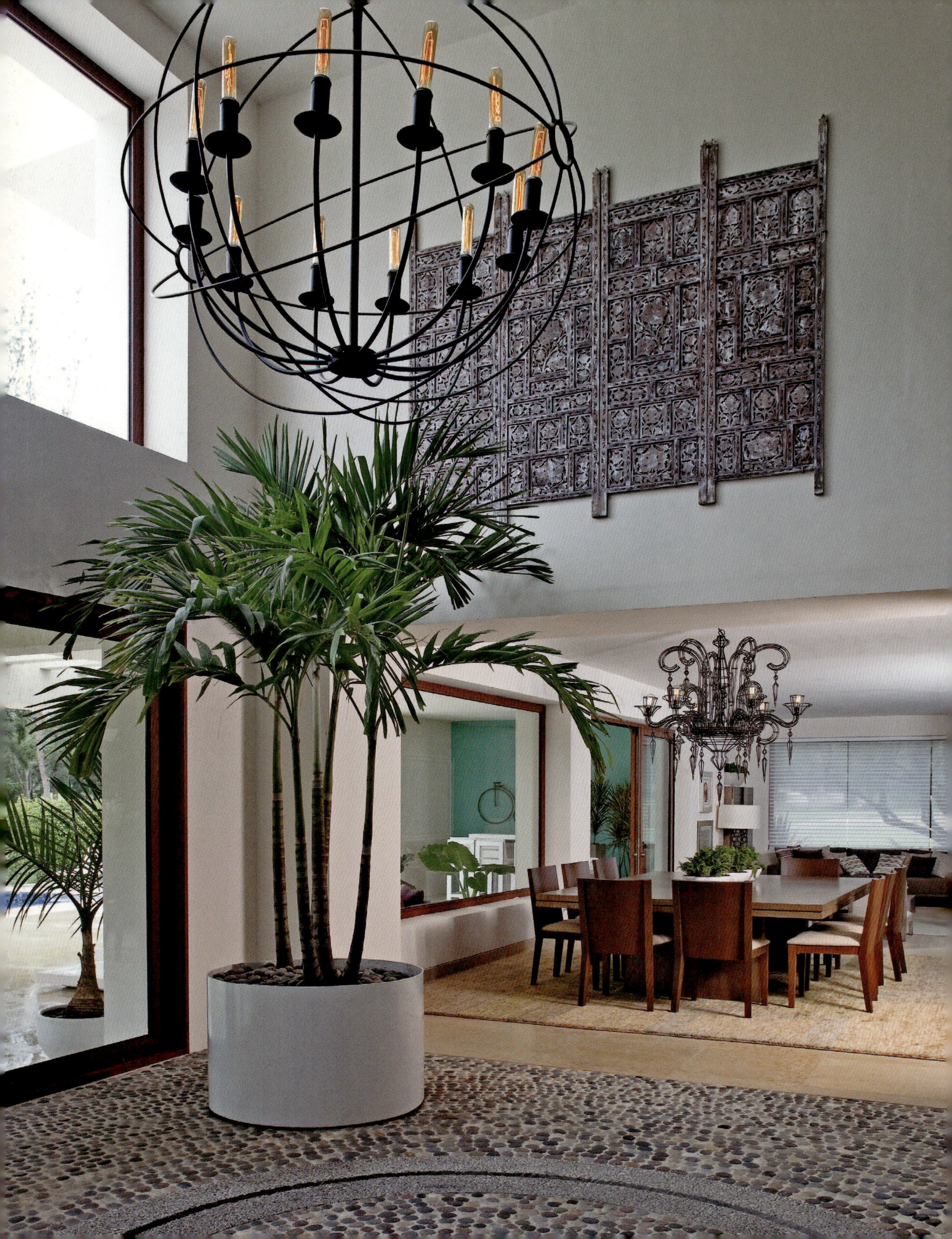

ANY SPACE that leads to another should be treated as a transitional space. It is not a space of minor importance. On the contrary, it may have a personality and character of its own, thanks to the presence of construction details that emphasize it, as well as a design that incorporates large windows, double-heights, or a stoned area with subtle changes of level in circular shapes.

CUALQUIER ESPACIO que conduzca a otro debe ser tratado como una transición. No es un espacio de importancia menor, todo lo contrario puede tener personalidad y carácter propio gracias a la presencia de detalles constructivos que lo hagan destacar, así como un diseño que incorpore amplios ventanales, una doble altura o una zona empedrada con sutiles cambios de nivel en formas circulares.

TOUT ESPACE qui nous conduit vers un autre doit être considéré comme une transition. Ce n'est pas un espace de moindre importance, tout au contraire, il peut avoir une personnalité et un caractère propres grâce à la présence de détails de construction qui le soulignent, ainsi qu'un design qui incorpore de grandes fenêtres, une double hauteur ou une zone revêtue de pierre avec des changements subtils de niveau en formes circulaires.

JEDER BEREICH der zu einem Anderen führt sollte als Übergang behandelt werden. Es ist kein Bereich von geringer Bedeutung, im Gegenteil, er kann, dank der Präsenz von baulichen Details, wie ein Design mit grossen Fenstern, doppelter Höhe oder einem Steinboden mit subtilen Änderungen der Ebenen in Kreisform, die ihn zu etwas Besonderem machen, eine eigene Persönlichkeit und Charakter haben.

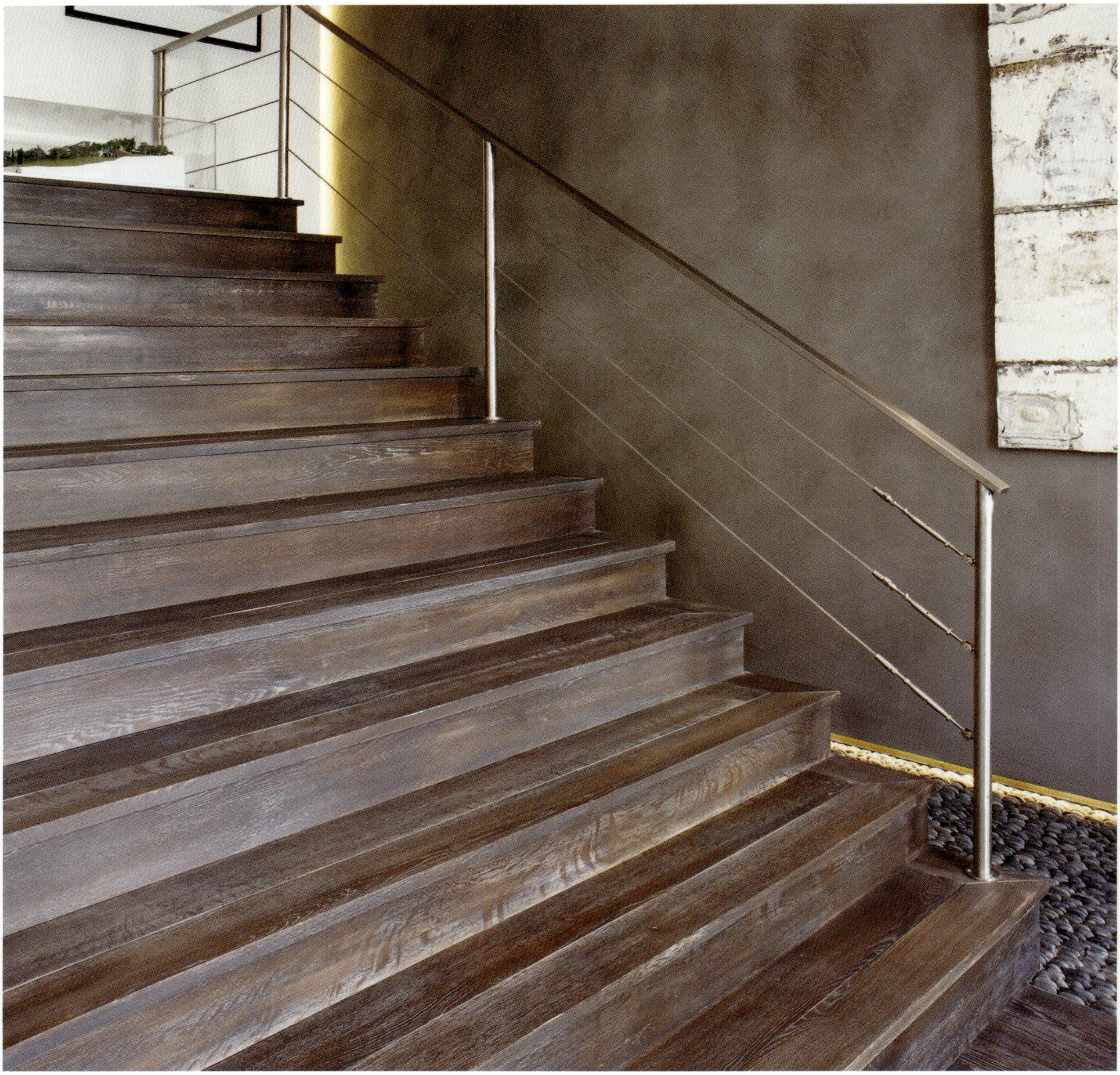

227
halls vestíbulos vestibules lobbys

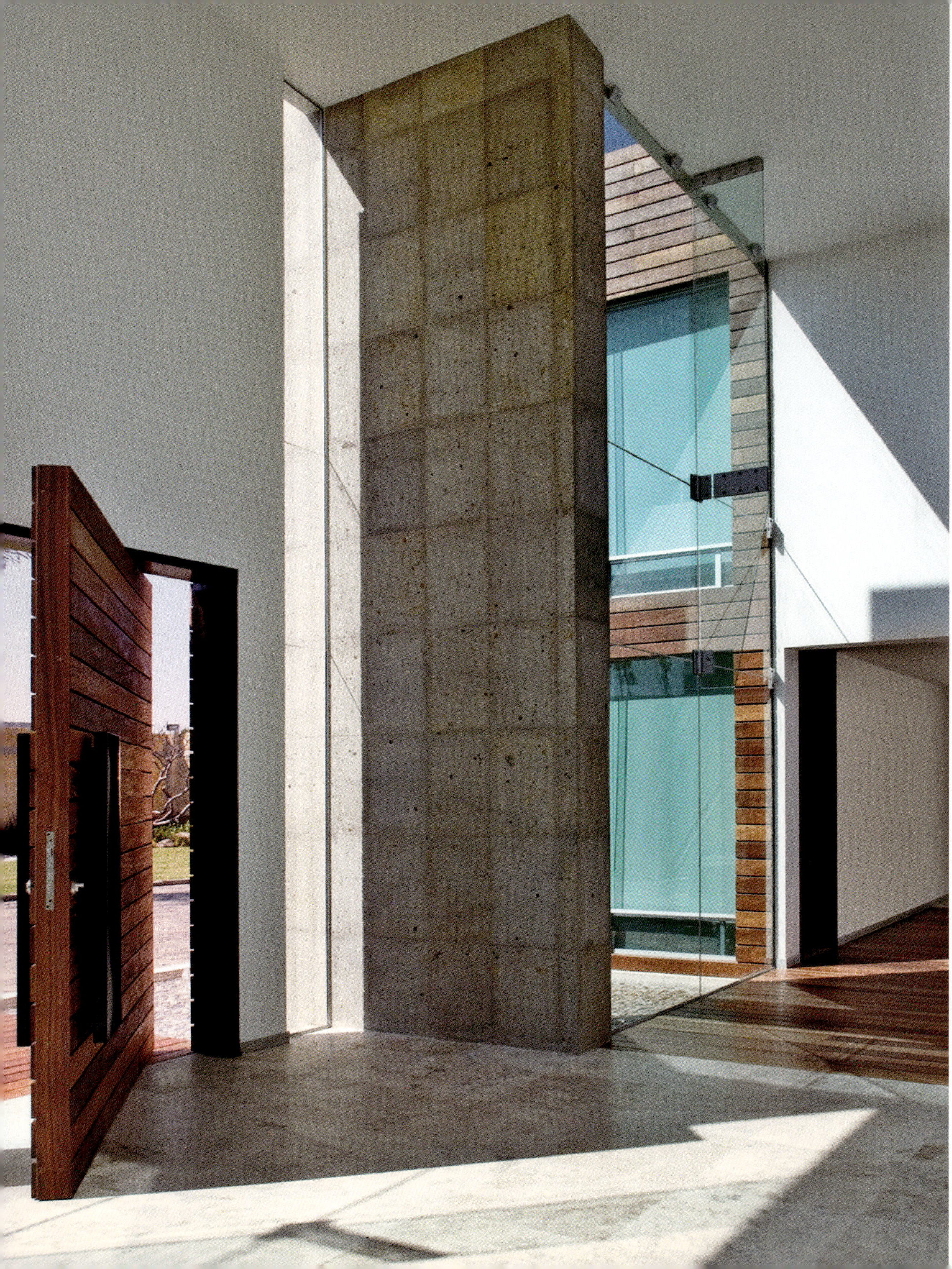

halls   vestíbulos   vestibules   lobbys

PLANENESS IS THE KEY ELEMENT of this area, as well as the light and shadows. Therefore, special care has been taken in the modulation of the parts comprising the finishes on the floor, to build a direct relationship with the double-height walls that surround it. The continuity of the material towards the staircase and the amount of light reflecting on the surface are of remarkable presence.

EL PLANO ES EL ELEMENTO dominante de este acceso tanto como la luz y la sombra. Por lo anterior, se ha tenido especial cuidado en la modulación de las piezas que integran los acabados en el piso para generar una relación directa con los muros a doble altura que lo rodean. Destaca la manera en cómo existe una continuidad del material hacia la escalera y la cantidad de luz que refleja superficialmente.

LE PLAN EST L'ÉLÉMENT dominant de cet accès, par la lumière et par l'ombre. Pour cela, on a soigné spécialement la modulation des pièces qui intègrent les finitions du plancher pour générer une relation avec les murs de double hauteur qui l'entourent. Il faut souligner qu'il existe une continuité du matériau vers l'escalier et la quantité de lumière qu'il reflète superficiellement.

DIE FLÄCHE IST DAS VORHERRSCHENDE ELEMENT, genauso wie Licht und Schatten. Darum verwendet man besondere Sorgfalt auf die Form der Stücke aus denen der Boden gemacht ist, um eine direkte Verbindung mit den Wänden in doppelter Höhe, die hn umgeben, herzustellen. Die Fortführung des Materials zur Treppe hin und das Licht, das seine Oberfläche widerspiegelt, fallen besonders auf.

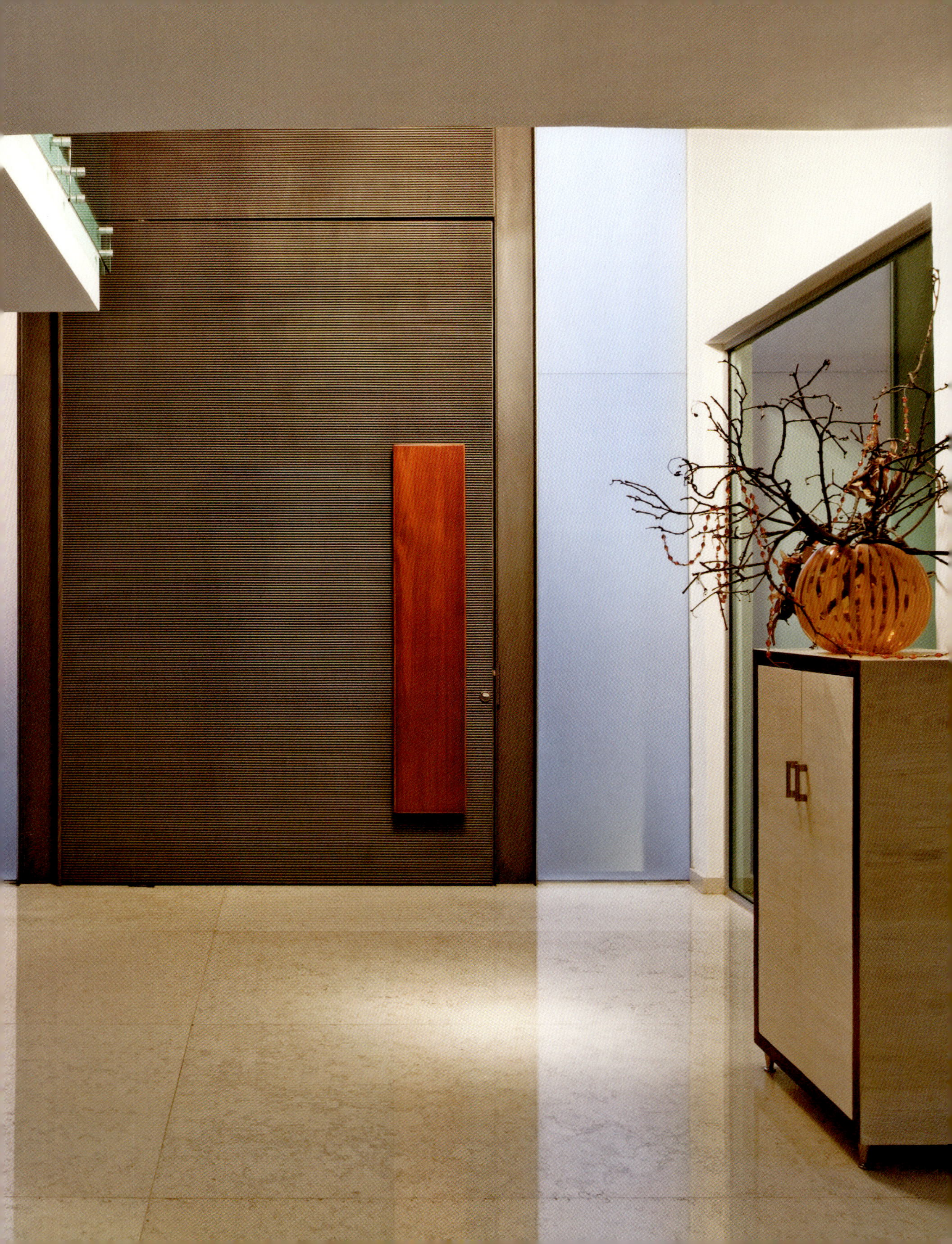

halls   vestíbulos   vestibules   lobbys

THE CLOSE RELATIONSHIP that exists between light, color and texture has been exalted in this area, which integrates parts of marble in large format to promote broader space. The discreet presence of openings enhances the light softened by dividing glass components, as well as the decoration and layout of the carpentry components.

LA ESTRECHA RELACIÓN que existe entre luz, color y textura se ha exaltado en este espacio que integra piezas de mármol en gran formato para propiciar mayor amplitud espacial. La discreta presencia de vetas funciona para que visualmente destaque la luz matizada por los componentes divisorios de vidrio así como la decoración y el diseño de la carpintería.

L'ÉTROITE RELATION qui existe entre la lumière, la couleur et la texture a été exaltée dans cet espace qui intègre des pièces de marbre au grand format pour favoriser une plus grande amplitude spatiale. La présence discrète des veines sert à souligner visuellement la lumière teintée des composants de division en verre, ainsi que la décoration et el design de la menuiserie.

DIE DIREKTE BEZIEHUNG, die zwischen Licht, Farbe und Textur besteht, wurde in diesem Bereich noch gesteigert, indem grossformatige Marmorstücke verwendet wurden, um die räumliche Weite zu vergrössern. Die diskrete Präsenz der Maserung lässt optisch das matte Licht durch die Unterteilungen der Fenster sowie die Dekoration und das Design der Tischlerarbeiten herausstechen.

marble   mármol   marbre   marmor

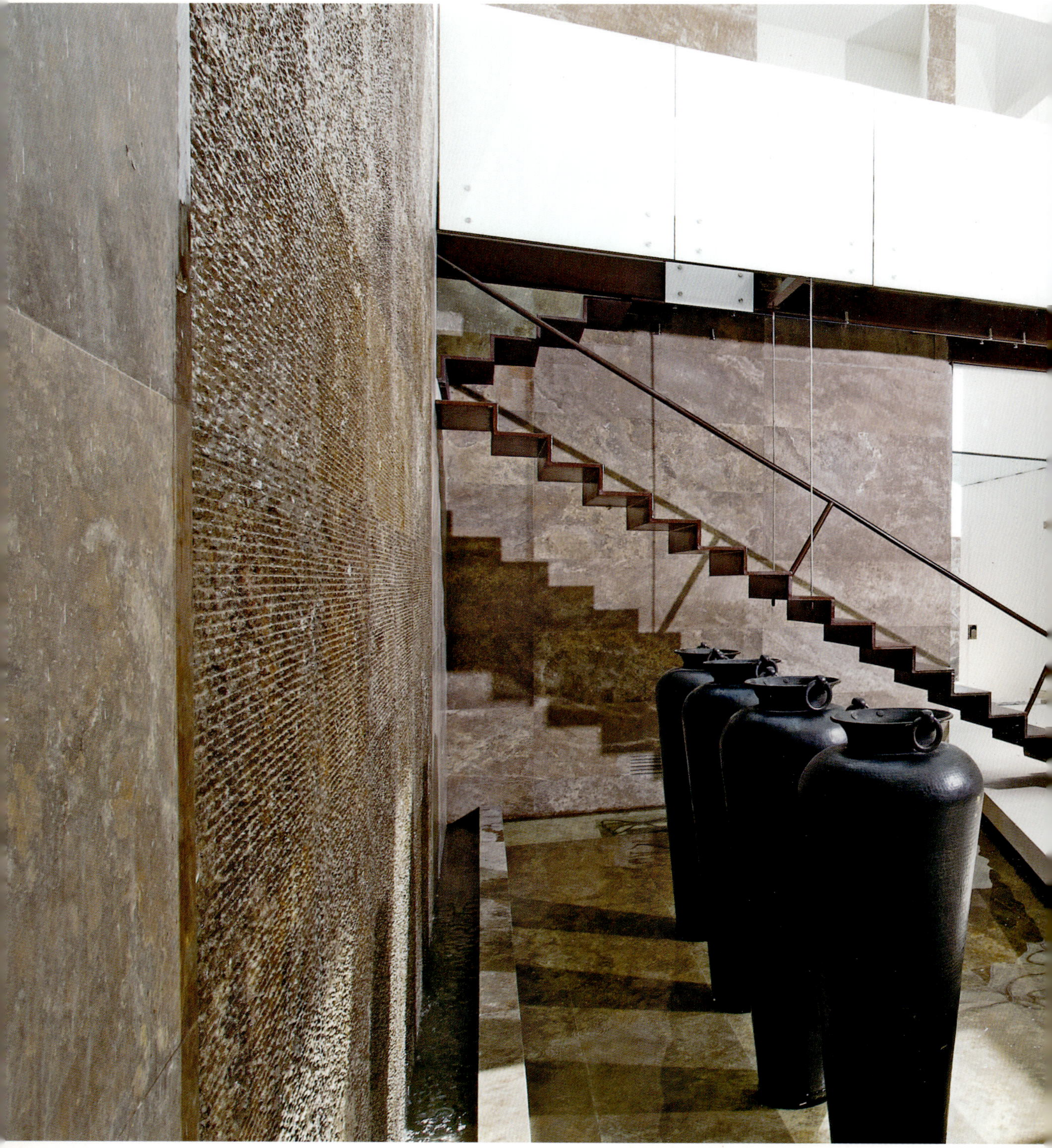

halls vestíbulos vestibules lobbys

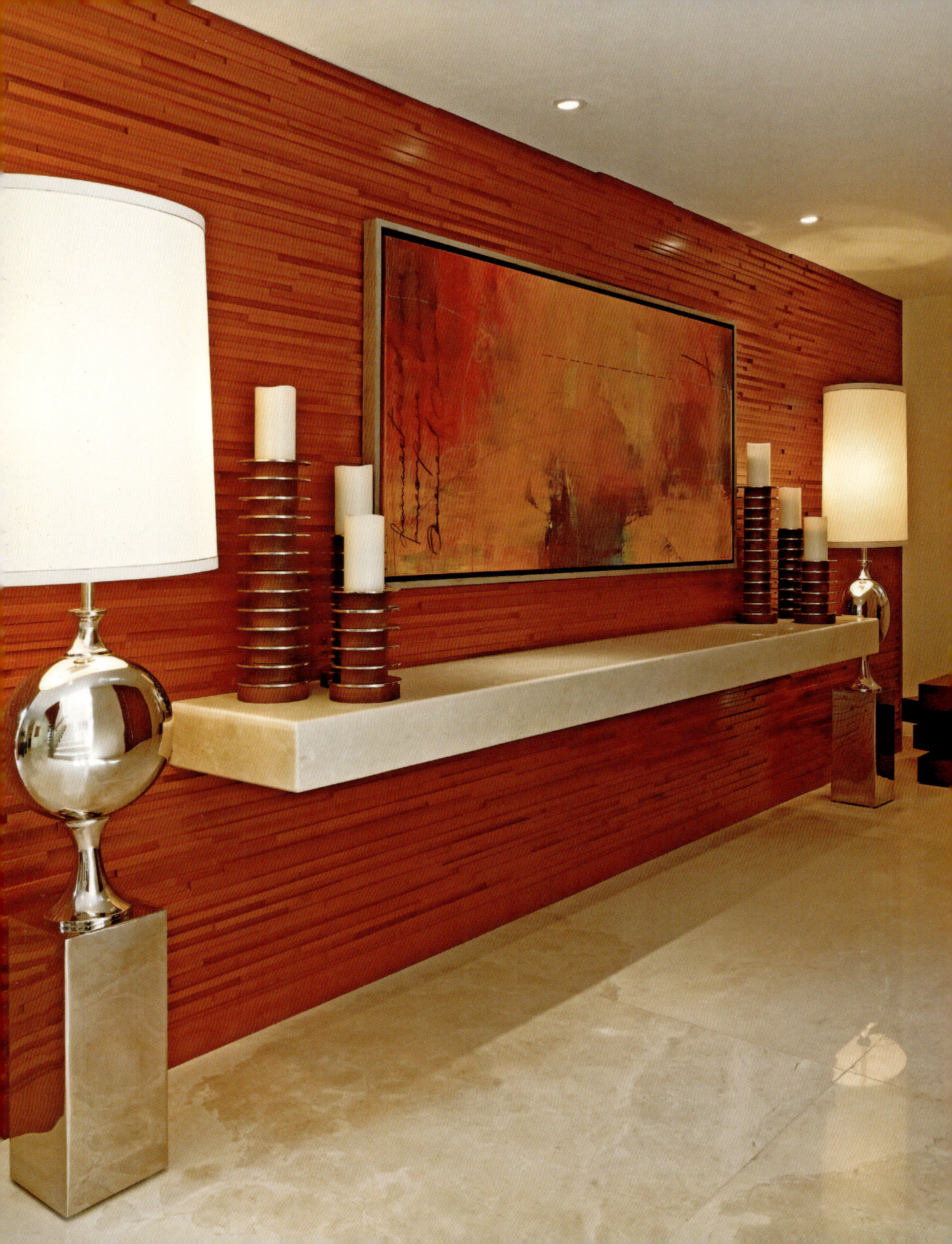

halls   vestíbulos   vestibules   lobbys

Those surfaces discovered by our eyes as we walk should represent an invitation to the touch. Other qualities will be linked to its ability to be always clean, warm and bright.

Las superficies que nuestra mirada descubra a cada paso deberán presentarse como una clara invitación al tacto. Otras cualidades se vincularán a su capacidad de mostrarse siempre limpias, cálidas y luminosas.

Les surfaces que notre regard découvre à chaque pas devraient se présenter comme une claire invitation au toucher. D'autres qualités devraient être liées à leur capacité à paraitre toujours, limpides, accueillantes et lumineuses.

Die Oberflächen, die unser Blick bei jedem Schritt entdeckt, sollten eine deutliche Einladung für unseren Tastsinn sein. Andere Eigenschaften sind mit ihrer Fähigkeit sich immer sauber, warm und leuchtend zu präsentieren verknüpft.

THE FINISHES OF THE FLOOR SHOULD NOT STAND OUT when there is a constructive detail of huge aesthetic qualities such as a staircase (which can even have sculptural traits). Light-colored marble can be used to reveal all the virtues of the latter and allow it to visually dominate the lobby. A sober decoration, as well as the use of lighting, will reaffirm this design strategy.

NO SIEMPRE DEBE SOBRESALIR EL ACABADO DEL PISO, cuando existe un detalle constructivo de enormes cualidades estéticas como una escalera (que incluso puede tener rasgos escultóricos), el mármol en colores claros puede ser empleado para revelar todas las virtudes de esta última y permitir que domine visualmente el vestíbulo. Una decoración sobria así como el uso de la iluminación reafirmará esta estrategia de diseño.

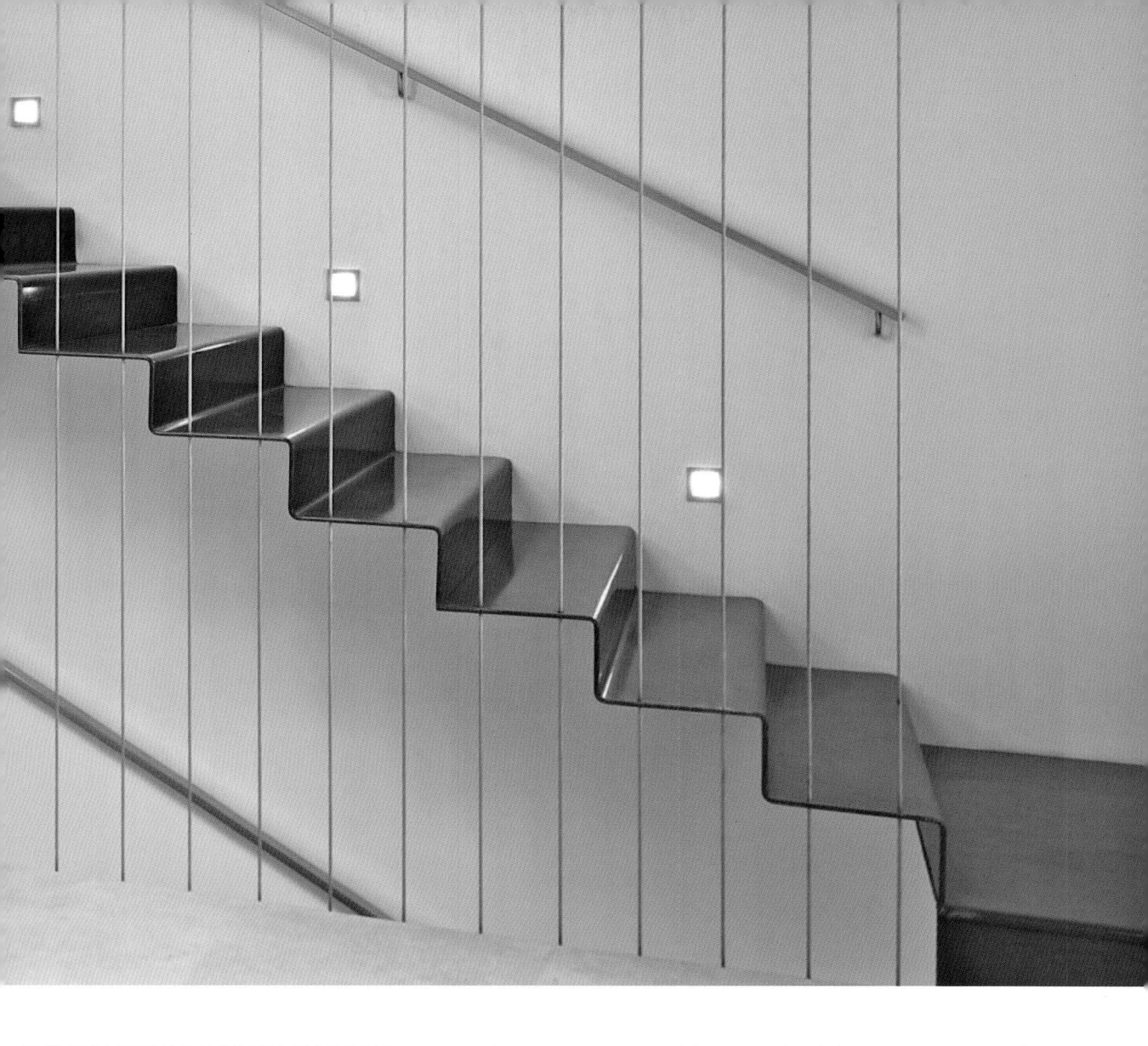

LE FINISSAGE DU PLANCHER NE DOIT PAS toujours se faire remarquer, quand il existe un détail de construction ayant d'énormes qualités esthétiques, tel qu'un escalier (qui peut devenir une vraie sculpture), le marbre de couleurs claires peut être employé pour révéler toutes ses vertus et permettre qu'il domine visuellement le vestibule. Une décoration sobre, ainsi que l'éclairage, renforcera cette stratégie de design.

NICHT IMMER SOLLTE DIE VERARBEITUNG DES BODENS im Mittelpunkt stehen; wenn es ein bauliches Detail von hohem äthetischem Wert wie eine Treppe (die sogar skulpturhafte Qualität haben kann) gibt, kann Marmor in heller Farbe dazu verwendet werden, alle ihre Vorzüge zu offenbaren und sie die Eingangshalle beherrschen zu lassen. Eine nüchterne Dekoration, sowie die Beleuchtung verstärken diese Strategie im Design.

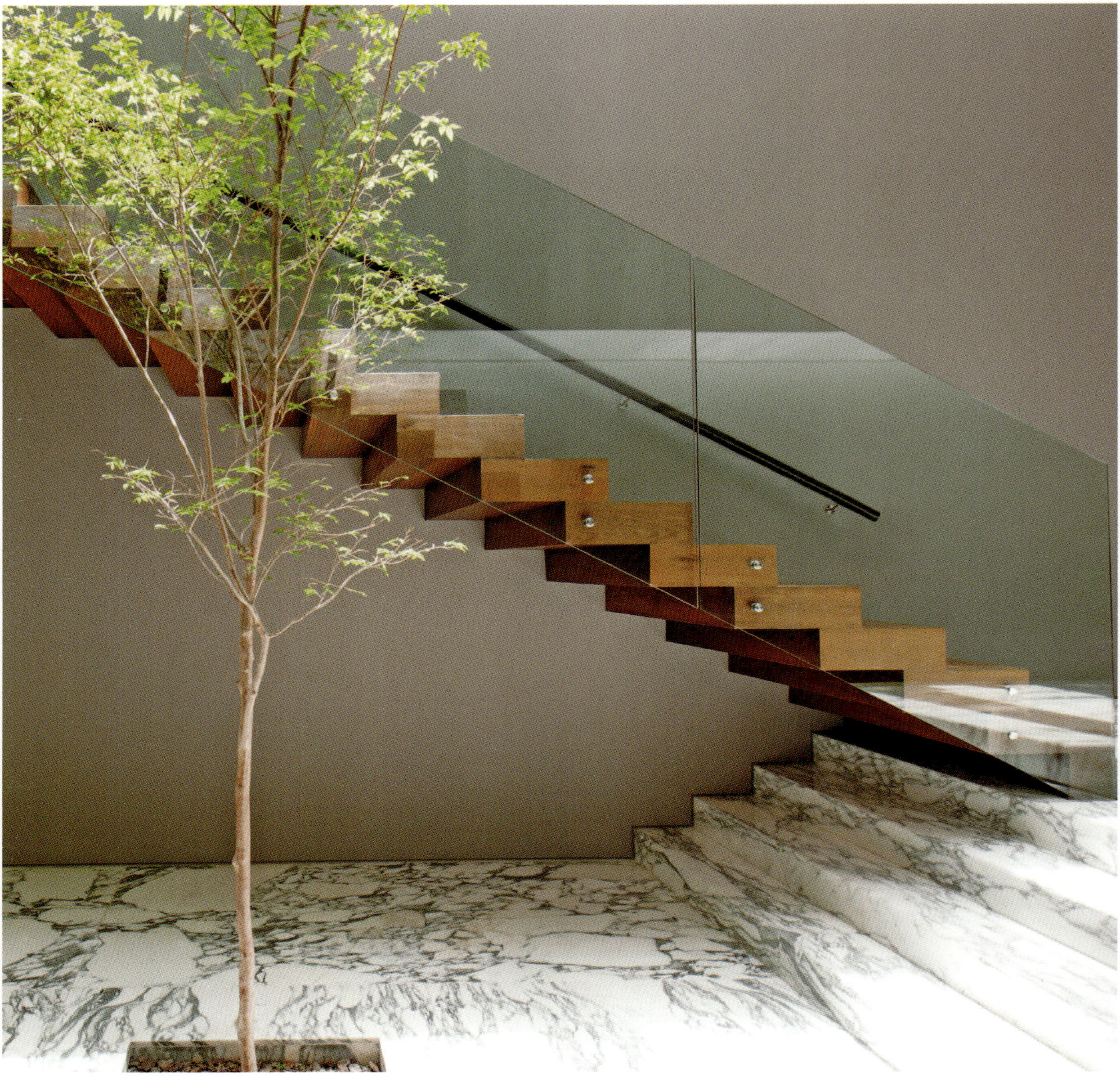

halls vestíbulos vestibules lobbys

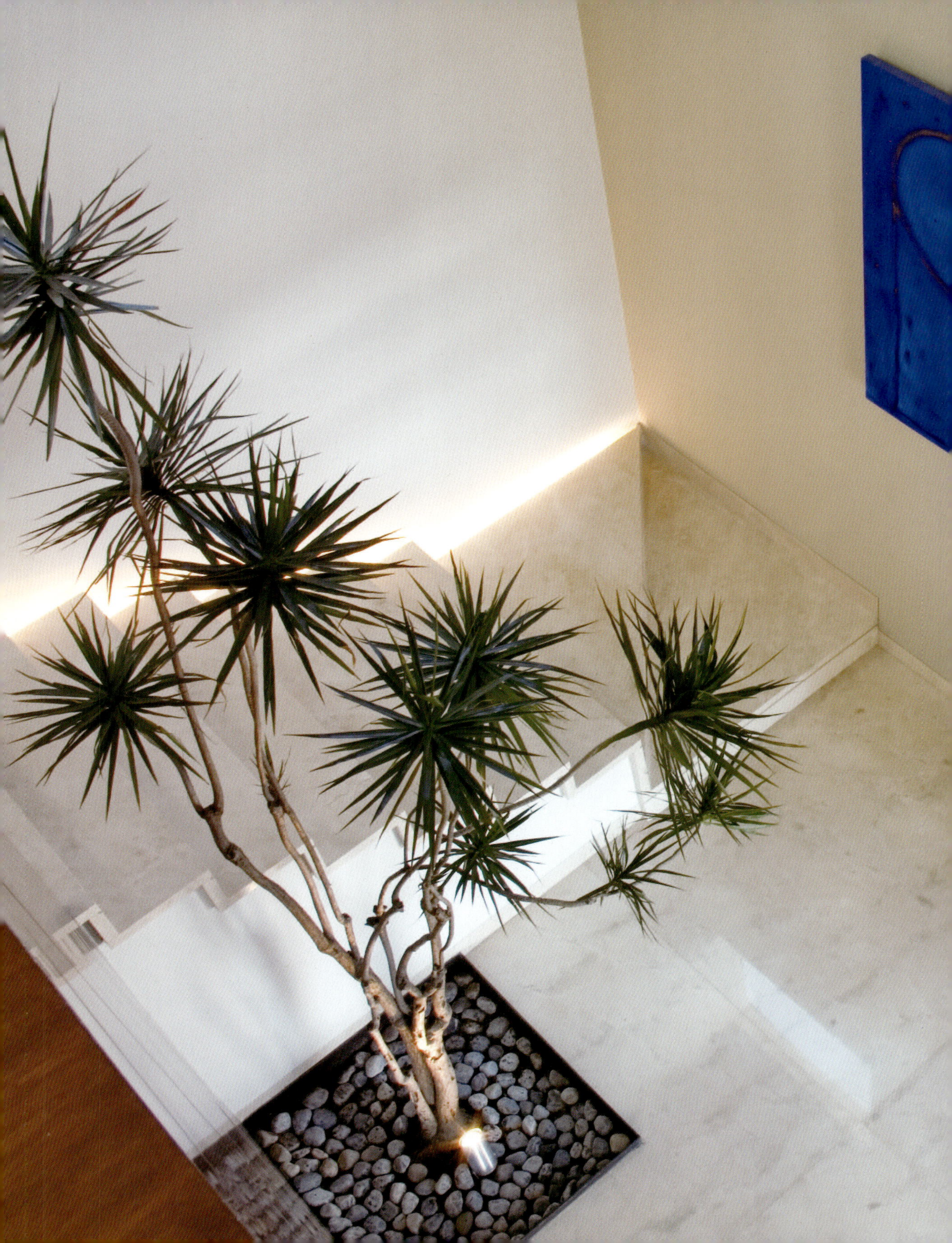

halls vestíbulos vestibules lobbys

Sometimes the presence of marble can make our space look cold and lacking personality. To counteract this phenomenon and create a vibrant space we can incorporate works of art in intense colors, vegetation, or an old armchair with garments in skin that integrates more organic forms. The diversity of textures will significantly enrich the environment.

Algunas veces la presencia del mármol puede ocasionar que nuestro espacio se perciba frío y sin personalidad, para contrarrestar este fenómeno y conseguir un espacio vibrante se pueden incorporar obras de arte en colores intensos, vegetación o un sillón antiguo con vestiduras en piel que integre formas más orgánicas. La diversidad de texturas enriquecerá notablemente el ambiente.

Quelquefois, la présence du marbre peut faire en sorte que notre espace soit perçu comme froid et dépourvu de personnalité ; pour contrer ce phénomène et avoir un espace vibrant, on peut incorporer des œuvres d'art aux couleurs intenses, de la végétation ou un fauteuil ancien aux revêtements en cuir qui intègre des formes plus organiques. La diversité des textures enrichira notablement l'ambiance.

Manchmal führt die Präsenz von Marmor dazu, dass unsere Bereiche als kalt und unpersönlich empfunden werden; um diesem Phänomen entgegenzuwirken und ein lebendiges Ambiente zu erzielen, kann man Kunstwerke in intensiven Farben, Pflanzen oder einen antiken Sessel mit Lederbezügen integrieren, die organische Formen repräsentieren. Die Vielfalt der Texturen bereichert das Ambiente merklich.

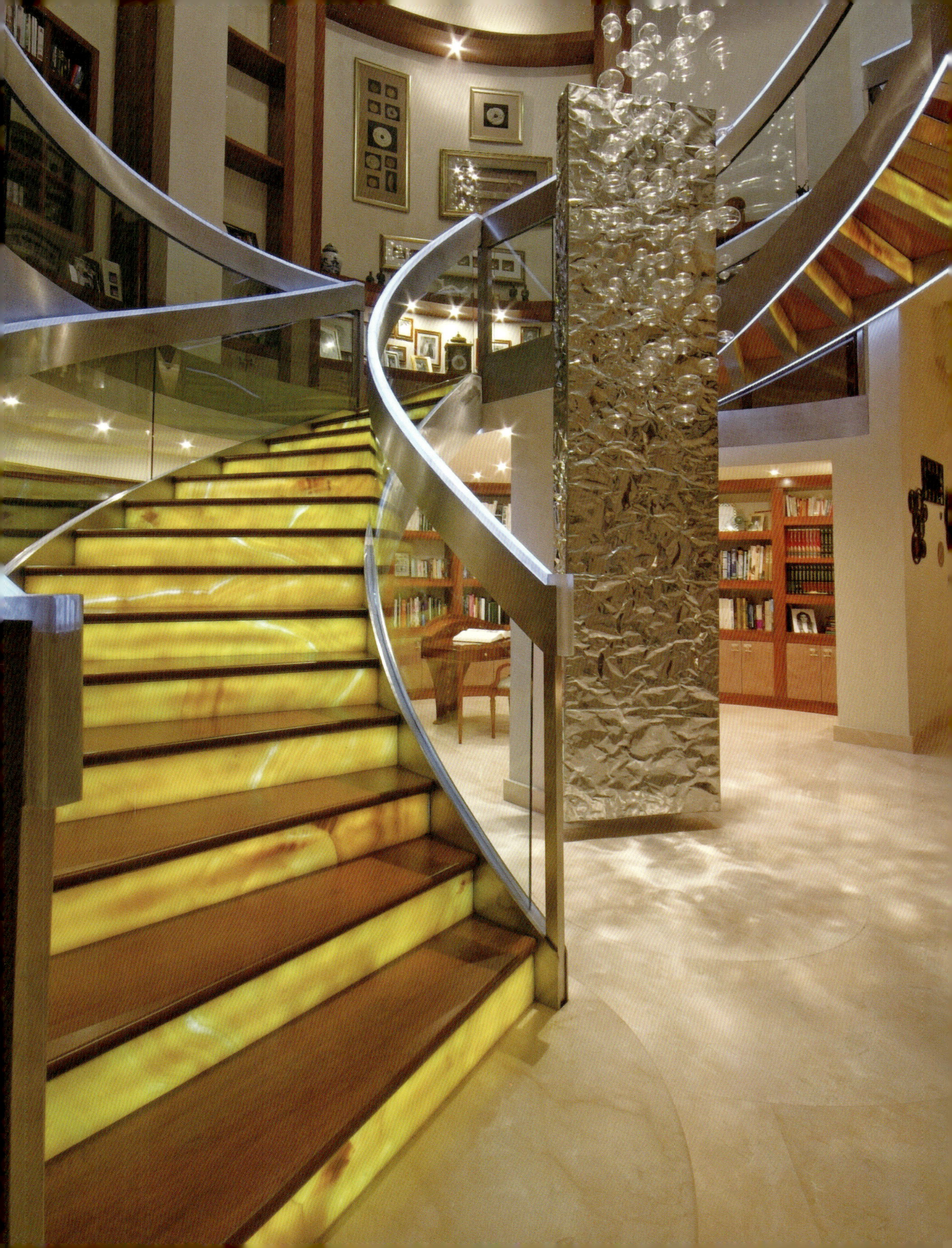

halls vestíbulos vestibules lobbys

THE SENSUALITY OF A STAIRCASE like this makes the joints between materials are visible, enhancing their differences in color and organic patterns. The decision to show the assembly of parts will give us a feeling of softness and safety when transitioning trough this area. It is worth noting that this area unfolds betwen the column and the central fixture.

LA SENSUALIDAD DE UNA ESCALERA como ésta puede permitirnos que las uniones entre materiales sean visibles para dejar en claro sus diferencias de color y patrones orgánicos. Esta decisión de mostrar el ensamble de piezas nos dará una sensación de suavidad y seguridad al transitar. Vale la pena observar que el espacio se despliega en torno a la columna y la luminaria central.

LA SENSUALITÉ D'UN ESCALIER comme celui-ci peut nous permettre de laisser les unions entre les matériaux visibles pour montrer clairement leurs différences de couleurs et schémas organiques. Cette décision de montrer l'ensemble des pièces nous donnera une sensation de douceur et de sécurité au passage. Il faut observer que l'espace se déploie autour de la colonne et la luminaire centrale.

DIE SINNLICHKEIT EINER TREPPE wie dieser erlaubt uns die Verbindungen zwischen den Materialien sichtbar zu lassen, um ihre Unterschiede in Farbe und organischen Mustern deutlich zu zeigen. Diese Entscheidung, die Verbindungstellen zu zeigen, gibt uns das Gefühl von Weichheit und Sicherheit beim Durchgang. Es ist bemerkenswert, dass sich der Bereich von der Säule und der zentralen Lampe aus, ausbreitet.

metal metal métal metall

244

halls vestíbulos vestibules lobbys

METALS HAVE THE QUALITY of reflecting a lot of light, and this is very usefu when we seek to compensate for low natural light in a lobby or add brightness to a transition zone. The result will be highly pleasant to the eye because it will unify the ambient light, allowing us to appreciate all adjacent surfaces as well as their colors and textures.

LA CUALIDAD DE LOS METALES de reflejar una enorme cantidad de luz funciona adecuadamente cuando lo que se busca es compensar la escasa luz natural de un vestíbulo o añadir luminosidad a una zona de transición. El resultado será altamente confortable a la vista debido a que se unificará la luz ambiental, lo que nos permitirá apreciar todas las superficies contiguas tanto como sus colores y texturas.

LES MÉTAUX SE CARACTÉRISENT par leur capacité de refléter une énorme quantité de lumière, ce qui est parfait quand on cherche à compenser le manque de lumière naturelle dans un vestibule ou à augmenter la luminosité dans une zone de transition. Le résultat sera très réconfortant à la vue, car il unifiera la lumière ambiance, ce qui nous permettra d'apprécier toutes les surfaces contigües quant à leurs couleurs et textures.

DIE EIGENSCHAFT DER METALLE das Licht zu reflektieren, funktioniert sehr gut, wenn man spärliches natürliches Licht in einer Eingangshalle ausgleichen möchte, oder mehr Licht in einen Durchgangsbereich bringen möchte. Das Ergebnis ist sehr angenehm anzusehen, da das Licht gleichmässig verteilt wird, was uns erlaubt alle Oberflächen und ihre Farben und Texturen zu würdigen.

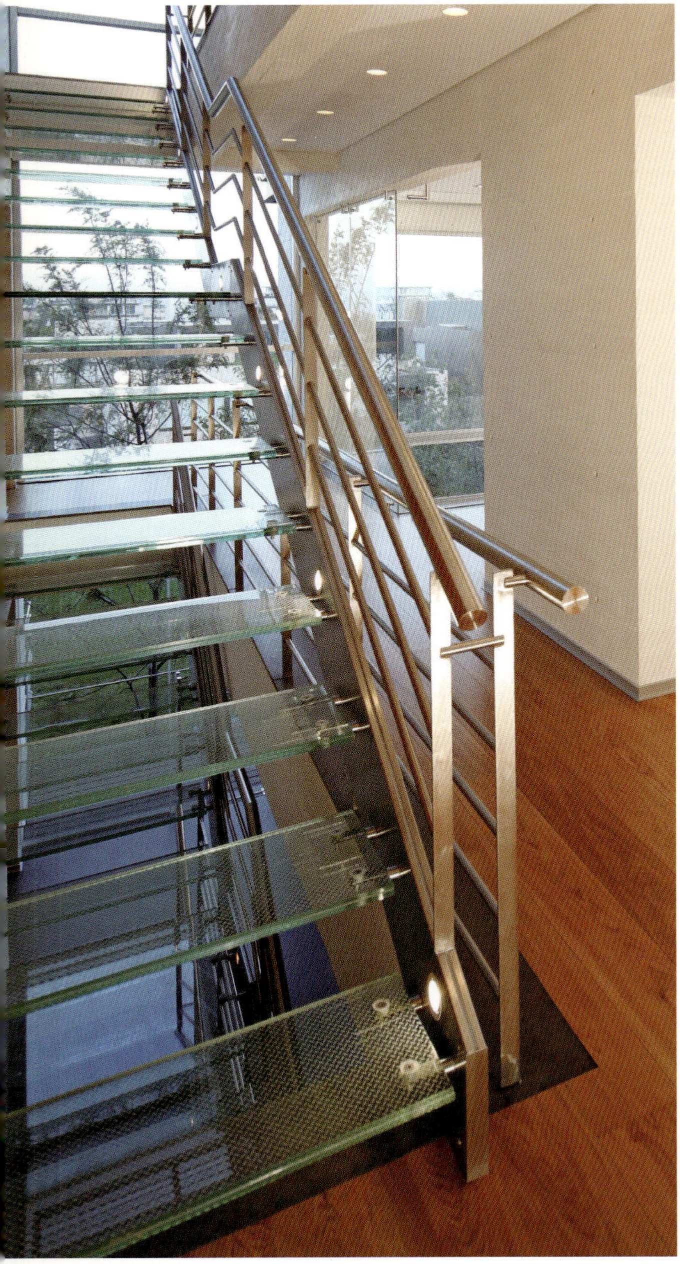

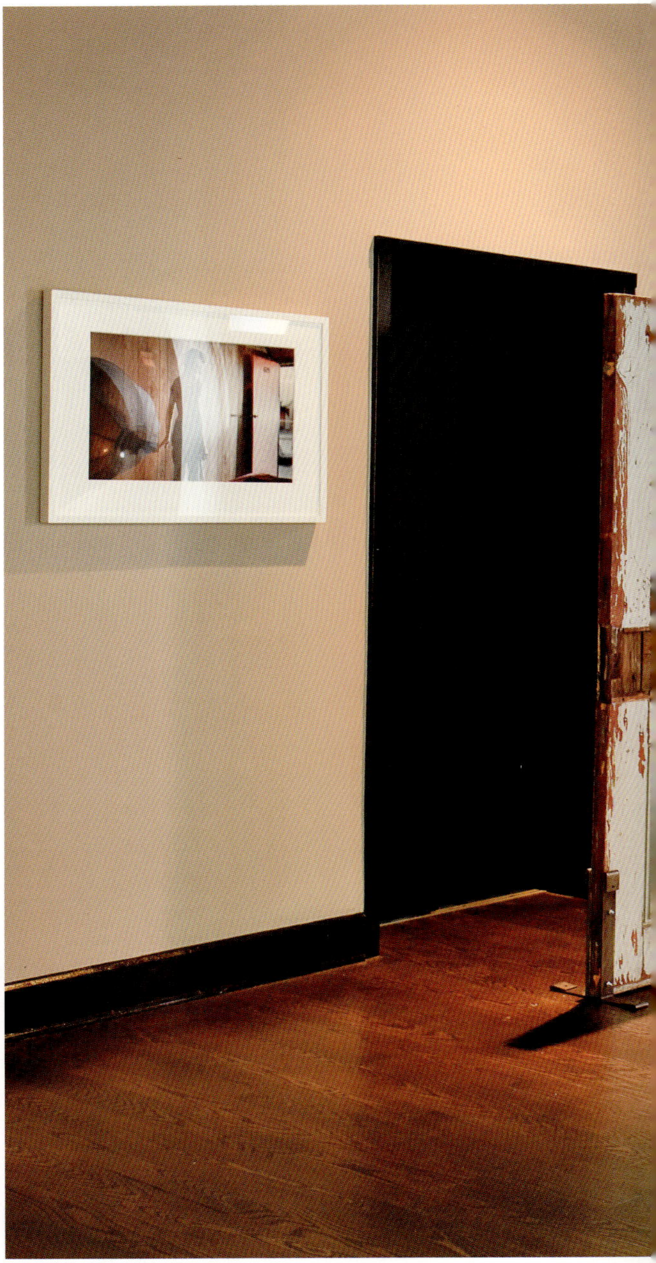

247

halls vestíbulos vestibules lobbys

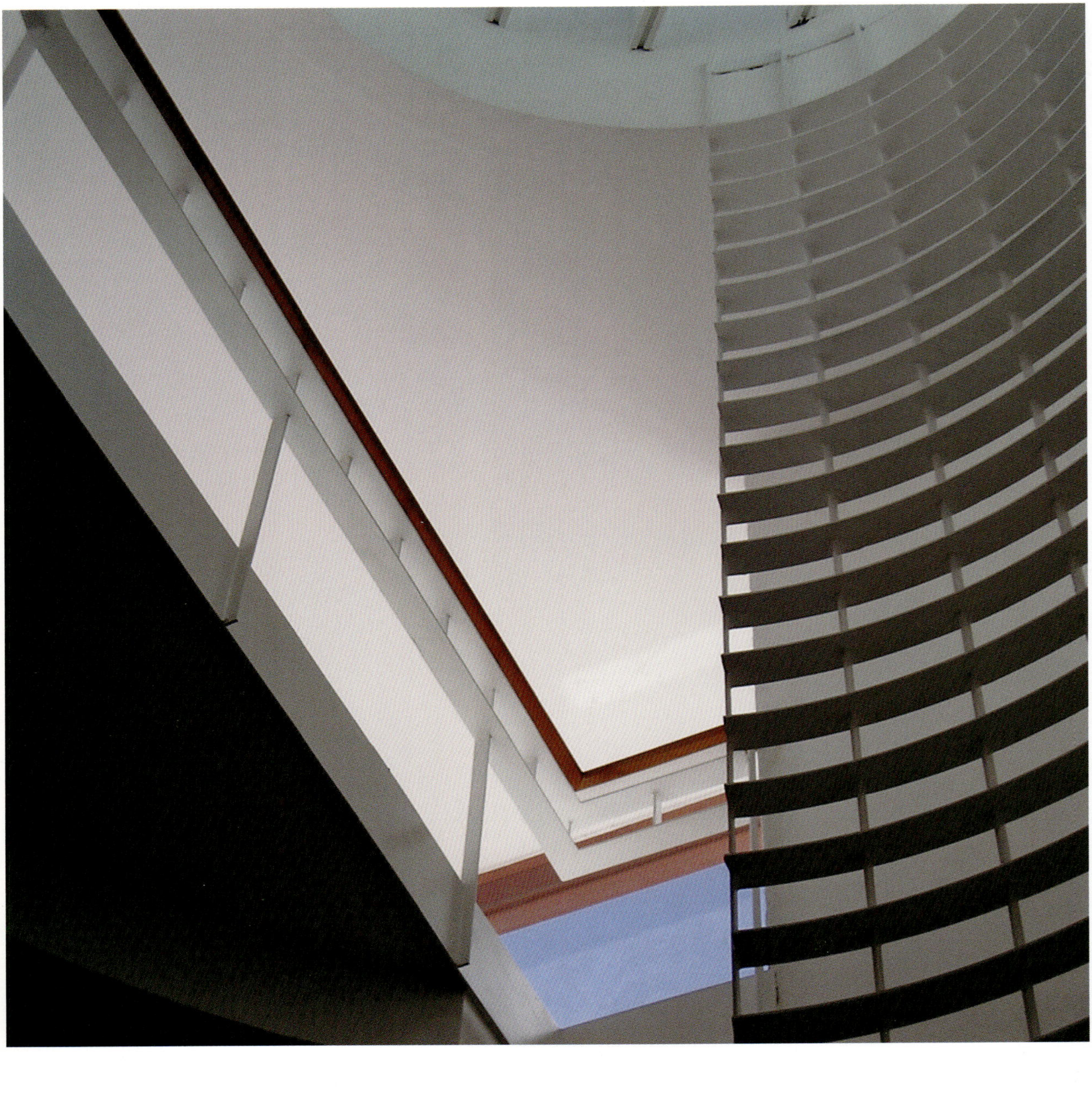

halls   vestíbulos   vestibules   lobbys

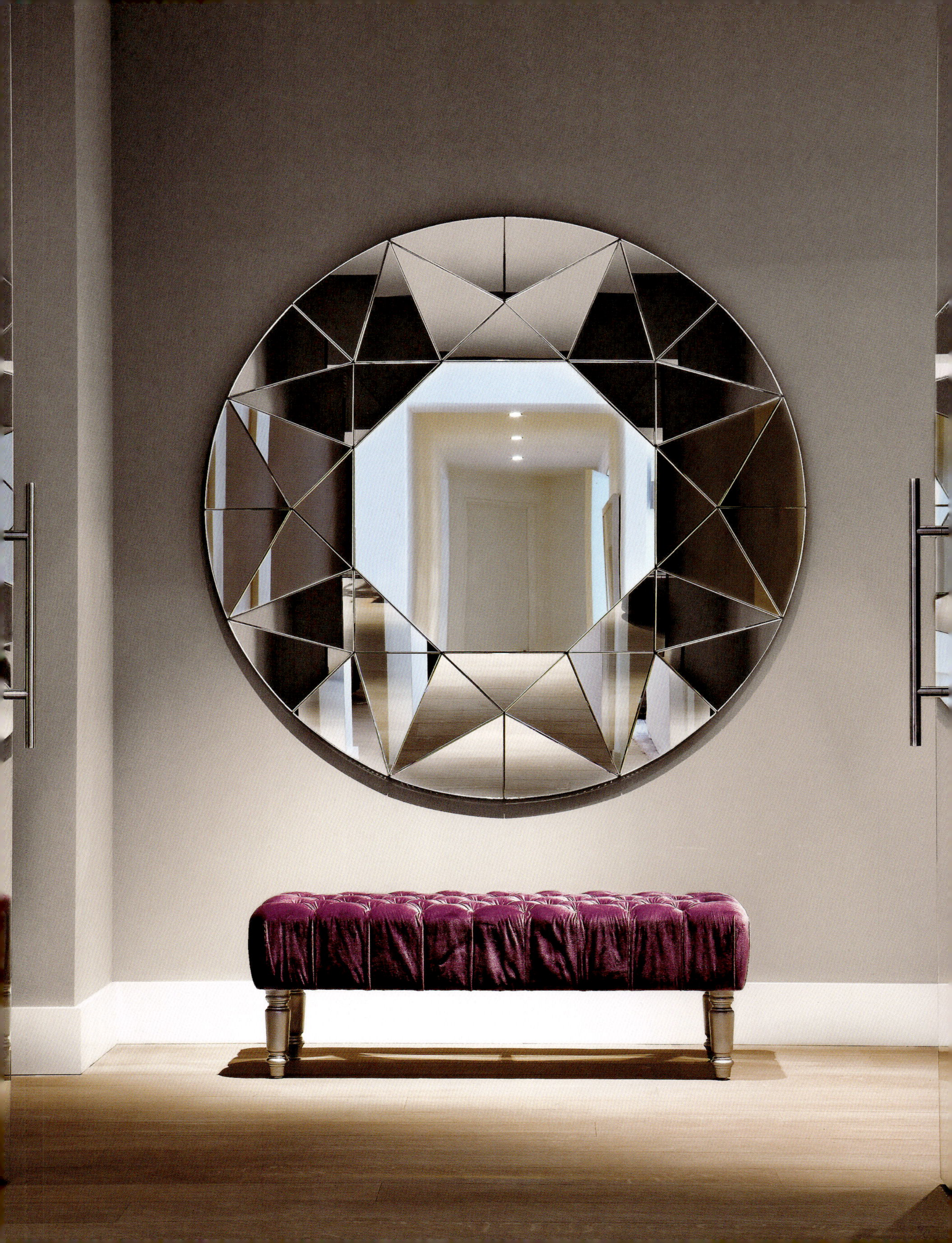

TRANSITIONAL AREAS, or halls like this, always look more elegant if there is harmony between areas of light and the contrast of shadows. This strategy also works when you combine wood in dark tones with the linear molding of aluminum. It is also possible to use metal as a lattice or dividing element to enable us to visually direct our path.

LOS ESPACIOS de transición o vestíbulos como éste siempre se percibirán mucho más elegantes si se armonizan zonas de luz en contraste con algunas de sombra. Lo mismo funciona cuando se relacionan maderas en tonos oscuros con molduras lineales de aluminio. Hay también, desde luego la posibilidad de ocupar el metal como celosía o elemento divisorio capaz de dirigir visualmente nuestro recorrido.

LES ESPACES DE TRANSITION ou les vestibules comme celui-ci seront toujours perçus comme beaucoup plus élégants si on harmonise les zones de lumière en contraste avec quelques ombres. Il va de même quand on met en relation les bois aux tons foncés avec des moulures linéales en aluminium. On a aussi, bien sûr, la possibilité d'utiliser le métal comme jalousie ou élément de division pour guider visuellement notre parcours.

DURCHGANGSBEREICHE oder Eingangshallen wie diese werden immer als sehr viel eleganter empfunden, wenn Zonen mit Licht in Harmonie mit Kontrastzonen des Schattens gebracht werden. Das Gleiche passiert, wenn man dunkles Holz mit geraden Formen aus Aluminium verbindet. Es gibt natürlich auch die Möglichkeit Metall als Jalousie oder Trennelement zu nutzen, das uns optisch unseren Weg weist.

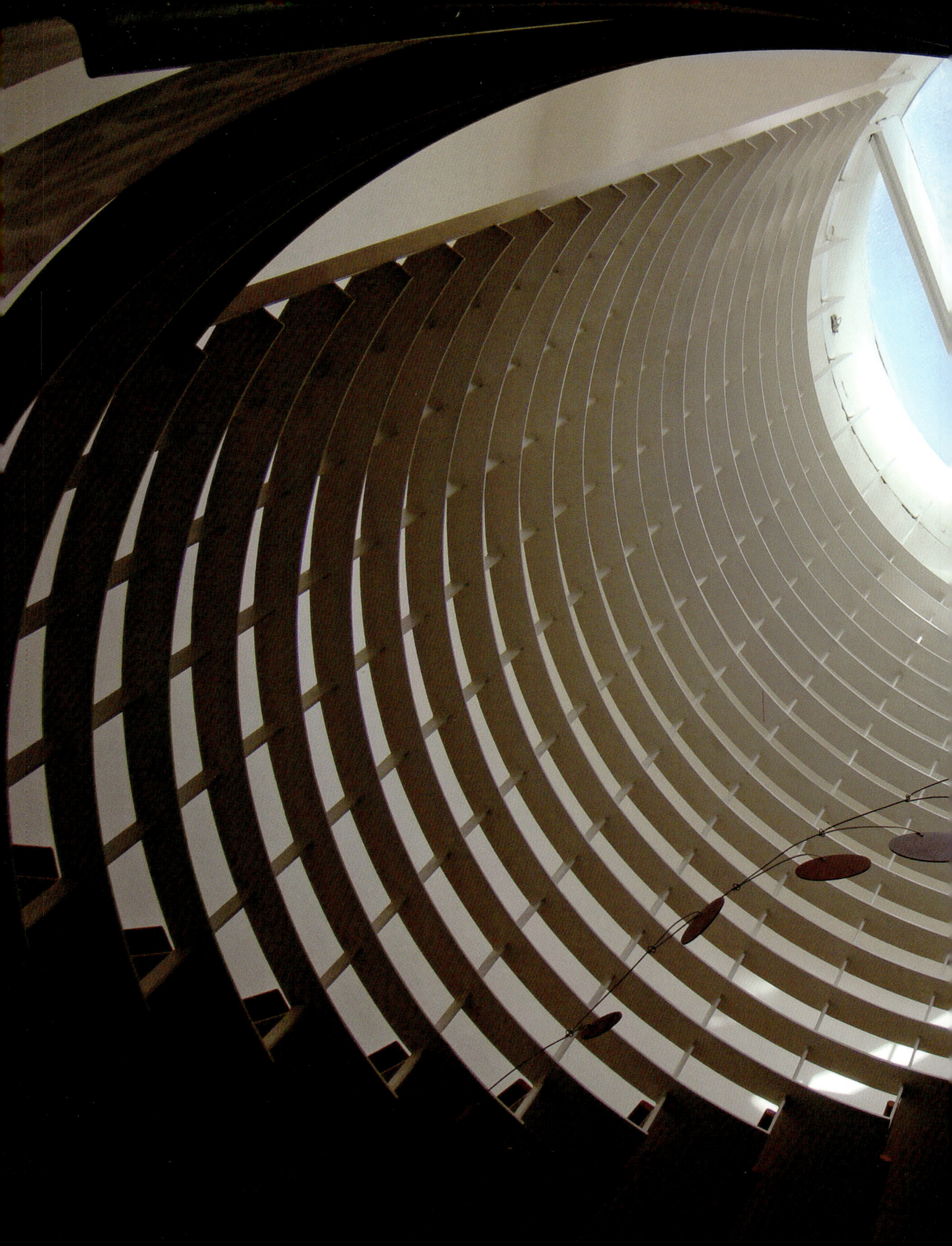

halls   vestíbulos   vestibules   lobbys

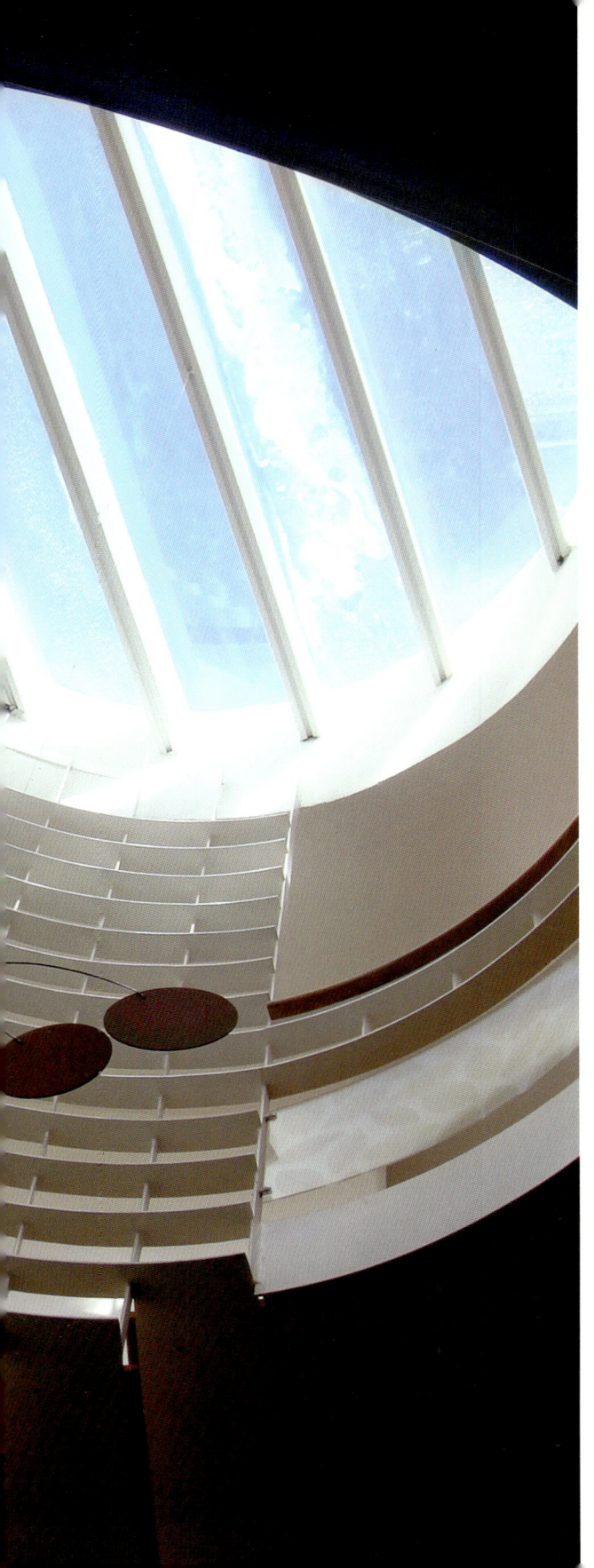

The visual rhythm can generate a natural network of planes and visual sequences which, in conjunction with lights and shadows, consolidate a peculiar space of extraordinary beauty. The staircase is the ideal place to achieve this result.

El ritmo visual puede generar un entramado natural de planos o secuencias visuales que en conjunto con luces y sombras consolidan un espacio peculiar poseedor de una belleza extraordinaria. La escalera es el espacio ideal para lograr este resultado.

Le rythme visuel peut générer un tissu naturel de plans ou séquences visuelles qui, unis aux lumières et aux ombres, consolident un espace particulier possédant une beauté extraordinaire. L'escalier est un espace idéal pour achever ce résultat.

Der optische Rhythmus kann eine natürliche Verpflechtung von Ebenen und Sequenzen verursachen, die in Verbindung mit Licht und Schatten einen einzigartigen Bereich entstehen lassen, der eine ausserordentliche Schönheit besitzt. Eine Treppe ist ein idealer Bereich, um solch ein Ergebnis zu erlangen.

textile
textil
textile
textile

THE LOBBY IS THE AREA of the household that welcomes us and presents us to the zones of comfort and warmth that we can find inside a house. Hence, some decorative elements are very often used in its design: pictures, vases, plants and a host of accessories such as candlesticks, candles, rugs, among others, all which coexist to perfectly harmonize our houses.

EL LOBBY ES EL ESPACIO que nos da la bienvenida, que en gran medida narra a la mayoría de nuestros sentidos la comodidad y la calidez que encontraremos en el interior de una casa. De ahí que algunos elementos decorativos sean muy frecuentes en sus usos: cuadros, floreros, plantas y un sinfín de accesorios como candelabros, velas, alfombras, entre otros, que coexisten para armonizar perfectamente nuestras casas.

LE VESTIBULE EST L'ESPACE qui nous accueille, qui raconte en grande mesure à la plupart de nos sens le confort et la chaleu que nous trouverons dans l'intérieur d'une maison. De là que certains éléments de décoration soient très fréquents dans cet espace : tableaux, vases à fleurs, plantes et d'innombrables accessoires, tels que les chandeliers, les bougies, les tapis, entre autres, qui coexistent pour harmoniser parfaitement nos maisons.

DIE LOBBY IST EIN BEREICH, der uns willkommen heisst, der in grossem Masse unseren Sinnen von den Annehmlichkeiten und der Wärme erzählt, die wir im Inneren des Hauses finden werden. Daher werden einige dekorative Elemente häufig genutzt: Bilder, Blumenvasen, Pflanzen und eine Vielzahl Assessoires, wie unter anderen Kerzenhalter, Kerzen, Teppiche, die zusammen perfekte Harmonie in unser Haus bringen.

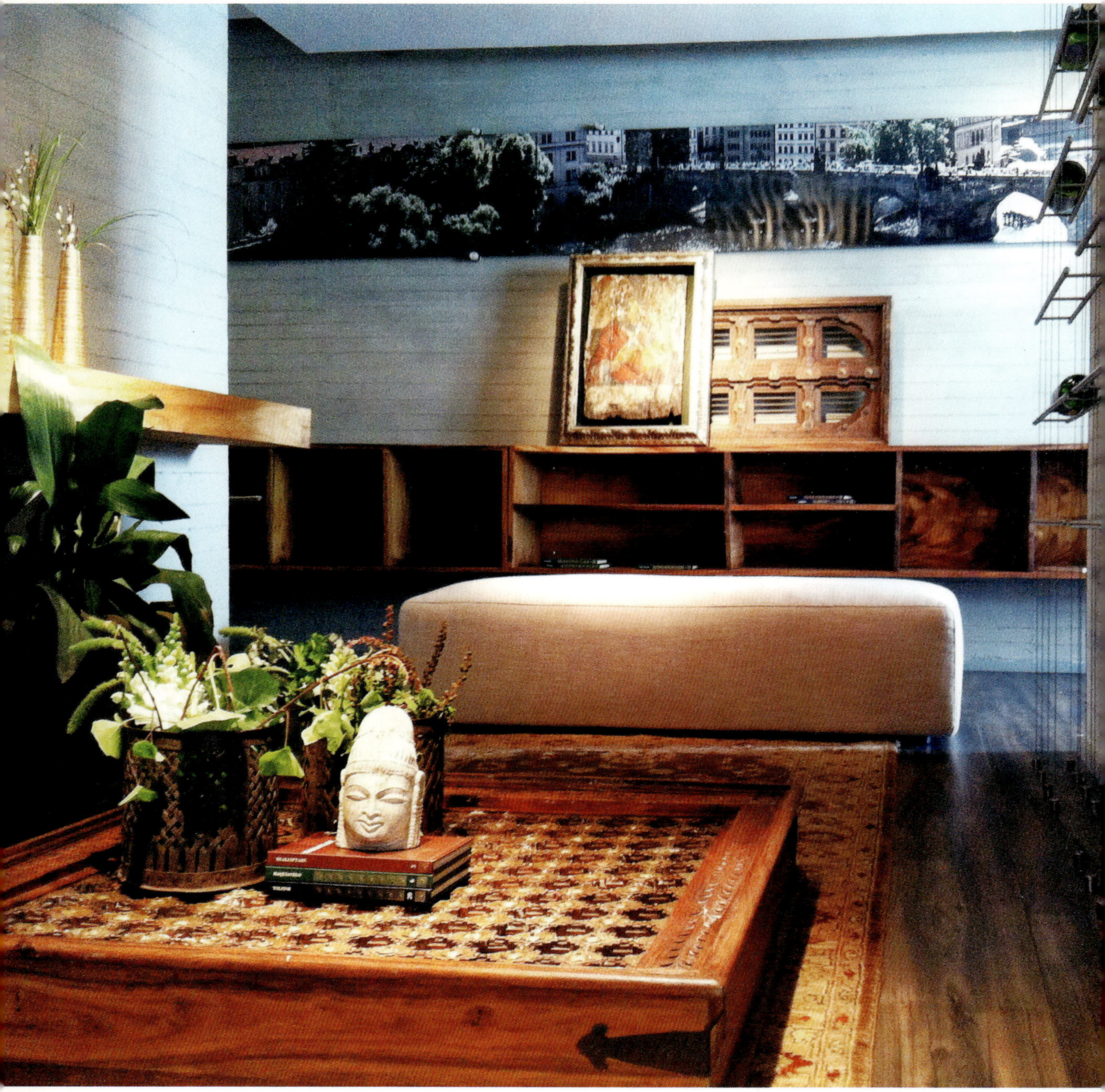

halls vestíbulos vestibules lobbys

THE LOBBY SHOULD BE PERFECTLY CONNECTED to the living room. It is often necessary to ensure that a total separation of these spaces is not generated. In order to maintain an intimate and sequential relationship, it is recommended to use low walls, screens, curtains, or other elements that simultaneously function as decorative objects, allowing the passage of light and air, and providing field of vision.

EL LOBBY DEBE ESTAR CONECTADO perfectamente a la sala, en muchas ocasiones es necesario vigilar que no se genere una separación total de estos espacios para procurar mantener una relación íntima y secuencial, es por ello que se utilizan paredes bajas, biombos, cortinas u otros elementos que a la vez funcionan como objetos decorativos permitiendo el paso de la luz, el aire y la visual.

LE VESTIBULE DOIT ÊTRE PARFAITEMENT CONNECTÉ au salon ; il faut souvent veiller à ce qu'il n'y ait pas une séparation totale de ces espaces pour maintenir une relation intime et séquentielle, et pour cela on utilise des murs bas, des paravents, des rideaux ou d'autres éléments qui fonctionnent en même temps comme éléments de décoration permettant le passage de la lumière, l'air et le champ visuel.

DIE LOBBY SOLLTE PERFEKT MIT DEM wohnzimmer verbunden sein, in vielen Fällen ist es notwendig darauf zu achten, dass man diese Bereiche nicht vollständig abtrennt, um eine intime und fortlaufende Beziehung sicherzustellen; darum werden niedrige Wände, spanische Wände, Vorhänge und andere Elemente, die den Weg für das Licht, die Luft und den Blick offen lassen, benutzt, die gleichzeitig als dekorative Objekte dienen.

architecture arquitectónicos architectoniques architekten

3 *architectural project:* CENTRAL DE ARQUITECTURA, moisés isón

4-5 *interior design project:* CDS C-CHIC DESIGN STUDIO, olga mussali, sara mizrahi

8 *architectural project:* ARQUIPLAN, bernardo hinojosa

9 *architectural project:* ABAX, fernando de haro l., jesús fernández s., omar fuentes e., bertha figueroa p.

10 (right) *architectural and interior design project:* GRUPO MM

14-15 *architectural project:* ARCO ARQUITECTURA CONTEMPORÁNEA, josé lew kirsch, bernardo lew kirsch

18-19 *architectural project:* SERRANO MONJARAZ ARQUITECTOS, juan pablo serrano o., rafael monjaraz f.

20 *interior design project:* VICTORIA PLASENCIA INTERIORISMO, victoria plasencia

22-23 *architectural project:* KABABIE ARQUITECTOS

24-25 *interior design project:* TERRÉS, javier valenzuela, fernando valenzuela

26-27 *architectural project:* RUEDA ARQUITECTOS, antonio rueda v.

29 *interior design project:* MARQCÓ, covadonga hernández

30-31 *interior design project:* CDS C-CHIC DESIGN STUDIO, olga mussali, sara mizrahi

32-33 *architectural and interior design project:* GRUPO MM

34-35 *architectural project:* REIMS ARQUITECTURA, eduardo reims h., jorge reims h.

36-37 *architectural project:* RDLP ARQUITECTOS, rodrigo de la peña

38 *architectural and interior design project:* BIR DESIGN, juan lozano, ricardo gonzález, jorge olvera

40-41 *architectural and interior design project:* GRUPO MM

44-45 *architectural and interior design project:* PGM ARQUITECTURA, patricio garcía m.

50-51 *interior design project:* MARIANGEL COGHLAN, mariangel coghlan

52 *interior design project:* CDS C-CHIC DESIGN STUDIO, olga mussali, sara mizrahi

56-57 *interior design project:* MARIANGEL COGHLAN, mariangel coghlan

58-59 *interior design project:* CDS C-CHIC DESIGN STUDIO, olga mussali, sara mizrahi

66-67 *interior design project:* CDS C-CHIC DESIGN STUDIO, olga mussali, sara mizrahi

68-69 *architectural and interior design project:* DE REGIL ARQUITECTOS, luis de regil gómez muriel

72-73 *interior design project:* MARIANGEL COGHLAN, mariangel coghlan

74-75 *architectural and interior design project:* H. PONCE ARQUITECTOS, henry ponce

76-77 *interior design project:* MARIANGEL COGHLAN, mariangel coghlan

86-87 *architectural and interior design project:* PASCAL ARQUITECTOS, carlos pascal, gerard pascal

88-89 *architectural project:* SERRANO MONJARAZ ARQUITECTOS, juan pablo serrano o., rafael monjaraz f.

94-95 *architectural project:* RDLP ARQUITECTOS, rodrigo de la peña

96-97 *architectural and interior design project:* MIGDAL ARQUITECTOS, jaime varon, abraham metta, alex metta

98-99 *architectural project:* GRUPO ARQUITECTÓNICA, genaro nieto i.

100-101 *architectural project:* KABABIE ARQUITECTOS

credits créditos crédits danksagungen

104-105 *architectural project:* ARQUIPLAN, bernardo hinojosa
106-107 *architectural and interior design project:* BIR DESIGN, juan lozano, ricardo gonzález, jorge olvera
108-109 *architectural project:* BRACHET PROJECT MANAGEMENT, yvan brachet
110-111 (left) *architectural project:* PGM ARQUITECTURA, patricio garcía m.
111 (right) *architectural project:* BRACHET PROJECT MANAGEMENT, yvan brachet
112-113 *interior design project:* CDS C-CHIC DESIGN STUDIO, olga mussali, sara mizrahi
114 *architectural project:* ABAX, fernando de haro l., jesús fernández s., omar fuentes e., bertha figueroa p.
128-129 (center) *architectural project:* ARQUIPLAN, bernardo hinojosa
140-141 *interior design project:* CDS C-CHIC DESIGN STUDIO, olga mussali, sara mizrahi
142-143 *architectural project:* ARCO ARQUITECTURA CONTEMPORÁNEA, josé ew kirsch, bernardo lew kirsch
150 (top) *interior design project and furniture design:* DUPUIS, alejandra prieto, cecilia prieto
153 *architectural project:* ULISES CASTAÑEDA ARQUITECTOS, ulises castañeda
155 (top) *architectural and interior design project:* A CREATIVE PROCESS, andrés saavedra
156-157 *architectural and interior design project:* A CREATIVE PROCESS, andrés saavedra
158-159 *architectural and interior design project:* A CREATIVE PROCESS, andrés saavedra
160 (left) *architectural and interior design project:* A CREATIVE PROCESS, andrés saavedra
161 (right)-161 *architectural and interior design project:* A CREATIVE PROCESS, andrés saavedra
164-165 *architectural and interior design project:* a.a.a ALMAZÁN ARQUITECTOS Y ASOCIADOS, guillermo almazán cueto, guillermo suárez almazán, dirk thurmer franssen
166-167 *architectural project:* ELÍAS RIZO ARQUITECTOS, elías rizo s., alejandro rizo s.
168-169 *architectural project:* ABAX, fernando de haro l., jesús fernández s., omar fuentes e., bertha figueroa p.
170-171 *architectural project:* ELÍAS RIZO ARQUITECTOS, elías rizo s., alejandro rizo s.
172 (left) *architectural and interior design project:* DIN INTERIORISMO, aurelio vázquez,
172-173 (center) *interior design project:* VICTORIA PLASENCIA INTERIORISMO, victoria plasencia
173 (right) *architectural and interior design project:* DIN INTERIORISMO, aurelio vázquez
178 *architectural and interior design project:* A CREATIVE PROCESS, andrés saavedra
180-181 *architectural and interior design project:* A CREATIVE PROCESS, andrés saavedra
182 *interior design project:* MARIANGEL COGHLAN, mariangel coghlan
184 *architectural project:* KABABIE ARQUITECTOS
185 *architectural and interior design project:* GRUPO MM
190-191 *architectural project:* SAMA ARQUITECTOS, rafael sama ramos, héctor alfonso garcía
196 *interior design project:* TEXTURA®, walter allen
198 *architectural project:* CENTRAL DE ARQUITECTURA, josé sánchez, moisés isón
200-201 *interior design project:* CDS C-CHIC DESIGN STUDIO, olga mussali, sara mizrahi
202-203 *architectural project:* CENTRAL DE ARQUITECTURA, josé sánchez, moisés isón

architecture arquitectónicos architectoniques architekten

204-205 *interior design project:* CDS C-CHIC DESIGN STUDIO, olga mussali, sara mizrahi
206 *interior design project:* INTERIORES 0503, paola aboumrad
208-209 *interior design project:* CDS C-CHIC DESIGN STUDIO, olga mussali, sara mizrahi
212 (right) *architectural and interior design project:* H. PONCE ARQUITECTOS, henry ponce
213 *architectural and interior design project:* H. PONCE ARQUITECTOS, henry ponce
215-217 *architectural and interior design project:* H. PONCE ARQUITECTOS, henry ponce
218-220 SERRANO MONJARAZ ARQUITECTOS, juan pablo serrano o., rafael monjaraz f.
222-223 *architectural project:* carlos dayan
224 *interior design project:* MARIANGEL COGHLAN, mariangel coghlan
228-230 *architectural and interior design project:* CIBRIAN ARQUITECTOS, fernando cibrian
232-233 *architectural design project* LASSALA + ELENES ARQUITECTOS, carlos lassala m., eduardo lassala m., diego mora d., guillermo r. orozco
234-235 *interior design project:* VICTORIA PLASENCIA INTERIORISMO, victoria plasencia
236-237 *architectural project:* BRACHET PROJECT MANAGEMENT, yvan brachet
238-239 *architectural project:* ABAX, fernando de haro l., jesús fernández s., omar fuentes e., bertha figueroa p.
240-241 *architectural project:* PGM ARQUITECTURA, patricio garcía m.
242 *architectural and interior design project:* DIN INTERIORISMO, aurelio vázquez
244 *architectural project:* PGM ARQUITECTURA, patricio garcía m.
246 (left) *architectural and interior design project:* GRUPO ARQUITECTURA, daniel álvarez
246 (right) *interior design project:* INTERIORES 0503, paola aboumrad
247 *interior design project:* INTERIORES 0503, paola aboumrad
248 *architectural and interior design project:* GONZALO GÓMEZ PALACIO ARQUITECTOS, gonzalo gómez palacio y campos
252-253 *architectural and interior design project:* GONZALO GÓMEZ PALACIO ARQUITECTOS, gonzalo gómez palacio y campos
256 *interior design project:* ESTUDIO ADÁN CÁRABES, adán cárabes
257 *interior design project:* CDS C-CHIC DESIGN STUDIO, olga mussali, sara mizrahi

credits   créditos   crédits   danksagungen

photography   fotográficos   photographiques   fotografen

adam wiseman - pgs. 202-203
alberto cáceres - pgs. 74-75, 212(right), 213, 215-217
alfonso de béjar - pgs. 4-5, 30-31, 52, 58-59, 66-67, 112-113, 140-141, 200-201, 204-205, 208-209, 257
alejandra vega - pgs. 44-45, 110-111(left), 240-241, 244
allen vallejo - pgs. 22-23, 100-101, 184
arturo chávez - pgs. 150(top), 172(left), 173(right), 242
© beta-plus publishing - pgs. 10(left), 11, 46-49, 54-55, 60-65, 70-71, 78-79, 82-85, 90-92, 102-103, 116, 118-119 120-127, 128 (left), 129 (right) 130-136, 138-139, 144-149, 150 (bottom), 154, 155 (bottom), 160-161(center), 174-175, 177, 186-188, 192, 194-195, 199, 207, 210-211, 212(left), 226-227, 249-250, 258
carlos estrada - pgs. 38, 106-107
carlos soto - pg. 196
eduardo dayan - pgs. 222-223
estudio adán cárabes - pg. 256
francisco lubbert - pgs. 8, 104-105, 128-129(center)
héctor flora - pg. 196
héctor velasco facio - pgs. 29, 50-51, 56-57, 72-73, 76-77, 98-99,
153, 182, 224, 228-230
ilan rabchinskey - pgs. 206, 246(right), 247
iván casillas - pgs. 10(right), 32-33, 40-41, 185
jaime navarro - pgs. 14-15, 18-19, 88-89, 142-143, 218-220
jorge hernández de la garza - pg. 246(left)
jorge moreno - pgs. 164-165
jorge silva - pgs. 9, 114, 168-169
jorge taboada - pgs. 36-37, 94-95
leonardo palafox - pgs. 155(top), 156-157, 158-159, 160(left), 161(right), 178, 180-181
luis arias arredondo - pgs. 248, 252-253
luis gordoa - pgs. 96-97, 198, 202-203
mark callanan - pgs. 238-239
marcos garcía - pgs. 166-167, 170-171, 232-233

martín opladen - pgs. 20, 172-173(center), 234-235
mito covarrubias - pgs. 108-109, 111(right), 236-237
paul czitrom - pgs. 3, 202-203
pedro hiriart - pgs. 68-69
rafael gamo - pgs. 190-191
ricardo janet - pgs. 34-35
sófocles hernández - pgs. 26-27, 86-87, 250
verónica martínez - pgs. 24-25

Editado en Junio 2012. Impreso en China. El cuidado de esta edición estuvo a cargo de AM Editores, S.A. de C.V. Edited in June 2011. Printed in China. Published by AM Editores, S.A. de C.V.